JIYU QUYUSHIJIAODE

DAQIWURAN KONGZHI JINGJI FENXI

基于区域视角的
大气污染控制经济分析

石 磊/著

·郑州·

图书在版编目（CIP）数据

基于区域视角的大气污染控制经济分析 / 石磊著 -- 郑州：河南大学出版社，2020.5

ISBN 978-7-5649-4226-7

Ⅰ．①基… Ⅱ．①石… Ⅲ．①空气污染控制－经济分析－中国 Ⅳ．① X51

中国版本图书馆 CIP 数据核字（2020）第 060881 号

责任编辑	郑　鑫
责任校对	李亚涛
封面设计	李雪艳

出版发行	河南大学出版社
	地　址：郑州市郑东新区商务外环中华大厦 2401 号
	邮　编：450046
	电　话：0371-86059701（营销部）
	网　址：hupress.henu.edu.cn
印　刷	北京虎彩文化传播有限公司
版　次	2020 年 5 月第 1 版
印　次	2020 年 5 月第 1 次印刷
开　本	787mm×1092mm　1/16
印　张	12
字　数	277 千字
定　价	42.00 元

版权所有·侵权必究

本书如有印装质量问题，请与河南大学出版社营销部联系调换

前　言

当前我国社会主要矛盾已经转化为人民日益增长的美好生活需要和不平衡不充分的发展之间的矛盾。人们对美好生活的需要既包括对丰富的物质财富和精神财富的追求，也包括对优质生态产品的需求。蓝天白云、繁星闪烁，已成为民之所愿；绿水青山、鱼翔浅底，已成为民之所盼。习近平总书记多次强调，全面建成得到人民认可、经得起历史检验的小康社会，要突出抓重点，补短板、强弱项，特别是要坚决打好"三大攻坚战"。污染防治攻坚战，直接关系到"美丽中国"的目标能否顺利实现。习近平总书记在全国生态环境保护大会上特别强调，坚决打赢蓝天保卫战是重中之重，大气污染防治与人民"幸福感"直接相关，应坚持全民共治、源头防治，持续实施大气污染防治行动，打赢蓝天保卫战。

党的十八大以来，我国发布实施了包括大气污染防治行动计划在内的多项大气污染控制举措，空气质量不断改善，但相比于人民群众对于良好空气环境质量的热切期盼仍有不小的差距。目前，我国大气环境保护仍面临着巨大压力，以煤为主的能源结构、以重化工为主的产业结构尚未得到根本转变，大气污染物排放总量仍处高位，超过大气环境容量，大气污染呈现显著区域性特征，京津冀及周边地区、长三角地区、汾渭平原三大重点区域单位面积大气污染物排放量为全国平均水平的 $3\sim5$ 倍。在大气污染防治负重前行的关键期、同时又是实现空气质量改善的攻坚期、窗口期这一关键阶段，为了更好地践行绿色发展理念、推进生态文明建设、构建现代环境治理体系、推动高质量发展，围绕重点区域开展系统的大气污染控制研究，协调大气污染控制与经济发展，具有重要的理论价值和现实意义。

大气污染问题具有区域性、复杂性的特征，涉及自然、环境、经济等多重因素和多个领域，正如习近平总书记所指出："环境治理是一个系统工程，必须作为重大民生实事紧紧抓在手上"。因此，切实提升大气环境质量需要开展系统、精准、有效的大气污染控制研究与实践。本书围绕如何考量与提升区域大气污染控制的有效性这一核心问题，在参阅国内外已有研究成果和实践经验的基础上，基于区域视角，运用经济学的基本理论与方法，探究快速工业化、城镇化对于大气环境的影响方式与路径；解析区域间经济贸易活动对于大气污染的影响、测度产业发展对于区域间大气环境质量的溢出效应；同时，从大气污染与经济发展交互视角出发，勾勒城市间的空间自相关关系和城市集群特征，解析大气污染、能源消费对于区域经济增长的效应及关键因素；定量评估我国大气污染控制对于区域经济社会发展的影响，识别影响的路径与方向；在此基础上，探讨提出优化、完善我国大气污染控制的建议对策，以期为提升我国大气环境效度、构筑现代环境治理体系提供理论和实践依据。

在前人已有研究成果基础上，本书在视角、内容和方法等方面做了一些探索性地尝试。首先，聚焦大气污染控制最典型区域——京津冀及周边地区，将研究尺度细化到大气污染控制考核单元——具体城市层面，从而提升了大气污染控制的分析精准度与决策可操作性；其次，基于经济学理论和方法，全面考虑包含区域经济发展的内部驱动、本地生产、跨区贸易等各种经济关系及其影响，解析大气污染问题的经济成因，评估大气环境规制的经济效益，揭示大气污染与经济社会发展交互机理，从经济角度为实现精准高效大气污染防治提供了分析框架体系。最后，运用系统论思维，突破以往环境科学、技术科学从自然机理分析环境子系统，以及国民经济、政治经济从生产关系分析经济子系统，将区域经济—环境看作一个复合系统，将空间技术与经济方法进行耦合，构建涵盖多元环境因子、双向影响路径、多维分析视角、多种模型工具的系统分析方法体系，从而使得大气污染防治方法体系更趋完善和丰富。

本书在撰写过程，得到了王金南院士、柴发合研究员、马中教授、葛察忠研究员、王华教授、王奇教授、毛显强教授、李传忠教授等诸多专家学者的悉心指导，个中教诲，使我受益良多。各位专家对于大气污染控制领域的深刻见地和孜孜以求的科研态度，深深地感化着我、激励着我，同时向在我教学、科研工作过程中给予我支持、帮助的各位师长、同事、朋友致以深深的谢意。我的研究生王竞优、聂炜、王玥、边扬子、陈迪、周载旭、李欣仪、余歌子、张昱蕾等在数据收集整理、模型构建与初步分析领域承担了诸多支撑性工作，作为导师与如此优秀的你们一同学习研究，无疑是非常幸运的。本书的出版得到河南大学出版社的大力支持，他们严谨细致的工作态度和强烈的责任心，对书稿的细致审读与精心编排，使我受益，也鞭策我不能懈怠。本书在写作过程中，参阅了大量国内外相关研究成果，在此向这些研究者表示诚挚的谢意。感谢国家重点研发计划"大气污染成因与控制技术研究"专项（2018YFC0213702）、生态环境部以及亚洲开发银行等对于本研究的支持。深深感谢一直默默支持我的家人，他们在项目研究与书稿撰写过程中给予的无私帮助与有益建议，给了我足够的信心和战胜困难的勇气，为我营造出一片温暖坚强的大后方，家人的叮咛与关怀，永远是我前进的动力源泉。

当前对于大气污染防控的经济分析方兴未艾，仍需久久为功。本书初步探讨了其中一些主要问题，一家之言，尚存不当，敬请广大读者批评指正。

石磊

2020年3月于北京

目 录

第一章 绪 论

1.1 研究背景 ························· 1
    1.1.1 我国经济开始高质量发展 ············· 1
    1.1.2 大气环境形势依然严峻 ··············· 5
    1.1.3 大气污染控制持续加强 ··············· 9

1.2 科学问题提出 ····················· 11

1.3 研究理论价值和现实意义 ················ 12
    1.3.1 理论价值 ······················ 12
    1.3.2 现实意义 ······················ 14

1.4 基本思路与主要内容 ·················· 15

1.5 研究区域选择 ····················· 18

第二章 区域大气污染物排放的经济根源探究

2.1 概 述 ························· 24

2.2 研究方法 ······················· 25
    2.2.1 门槛效应模型 ··················· 25
    2.2.2 指标与数据来源 ·················· 26
    2.2.3 模型检验 ······················ 29

2.3 工业化对区域大气污染物排放影响 ································· 34
    2.3.1 区域工业化影响测算 ··· 34
    2.3.2 分规模城市工业化影响测算 ··································· 35
    2.3.3 工业化进程对大气污染物排放分析 ··························· 37

2.4 城镇化对区域大气污染物排放影响 ································· 39
    2.4.1 区域城镇化影响测算 ··· 39
    2.4.2 分规模城市城镇化影响测算 ··································· 39
    2.4.3 城镇化进程对大气环境影响分析 ······························ 42

2.5 小　结 ·· 44

第三章　跨区经济对区域大气污染排放溢出效应

3.1 概　述 ·· 46

3.2 跨区经济溢出效应测算 ··· 47
    3.2.1 多区域投入产出模型 ··· 47
    3.2.2 指标与数据来源 ·· 56

3.3 跨区经济对大气排放的溢出效应分析 ······························ 59
    3.3.1 跨区经济溢出效应 ··· 59
    3.3.2 双边贸易溢出效应 ··· 62

3.4 小　结 ·· 84

第四章　大气污染与能源消费对区域经济的驱动

4.1 概　述 ·· 86

4.2 大气排放与能源消费空间聚集度 ···································· 86

  4.2.1 方法构建 ·· 86
  4.2.2 标与数据来源 ·· 87
  4.2.3 结果讨论 ·· 90
4.3 区域经济增长的驱动力剖析 ·· 109
  4.3.1 方法构建 ·· 109
  4.3.2 指标与数据来源 ·· 114
  4.3.3 区域经济增长驱动力集聚与演进 ···································· 120
4.4 小 结 ·· 124

第五章 大气污染控制对区域生产力的影响

5.1 概 述 ·· 125
5.2 区域全要素生产率时空演变分析 ·· 126
  5.2.1 方法构建 ·· 126
  5.2.2 指标与数据来源 ·· 128
  5.2.3 区域 TFP 概貌 ·· 131
  5.2.4 区域 TFP 变动的时间演变分析 ····································· 134
  5.2.5 区域 TFP 变动的空间差异分析 ····································· 135
5.3 规制强度对全要素生产率变动的影响效应分析 ························ 137
  5.3.1 大气规制强度综合指数测算 ·· 138
  5.3.2 条件检验 ·· 141
  5.3.3 VAR 模型构建 ·· 148
  5.3.4 大气规制强度对区域全要素生产率变动指数的影响 ······ 153
  5.3.5 大气规制强度对产业技术进步贡献率的影响 ················· 158
5.4 小 结 ·· 162

第六章 结论与展望

6.1 结论与建议 …………………………………………… 164
6.2 研究展望 ………………………………………………… 166
参考文献 …………………………………………………… 168

第一章 绪 论

1.1 研究背景

1.1.1 我国经济开始高质量发展

改革开放以来,我国经济飞速发展,从低收入国家迈入中等偏上收入国家,取得了举世瞩目的成就,如图1-1所示。1978年,中国国内生产总值(Gross Domestic Product, GDP)只有3679亿元,1986年上升到1万亿元,1991年上升到2万亿元,2000年突破10万亿元大关,2006年超过20万亿元,2017年突破80万亿元,2018年突破90万亿元历史大关,达到900309.5亿元。近四十年以来我国GDP总量增长244倍(名义值),年均增速接近15%。

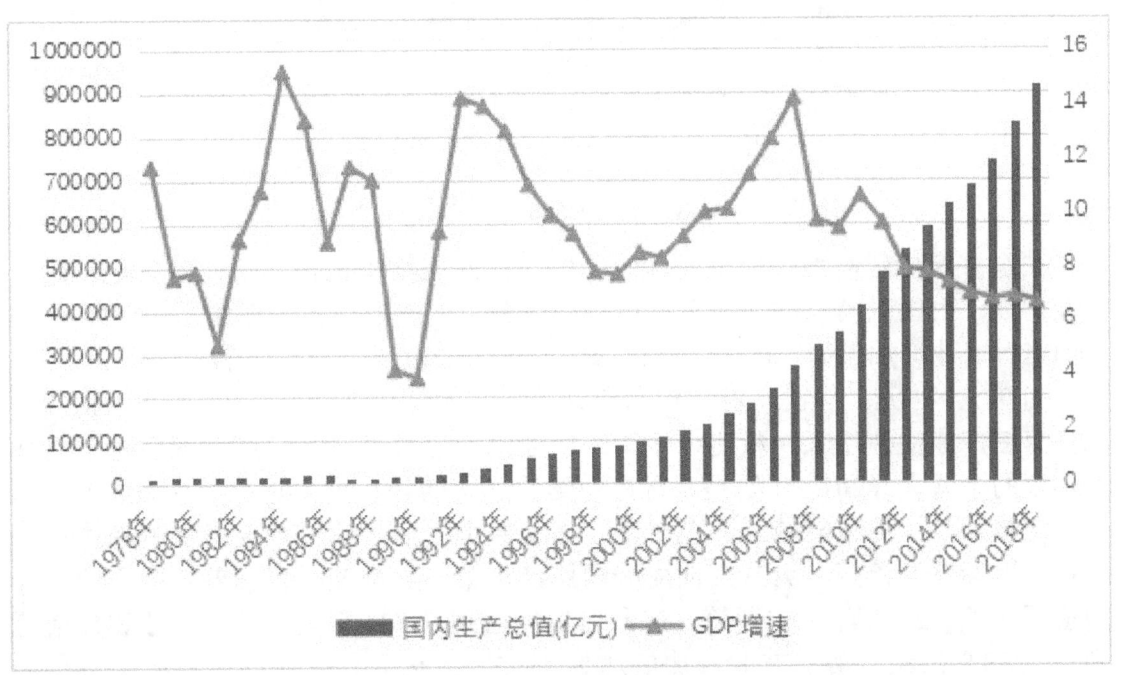

图1-1 1978~2018年中国经济增长趋势

(数据来源:中国统计年鉴2019)

与此同时我国对世界经济发展做出了巨大贡献。1978年，我国经济总量居世界第十一位，2000年升至世界第六位，2007年跻身世界第三位，2010年超过日本，成为世界第二大经济体；2018年，我国国内生产总值占世界经济总量的15.84%左右，比1978年提高14个百分点左右（国家统计局，2019）。国家统计局数据表明近年来我国对世界经济增长的贡献率超过30%，成为拉动全球经济增长的重要力量。预计在2030年之前中国将超越美国居世界第一（佟家栋等，2017），如图1-2所示。

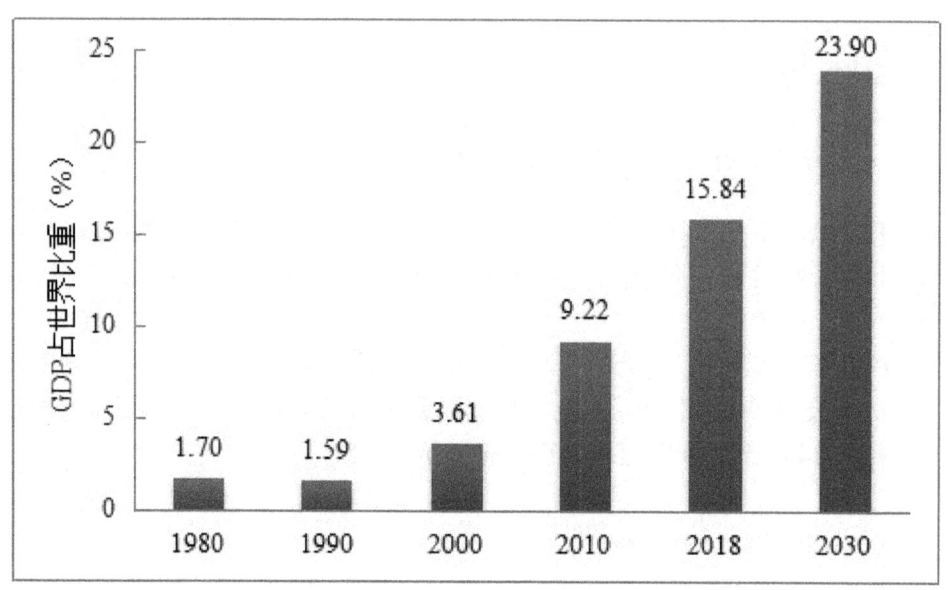

图1~2 中国GDP占世界比重变化

（数据来源：中国统计年鉴2019）

在经济保持较高增长速度的同时，中国的产业结构也在不断调整优化。改革开放初期，中国以第二产业为主，第一产业和第三产业比重大致相当：1978年中国的第一产业增加值为1018.5亿元，第二产业增加值为1755.2亿元，第三产业增加值为905.1亿元；三次产业结构比例为27.69∶47.71∶24.60。随着产业结构的优化，第三产业快速增长，相比之下第一产业的增速较慢，第二产业则保持平稳增速。党的十八大（2012年）是我国产业结构演变的转折点，党的十八大之前，我国的经济增长主要依靠第二产业带动，而十八大之后，第三产业增加值超过第二产业且逐渐拉开差距。第三产业成为国民经济第一大产业，标志着我国产业结构的重要变革。2018年，中国第一产业增加值达到64734亿元，第二产业增加值达到366000.9亿元，第三产业增加值达到469574.6亿元。三次产业结构比例变为7.19∶40.65∶52.16，如图1-3所示。

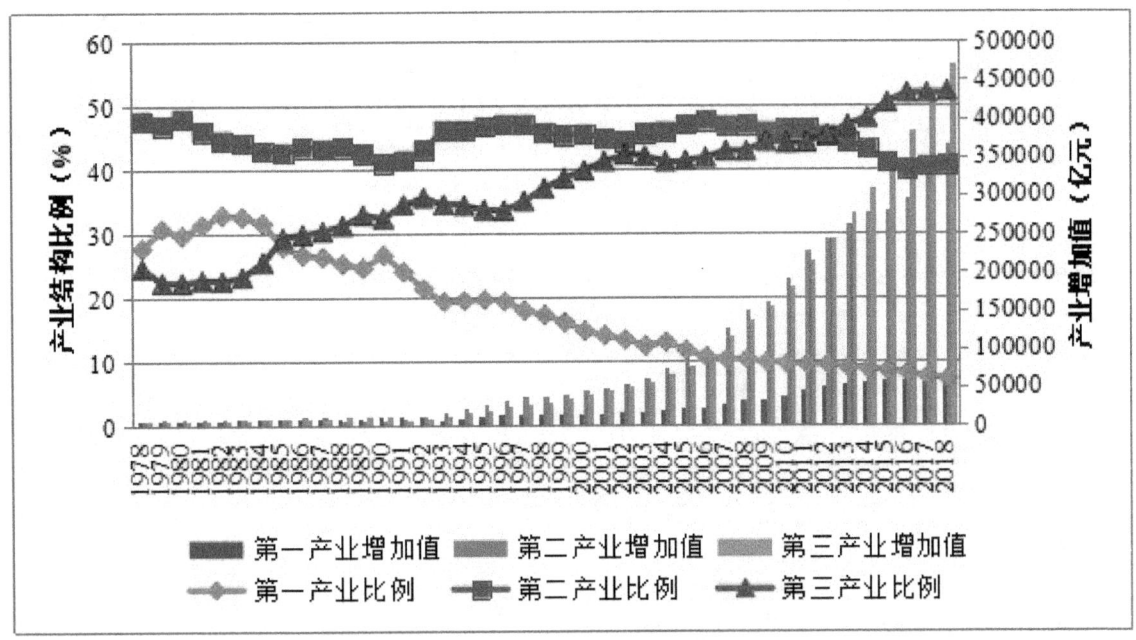

图1~3 1978~2018年中国产业结构变化

(数据来源:中国统计年鉴2019)

在经济较快发展的同时,我国城镇化进程也在不断加快,见图1-4。城镇化率自改革开放初期(1978年)的17.9%迅速增长至2018年的59.6%,城镇化率增长了近42个百分点,年均增幅达到1个百分点;城镇常住人口由1978年1.72亿提高到2017年的8.31亿;我国完成了由一个农业人口占主体的国家向城镇人口占主体的国家的历史性转变,走过了发达国家上百年才走过的城镇化进程,取得了令世人瞩目的巨大成就(贾若祥,2018)。基于国际经验,城镇化率在30%~70%是城镇化快速发展时期,未来我国仍处于在城镇化快速发展的战略机遇期,走高质量城镇化道路将是未来城镇化发展的基调(方创琳,2019)。

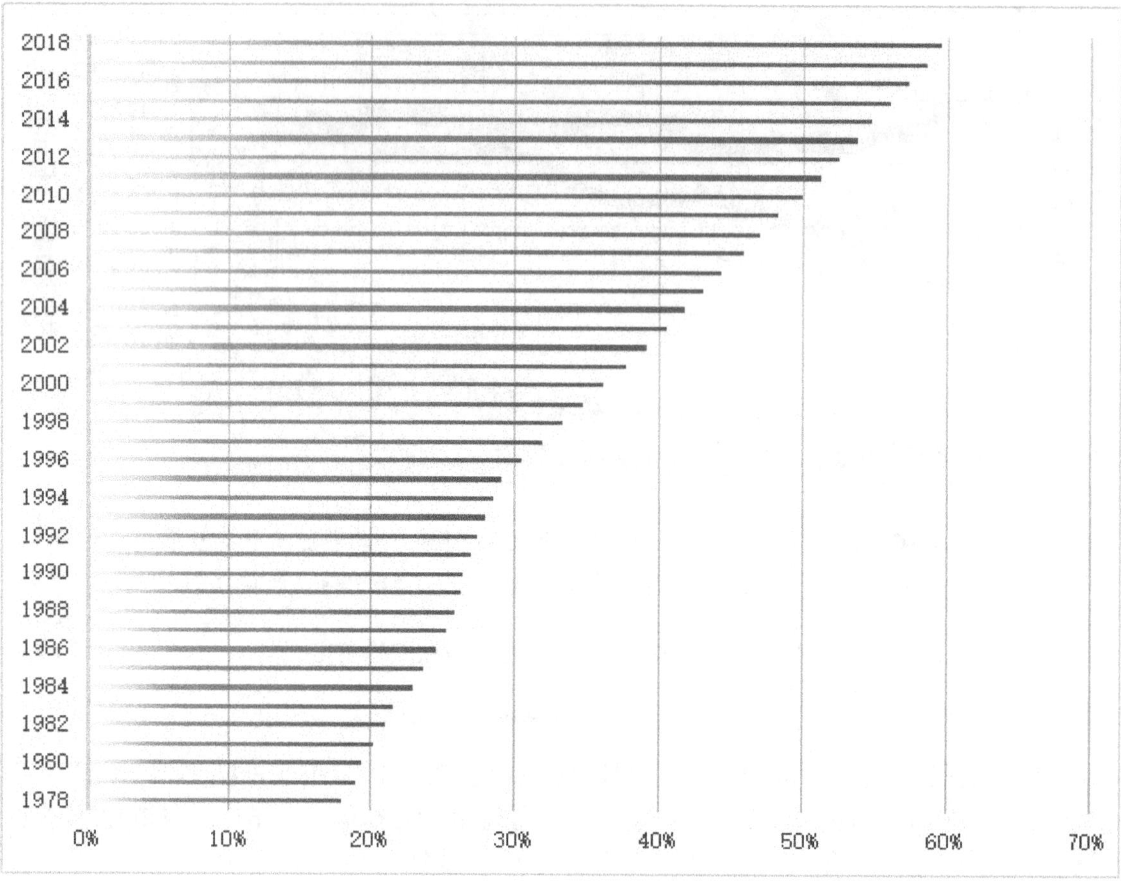

图 1~4　1978~2018 年中国城镇化率变动

（数据来源：中国统计年鉴 2019）

党的十九大报告指出，我国经济已由高速增长阶段转向高质量发展阶段，我国社会主要矛盾已经转化为人民日益增长的美好生活需要和不平衡不充分的发展之间的矛盾。美好生活既需要创造更多的物质财富和精神财富，同时也需要提供更多优质生态产品。蓝天白云、繁星闪烁，已成为民之所愿；绿水青山、鱼翔浅底，已成为民之所盼。习近平总书记多次提出，良好生态环境是最公平的公共产品，是最普惠的民生福祉；要正确处理好经济发展同生态环境保护的关系，牢固树立保护生态环境就是保护生产力、改善生态环境就是发展生产力的理念；绿水青山就是金山银山（中共中央文献研究室，2017）。由此来看，加强生态环境保护是实现高质量发展的应有之义，生态环境保护既是高质量发展的重要标志，也是促进高质量发展的有效手段。

1.1.2 大气环境形势依然严峻

我国正处于全面建成小康社会的决胜阶段,正处在转变发展方式、优化经济结构、转换增长动力的攻关期,结构性、体制性、周期性问题相互交织,经济高质量发展还面临着重重挑战。产业结构不断优化但结构仍然偏重,能源结构仍以煤炭为主,污染物排放总量仍处高位,多种生态环境问题相互叠加。生态环境特别是大气、水、土壤污染严重,已成为全面建成小康社会的突出短板(中共中央文献研究室,2016)。

在诸多生态环境问题中,大气污染成为全国甚至全球的关注焦点,2019年世界卫生组织将空气污染列为对人类健康的最大环境威胁[①](王迪等,2018;Zeng et al.,2019)。近年来我国不断加强大气污染监测和控制,但大气污染状况尚未扭转,区域性严重灰霾天气依旧频繁,极端的大气重污染天气事件仍然时有发生,空气质量与人民期望还存在一定差距。据《世界空气质量报告2019》指出,中国有47个城市跻身污染最严重的100个城市之列,98%的中国城市超过了世界卫生组织的指导原则。习近平总书记在参加十二届全国人大二次会议贵州代表团审议时提出,空气质量直接关系到广大群众的幸福感。大气污染问题已成为满足人民对良好生态环境需求、全面建成小康社会、实现高质量发展的掣肘。

1.1.2.1 大气污染排放仍居高位

大量大气污染物排放是导致大气环境质量形势严峻的根本原因(Peng et al.,2018;蒋姝睿等,2019)。图1-5显示了我国主要大气污染物排放的历史状况。就二氧化硫而言,2006年之前我国二氧化硫排放量呈现持续增长的态势,至2006年排放量达到峰值(2588.80万吨),此后在"节能减排"等政策的实施下,我国二氧化硫排放量显著下降,至2018年其排放量降至875.40万吨。氮氧化物的排放呈现与二氧化硫相似的态势,也是逐步增长,至2011年达到峰值的2404.30万吨,此后逐年下降,至2018年减少为1258.83万吨。粉尘(烟尘)则是在1997年达到排放峰值,此后呈现震荡下降的态势,至2018年排放量为4282吨。$PM_{2.5}$和PM_{10}早期尚无统计,追溯既往排放规律可以看出,基本呈现波动态势,进入新世纪呈现快速增长态势,至2006年达到峰值,此后逐年下降,但2011年又呈现反弹特征,此后在国家大力推进大气污染控制的努力下,呈现逐步下降的趋势。

尽管我国一些主要的大气污染物排放量近年来均呈现下降态势,但根据生态环境部环境规划院院长王金南院士的判断,目前我国几乎所有与大气污染物有关的指标的排放,在全世界都是第一[②]。主要大气污染物排放均远超大气环境容量,

---

① 世卫组织发布2019十大健康威胁. 新华网. http://www.xinhuanet.com/world/2019-01/17/c_1124003442.htm.

② 环保部:中国几乎所有污染物指标排放量都世界第一. 搜狐网. https://www.sohu.com/

大气污染控制任务依然艰巨（薛文博等，2014；孙秀艳等，2016）。

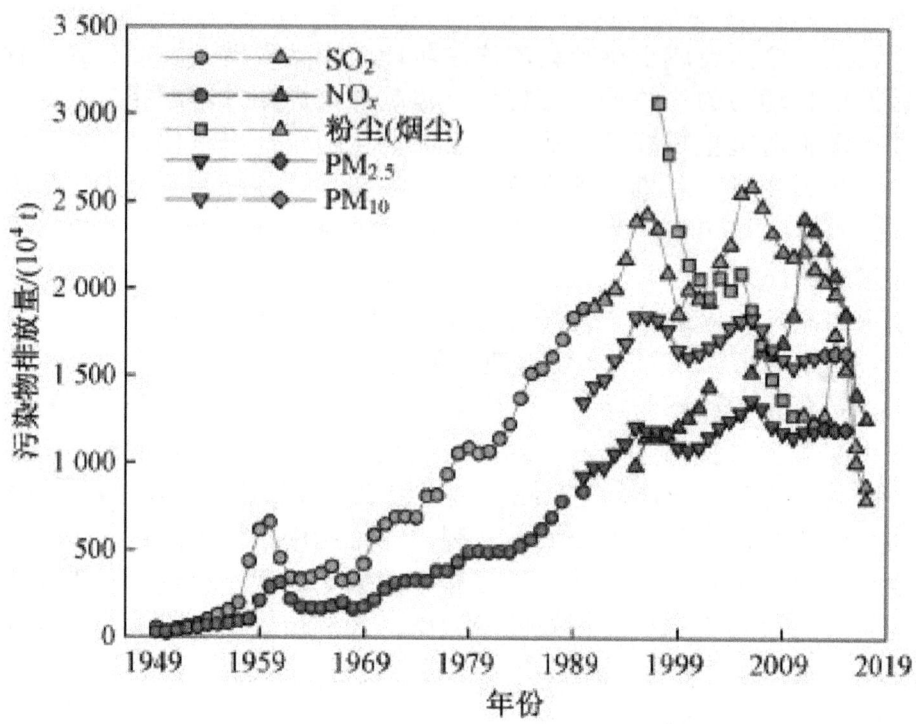

图 1-5　我国大气主要污染物排放（摘自王文兴等，2019）

1.1.2.1　大气环境质量不容乐观

在全球范围来看，根据世界银行统计数据，1990~2017 年间，我国 $PM_{2.5}$ 年均浓度值始终高于世界平均水平，2017 年我国 $PM_{2.5}$ 年均浓度值为 $52.7\mu g/m^3$，高于世界 $45.5\mu g/m^3$ 的平均水平。而依据国际货币基金组织官方统计数据，经济体排名前十的国家中，我国年均 $PM_{2.5}$ 浓度排名第 2，仅次于印度（$PM_{2.5}$ 浓度水平为 $90.9\mu g/m3$），见图 1-6。

依据世界银行分类，中国目前属于中高等收入国家。2017 年统计的全球中高等收入国家和地区，中国 $PM_{2.5}$ 年均浓度值超出中高等收入国家 $PM_{2.5}$ 年均浓度水平的平均值（$23.1\mu g/m^3$）一倍多。在统计的 59 个国家和地区中，中国 $PM_{2.5}$ 年均浓度水平排名位列第 4，仅次于伊拉克（$61.6\mu g/m^3$）、利比亚（$54.3\mu g/m^3$）和赤道几内亚（$52.7\mu g/m^3$），见图 1-7。

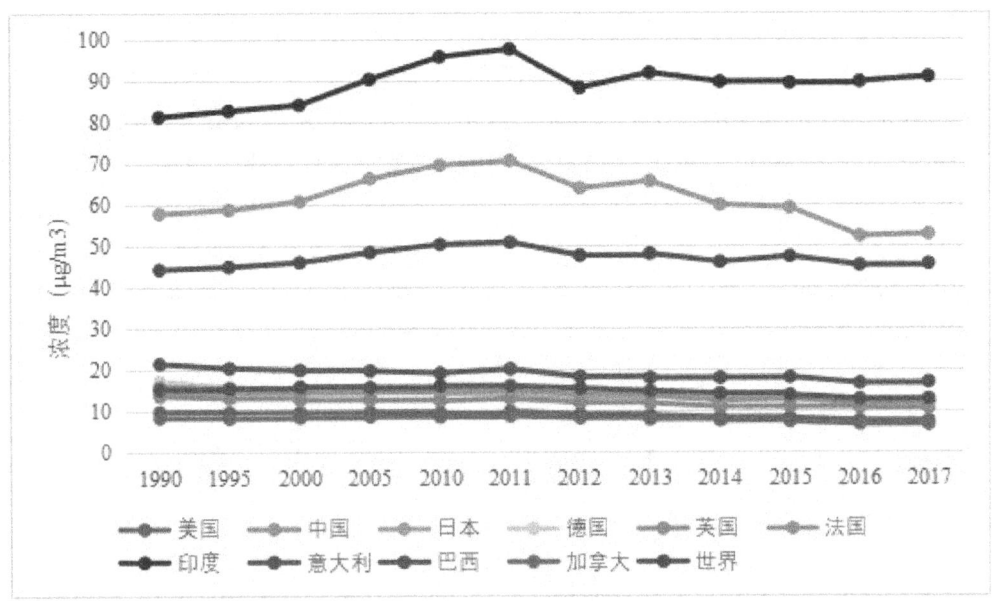

图 1-6 1990~2017 年世界十大经济体国家 PM$_{2.5}$ 年均浓度趋势

（数据来源：世界银行. https://data.worldbank.org.cn/indicator/EN.ATM.PM25.MC.M3?view=chart.）

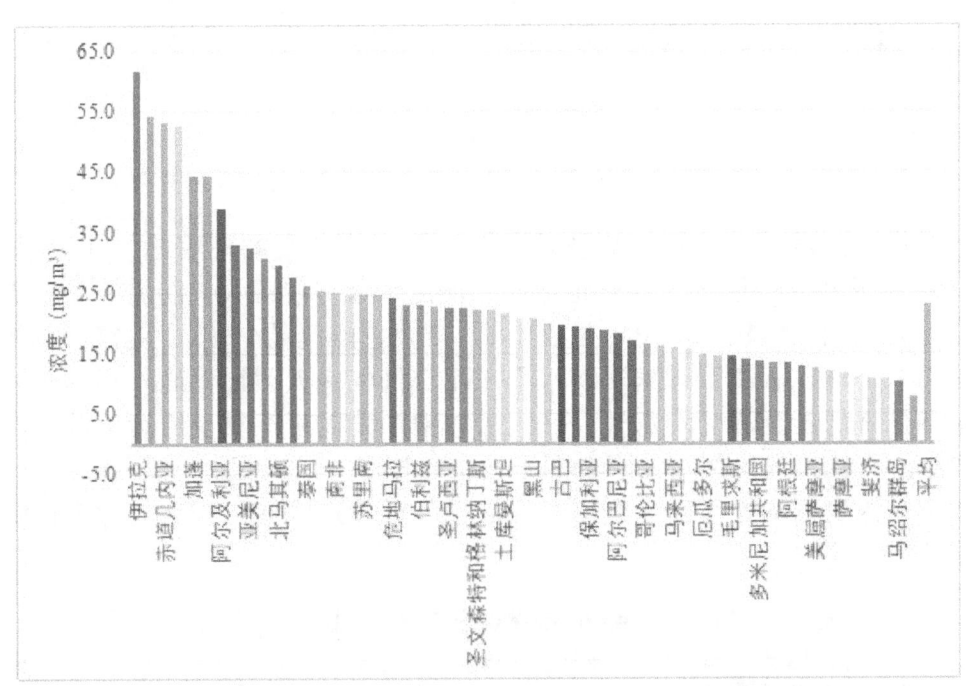

图 1-7 2017 年中高等收入国家和地区 PM$_{2.5}$ 年均浓度水平

（数据来源：世界银行. https://data.worldbank.org.cn/indicator/EN.ATM.PM25.MC.M3?view=chart.）

2018 年，我国 338 个地级及以上城市中，121 个城市环境空气质量达标（占比为35.80%），超过60%的城市（217个）空气质量不达标，我国整体空气质量状况依然堪忧（中华人民共和国生态环境部，2019）。338个城市2018年全年平均优良天数比例为79.30%，145个城市全年空气质量优良天数比例小于80%。分析影响城市大气环境质量的主要污染物可以发现（见图1-8），$PM_{2.5}$和PM_{10}成为影响空气质量最为重要的污染物，338个城市分别有56.20%和43.20%超标，而以臭氧为代表的新兴大气污染物也成为了影响城市大气环境质量的重要污染物（34.6%的城市超标），进一步强化$PM_{2.5}$等细颗粒物的治理，同时加强臭氧等新型大气污染物的控制，对于改善大气环境质量具有重要意义（Li et al., 2017; 李红等，2019）。

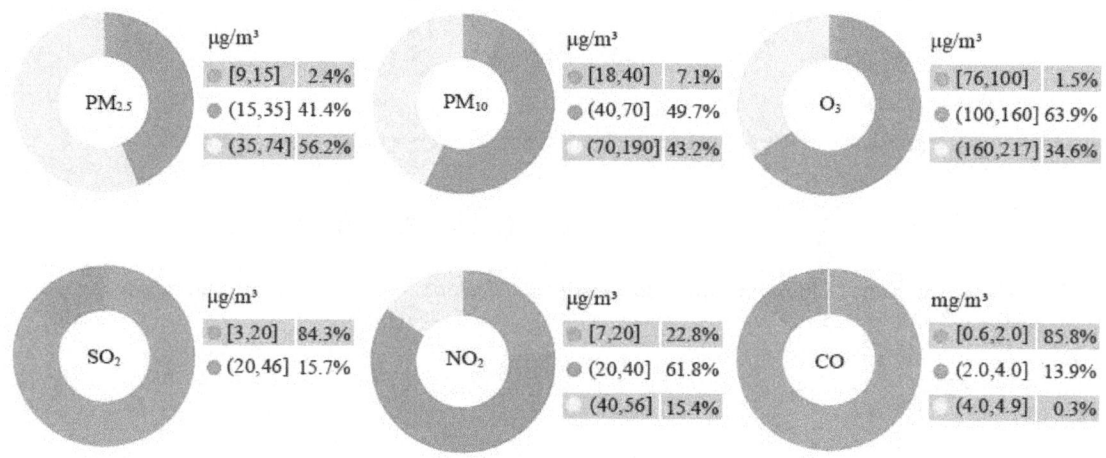

图1-8 我国2018年338个城市主要大气污染物浓度区间分布

我国重点区域大气环境治理依然任重道远。根据生态环境部统计数据显示，2018年京津冀及周边地区、长三角地区、汾渭平原等我国大气污染控制重点区域的大气污染问题依然较为突出，见表1-1。三个重点区域$PM_{2.5}$、臭氧、氮氧化物等污染物浓度均显著高于国家平均水平；而空气优良天数比例这一指标，三大控制区域则显著低于全国平均水平。三大区域中，尤以京津冀及周边地区大气污染状况严重，优良天数比例相比于全国平均水平低了18.8个百分点，而纳入统计的主要污染物浓度则均显著高于全国平均水平，对重点区域加强大气污染控制已迫在眉睫。

表1-1 我国大气污染控制重点区域空气质量简况（2018年）

	优良天数比例（%）	$PM_{2.5}$	PM_{10}	臭氧	二氧化硫	二氧化氮	一氧化碳
京津冀及周边	50.5	60	109	199	20	43	2.2
长三角	74.1	44	70	167	11	35	1.3
汾渭平原	54.3	58	106	180	24	43	2.3

续前表

| 全国平均 | 79.3 | 39 | 71 | 151 | 14 | 29 | 1.5 |

数据来源：2018中国生态环境状况公报

1.1.3 大气污染控制持续加强

我国对于大气污染控制高度重视，自二十世纪七十年代以来，政府就下大力气采取各种举措治理大气污染问题（郝吉明等，2014）。大气污染防治相关政策法规的出台与实施在一定程度上能够反映大气污染控制的强度。基于此，本文对我国已出台的有关大气污染控制政策法规做一梳理，从一个侧面反映展示我国大气污染控制的进程与力度。1973年，我国颁布的第一环境保护的标准《工业"三废"排放试行标准》（GBJ 4-1973），对涉及5种工业部门定出13类有害物质的容许浓度和排放量[①]，标志着我国大气污染控制的开始。1982年，我国出台了《大气环境质量标准》（GB 3095-1982），将大气环境质量划分为三级并设立了三类大气环境功能区，促进了大气环境管理。1987年，全国人民代表大会常务委员会发布《中华人民共和国大气污染防治法》，并于1988年开始实施，我国的大气污染控制自此起步。本章所整理的大气污染控制的政策法规参考了张永安和邬龙（2015）的梳理标准，即（1）仅收集国家层面的法规政策，不考虑地方政府颁布的。（2）未明确提及"大气污染"，但与大气污染物检测相关，或与煤炭使用、建筑除尘等污染源限制相关，或与大气污染有关的技术标准均归为本文大气污染控制的梳理范畴。（3）范围较小、针对性较强，如对具体企业、具体决议的管控和说明不纳入梳理范畴，仅关注具有代表性的大气污染控制政策法规出台情况。

张永安和邬龙（2015）已梳理了我国1988～2014年的大气污染治理政策共202篇，本文在此研究的基础上，参考其收集步骤，补充梳理了2015-2018年我国出台的大气规制数量。收集并整理得到的大气政策法规出台量如表1-2所示。

表1-2 我国1988～2017年大气政策法规出台量

年份	发文量	累积发文量	累积百分比	年份	发文量	累积发文量	累积百分比
1988	1	1	0.39370%	2003	0	23	9.05512%
1989	1	2	0.78740%	2004	1	24	9.44882%
1990	0	2	0.78740%	2005	5	29	11.41732%
1991	0	2	0.78740%	2006	6	35	13.77953%
1992	0	2	0.78740%	2007	17	52	20.47244%

---

① 13类有害物质为：二氧化硫、二硫化碳、硫化氢、氟化物、氮氧化物、氯、氯化氢、一氧化碳、硫酸雾、铅、汞、铍化物、烟灰和生产性粉尘

续前表

年份	发文量	累积发文量	累积百分比	年份	发文量	累积发文量	累积百分比
1993	1	3	1.18110%	2008	9	61	24.01575%
1994	0	3	1.18110%	2009	22	83	32.67717%
1995	0	3	1.18110%	2010	13	96	37.79528%
1996	2	5	1.96850%	2011	14	110	43.30709%
1997	0	5	1.96850%	2012	25	135	53.14961%
1998	0	5	1.96850%	2013	49	184	72.44094%
1999	0	5	1.96850%	2014	18	202	79.52756%
2000	2	7	2.75591%	2015	11	213	83.85827%
2001	13	20	7.87402%	2016	10	223	87.79528%
2002	3	23	9.05512%	2017	19	242	95.27559%
				2018	12	254	100.00000%

（数据来源：1988-2014年数据主要来源于国家环保部、财政部、发改委环资司网站。2015-2018年数据来源于"北大法宝"法律法规数据库）

由表1-2可见，大气污染控制政策法规在其诞生之初的相当长一段时间发展缓慢，甚至多年无政策法规出台，大气污染问题没有得到足够的重视，大气污染控制也整体处于萌芽状态。这一情况从2000年开始有所改观，在2001年，我国大气政策法规的出台出现一个激增点，仅这一年就出台了涉及大气污染控制的政策法规13例，重点对高污染燃料进行了防控，并针对锅炉、钢铁等高污染单元出台了一系列标准。在此之后，大气污染控制政策法规的出台有所回落和放缓，一方面是2000~2002年出台的一系列政策法规正处于落实和评估期，另一方面是我国的大气环境政策法规尚处于探究摸索时期，有关的政策制定机制、落实评估系统尚不成熟。随着国内外对大气环境问题的重视以及我国大气污染问题的逐渐出现，加之2008年奥运会的筹备，根据表1-2显示的结果，从2006年开始，大气污染控制政策法规的出台开始增长，由于政策的实施和调整均需要一定的周期，大气污染控制政策法规的增长呈现出波动的态势，并于2013年达到峰值，这一年，我国总共出台国家层面的大气政策法规49例，这可能与2012年大范围雾霾天气引发公众广泛关注、国家着手治理雾霾污染等有关。虽然在2013年之后，相关政策法规的出台量稍有放缓，但很快便又呈现回升趋势，同时相关政策法规更加突出精细化、强调以提升大气环境质量为核心。

综观1988~2018年我国大气污染控制的发展历程，不难发现我国大气环境管理的政策法规的出台数量整体上处于不断加大的状态，大气污染控制力度不断加大。鉴于我国仍然严峻的大气污染形势，以及广大人民群众对于良好大气环境质量诉求的不断提升，基于既往大气污染控制的历史发展进程，在今后的发展阶段中，可以判断未来我国大气污染控制的力度将进一步加大。

1.2 科学问题提出

工业化加速推进，带来生产力的空前解放和发展，工业化、城镇化，进一步促进生产要素、社会主体、经济活动、资源资本等在空间上的集聚，并与周围地区开展要素交换、产业合作、商业贸易等交易活动，从而促进区域经济快速发展。然而伴随着我国经济社会快速发展，城镇化、工业化进程不断加快，大气环境问题随之逐渐显现，大气污染问题已经成为社会关注的热点问题之一。大气污染具有显著的区域分布特点和跨区传输特性，这些特征与经济发展格局呈现出高度的空间相关效应。理论分析指出，非科学的区域经济发展会导致环境污染问题的产生与加剧，环境污染反过来又会制约区域经济发展；区域经济的可持续发展能为污染防治与环境保护提供强有力的资金、技术等重要物质条件与保障，而良好的生态环境是区域经济长期平稳较快发展的基础。统计数据表明，区域经济发展指标与污染物排放量、大气环境质量并不是单向、单趋势关系，而是呈现交互作用。同时，大气污染控制作为环境治理体系的重要领域之一，如何实现大气环境治理的科学化、精细化，实施更有效率的防治，也是构建现代环境治理体系的重要命题之一（Gao et al., 2016；田章琪等 2018；吴舜泽等，2019）。这就需要我们认真思考并回答以下问题：区域经济发展与大气环境之间关系是怎样的，在经济学视角下如何考量与提升区域大气污染控制的有效性？

为了探究区域经济发展与大气环境之间的关系，本研究探索性地从区域经济和大气环境双向作用及背后机理的两个方面来考虑。已有研究表明，人口增长、产业结构、经济总量、企业数量等要素对与大气环境密切相关的能源消耗与污染物排放有着重要影响关系，这种关系随着时间和科技发展而不断变化。这些经济活动，可以进一步归结为区域发展的三个主要引擎：工业化、城镇化和贸易。由此进一步思考，作为区域发展的重要表征，工业化和城镇化与大气污染是否有显著关系？这种关系的表现形式如何，这种影响是连续的影响还是存在结构性突变？其背后的影响因素及原因是什么？同时，对区域发展有重要拉动作用的区域间贸易，对于区域大气污染是否存在跨区影响（溢出效应）？如果存在影响，区域间的贸易活动带来的污染溢出效应是加剧了区域不均衡还是减弱了区域不均衡？另一方面，与大气环境密切相关的能源消耗和大气污染物排放的空间聚集状态对区域发展的影响同样值得深思。在区域发展中，能源和环境要素起着怎样的作用？在考虑空间效应的基础上，经济增长是否得益于资源环境红利，其主要驱动因素构成与转变是怎样的？经济增长是否受外地环境因素影响，大气污染跨区域传输对相邻城市的经济发展带来哪些影响？

良好的环境和丰富的资源有助于区域经济的高质量发展，为了改善区域环境质量，我国在生态环境保护和污染治理方面开展了大量工作。然而，高强度的环境规制是否阻碍了经济快速发展一直是学术界讨论的热点（Heyes, 2009；陆旸，

2011；甘家武等，2017）。要研究大气环境规制对区域经济的影响，究其根本，需要探讨大气环境规制对于区域生产力的影响。因此，本书后面章节通过研究试图回答如下问题：大气环境规制强度对于地区全要素生产率的直接影响和间接影响都有哪些？影响的方向和持续时间如何？

深刻理解区域经济发展与大气环境之间的关系，有助于理解区域经济发展的重要因素，探寻治理大气污染的关键环节，从而回答"基于经济学视角如何优化区域大气污染控制政策？"这一重大科学问题。基于此，本研究针对以上科学问题层层分解，逐步对相关内容开展研究，旨在对区域大气环境治理和区域高质量发展提供有益参考。

1.3 研究理论价值和现实意义

1.3.1 理论价值

回溯人类社会发展历史，城市的出现是由人类生产活动相对固定在有限范围的地理区域内而逐渐兴起的。随着工业化、城镇化推进，城市成为劳动力、资本、商品等流动的枢纽中心，成为人类生产生活的集中地，也成为城市管理的核心所在。当城市发展到一定规模之后，会吸引周围地区的资源向城市聚拢，同时带动周围地区相关人员流动、资源配置和技术引进。城市的集聚效应和扩散效应，不仅表现在对生产力和生产要素的吸引和传输，也表现在地域范围上的空间组合和分化，由此形成区域经济空间格局。区域经济格局是地区经济活动、生产力水平、产业结构、资源环境要素、管理控制等内容在地理空间上的综合体现。正是城市的兴起及与周边城市的互动，逐步形成了不同规模的经济增长极和城市群，进而形成大范围的经济集聚区，带动区域经济发展。

在区域经济格局形成和发展过程中，由于频繁的生产交换、人员流动和技术交流等，区域内经济单元（城市、片区）互相影响、组合、交互，逐渐形成彼此协同的区域经济一体化格局，如我国的京津冀协同发展、长三角一体化、长江经济带、粤港澳大湾区等。区域经济一体化过程中，包括自然资源、环境要素的生产要素和最终商品服务的交易活动越来越频繁活跃。另一方面，区域经济引发的资源环境问题也逐渐凸显，如资源耗竭、大气污染、恶臭水体等。区域经济是在一定的资源基础和环境条件下发展的，环境资源的数量和质量决定着区域经济活动的规模和速度，生态环境保护又是区域经济发展的重要内容，影响着区域经济发展程度与质量。承载经济发展的生态环境容量是有限度的，如果超过一定限度和资源环境约束，生态环境保护制度和技术不足，就会影响生产力和生产要素的再生产，从而制约区域经济发展。由于资源环境的公共物品属性，单纯依靠市场力量无法妥善协调区域经济和生态环境之间的关系，"市场失灵"情况下需要政府发挥制度手段促进区域经济环境协调发展。

区域经济和生态环境关系是可持续发展中的长期区域性关系，国内外区域经济学、资源环境经济学、环境科学等学科学者相继对此开展研究。区域经济理论关注区域的经济发展达到整体最优效果的途径，主要理论包括生产力布局理论、生产力布局的经济调节机制、地区经济开发战略和经济规划等（曾刚等，2015）。区域经济学是经济学与自然地理学科结合的交叉学科，从空间视角对区域的经济、社会因素进行分析，通过建立空间计量模型对区域资源环境影响进行经济评价（李敬等，2014）。资源环境经济学融合了自然资源学、环境学、经济学、自然资源管理等学科理论，研究内容包括资源价值评估、污染的经济损害、环境保护的支付意愿等，对于大气污染控制的研究重在政策手段的制定和实施效益评估。环境科学是研究人类与其周围自然资源环境之间关系的科学，在大气污染控制方面的研究上，通过对大气污染因子的环境特性解析、大气环境模拟，仿真溯源区域大气污染传输及其影响。

习近平同志提出："环境就是民生，青山就是美丽，蓝天也是幸福，绿水青山就是金山银山；保护生态环境就是保护生产力，改善生态环境就是发展生产力"。改善区域环境质量，促进区域绿色发展，不仅是环境问题，也是经济问题。大气环境质量是生态环境质量的重要方面之一，大气污染问题是从事生产活动尤其是工业生产带来的主要环境问题之一，也是影响我国生态环境质量的关键问题。大气污染防治是环境治理的重要工作内容，基于大气污染的区域性、传输性特征，既要从经济的视角看待经济发展与大气环境的关系，又要考虑大气污染传输的环境特性，又要从空间格局层面落实大气污染治理和环境规制。因此，从区域的视角出发，本研究运用经济学理论方法，研究经济发展与大气环境之间影响机理和实证依据。

通过分解科学问题层层分析，构建模型方法，开展实证研究，弥补单一视角下研究区域大气污染控制的片面性不足，为环境经济研究提供一套多维复合系统分析工具，具有重要的理论价值。首先，基于空间视角，将研究颗粒度细化到具体城市层面，聚焦大气污染控制最典型区域，同时也是区域经济一体化的典型区域——京津冀及其周边地区，考虑本地区发展与区域间往来两个层次，不仅考虑核心城市群还考虑了大气污染传输通道所包含的所有城市为样本，分析区域发展与大气污染控制的关系。其次，基于经济学视角，关联经济学多种量化分析工具构建方法体系，探析区域经济发展的驱动因素，解析大气污染问题的经济成因，并且评估大气环境规制的经济效益。再次，基于系统的角度，突破以往环境科学、技术科学从自然机理分析环境子系统，以及国民经济、政治经济从生产关系分析经济子系统，将区域经济—环境看作一个复合系统，构建涵盖多元环境因子、双向影响路径、多维分析视角、多种模型工具的系统分析方法体系。

1.3.2 现实意义

改革开放以来我国经济快速发展，区域经济一体化格局更是为我国经济提供强劲、可持续的动力源泉，为我国经济高质量发展"聚能增效"。与此同时，在快速、相对粗放的经济发展中所带来的高投入、高消耗、高排放、低效率，使包括大气环境在内的生态环境系统受到严重破坏，资源环境承载力严重超载，生态环境污染破坏所带来的危害日益显现。而这其中，诸如京津冀、长三角、珠三角等典型区域表现的尤为明显。如何平衡区域经济社会发展与生态环境保护工作，实现区域绿色发展已成为推进生态文明建设、打造美丽中国的重要命题之一。在对发展中存在的问题思考与总结后，我国实施了一系列重大举措，走新型工业化道路、产业转型升级、区域协调发展、污染防治攻坚战等为我国强化大气污染控制、提升环境质量提供了新契机。因此，系统研究区域发展与大气环境质量之间的作用关系，量化评估大气环境规制对经济社会的影响，进而探究高效率的大气污染防治举措，不仅是新时期区域绿色发展与环境保护协同关系研究的重要一环，也将会为我国大气污染防治政策制定提供重要科学依据。

本研究着力为优化我国大气污染防治区域化管控提供系统的分析方法工具。大气污染具有复合性、区域性、传输性等特征，同时与生产活动、能源消耗、经济布局高度相关，这表明探究大气污染控制需要充分考量经济社会因素。大气资源作为基础性的自然资源，与我们的生活密切相关，是我们国家实现经济可持续发展的重要保障。本研究突破以往环境科学从环境特性的单一视角，结合区域经济学理论和方法，从大气污染产生和传输背后的经济现实出发，通过构建系统的经济分析和评价方法，基于典型案例区域，解析区域经济与大气污染的双向作用关系，实施大气污染控制的效益量化评估，为实现区域大气污染精准防控、效率防控提供支撑工具。

目前大气环境形势严峻，已经成为区域一体化的经济社会快速健康发展的重要障碍之一。防治大气环境污染、提升大气环境质量已经成为我国区域协同发展亟需解决的重要问题之一。在污染协同治理的背景下，选取典型区域为案例，探究环境和区域城市集群特征，勾勒区域能源消耗、环境红利与经济增长的关系，分析经济发展模式对大气污染生成与转移的影响，识别影响区域大气环境质量与污染控制的关键环节，将有助于为促进区域生态环境保护与经济社会发展协调推进、实现区域高质量绿色发展科学决策的提出，同时也为我国各地区域间产业链布局和经济圈、城市群协同发展提供有借鉴意义的研究案例，从而为实现区域一体化提供管理、产业协同和污染防治等方面的借鉴和决策参考。

经济空间格局优化是实现经济高质量发展的重要内容，区域绿色发展是实现我国生态文明建设的重要途径。本研究从局部、区域的视角，细化到城市层面，结合区域大气污染控制具体实践，深入研究工业化、城镇化、地区贸易与大气污染与大气环境质量等关系机理，从大气污染防治的视角找出典型区域经济绿色转型的关键着力点，以期为我国推进区域发展体制机制创新，实现绿色发展提供有益参考。

1.4 基本思路与主要内容

大气污染问题具有区域性、复杂性的特征，涉及自然、环境、经济等多重因素和多个领域，正如习总书记所强调的："环境治理是一个系统工程，必须作为重大民生实事紧紧抓在手上。"习总书记在出席在全国生态环境保护大会上特别强调，坚决打赢蓝天保卫战是重中之重。因此，实施系统、精准、有效的大气污染控制，切实提升大气环境质量已成为一个亟待解决的现实问题。遵循问题导向，本书围绕如何考量与提升区域大气污染控制的有效性这一核心问题，在参阅国内外已有研究成果和实践经验的基础上，基于区域视角，运用经济学的基本理论与方法，探究快速工业化、城镇化对于大气环境的影响方式与路径；解析区域间经济贸易活动对于大气污染的影响、测度产业发展对于区域间大气环境质量的溢出效应；同时，从大气污染与经济发展交互视角出发，勾勒城市间的空间自相关关系和城市集群特征，解析大气污染、能源消费对于区域经济增长的效应及关键因素；定量评估我国大气污染控制对于区域经济社会发展的影响，识别影响的路径与方向；在此基础上，探讨提出优化、完善我国大气污染控制的建议对策，以期为提升我国大气环境效度、构筑现代环境治理体系的研究和实践提供理论和实践依据。基于上述的研究思路，本书确立了以下几方面的主要研究内容。

（1）经济发展与大气污染之间交互关系探究

经济发展与大气污染之间存在着交互作用，厘清二者之间的关系及作用机理是实现精准、高效大气污染控制的重要基础之一。当前的研究往往侧重于其中一个方面，在研究尺度上也通常以国家和省级单元为主，缺乏对大气污染控制决策基本事实单元—城市层面相关交互作用的探究。基于此，本书选取典型案例区域，以工业化、城镇化为典型表征，将经济发展与区域大气污染耦合为一个系统，通过构建门槛效应模型，探究工业化、城镇化对大气环境质量的影响是否会发生结构性突变，测度影响的程度、识别关键的影响因素。同时，从区域空间视角，在时间和空间两个维度上检验区域能源消费和大气污染的空间相关性，分析区域之间的能源消费和大气环境的空间聚集状态及其时间上的变化趋势；验证二者的空间自相关性。在此基础上，将空间效应引入模型，构建空间计量经济学模型，分析区域间能源消费和大气污染跨区域传输对相邻区域的经济发展的影响，识别驱动区域经济发展的主要因素，探究区域经济增长的环境与能源红利状况，从而更全面地勾勒出区域经济发展与大气污染控制之间的耦合关系，为大气污染的精准施治提供决策依据。

（2）区域经济流动对大气污染排放影响分析

经济发展模式是影响区域空气污染的重要因素之一。其中，区域之间的经济流动情况，很大程度上影响着一个区域的产业结构与经济发展水平，从而影响该区域的空气污染物排放情况。基于此，通过构建多区域投入产出模型，对京津冀地区的经济溢出效应进行测度，量化区域间经济的相互拉动数值，识别区域间的经济"带动者"。同时，结合区域行业空气污染物排放数据，对区域受到的空气污染溢出效应进行测度，识别空气污染排放量来自区域间溢出效应贡献的比重，并考察各行业部门的溢出效应的大小。在此基础上，将两类溢出效应进行比较，识别关键区域与重点行业，明确区域内大气污染治理责任，从而为区域协同治理大气污染提供科学依据。

（3）大气污染控制效度评估

采取有效的大气管制举措，是控制大气污染、提升大气环境质量的关键，但严格的大气管制是否会对经济发展产生抑制作用，一直是学术界和决策制定过程中争论的重点。围绕这一科学问题，在我国大气环境管制不断趋严的背景下，基于波特假说的基本思想，测算纳入污染因素的区域全要素生产率变动情况，通过构建大气规制强度综合指数，定量评估大气污染控制力度对于区域经济发展（以全要素生产率为指标）的影响效应（方向、强弱与持续时间及地区差异性），为进一步提升、优化大气环境规制提供参考依据。

基于上述主要研究内容，本书形成以下的结构框架（如图1-9所示）：

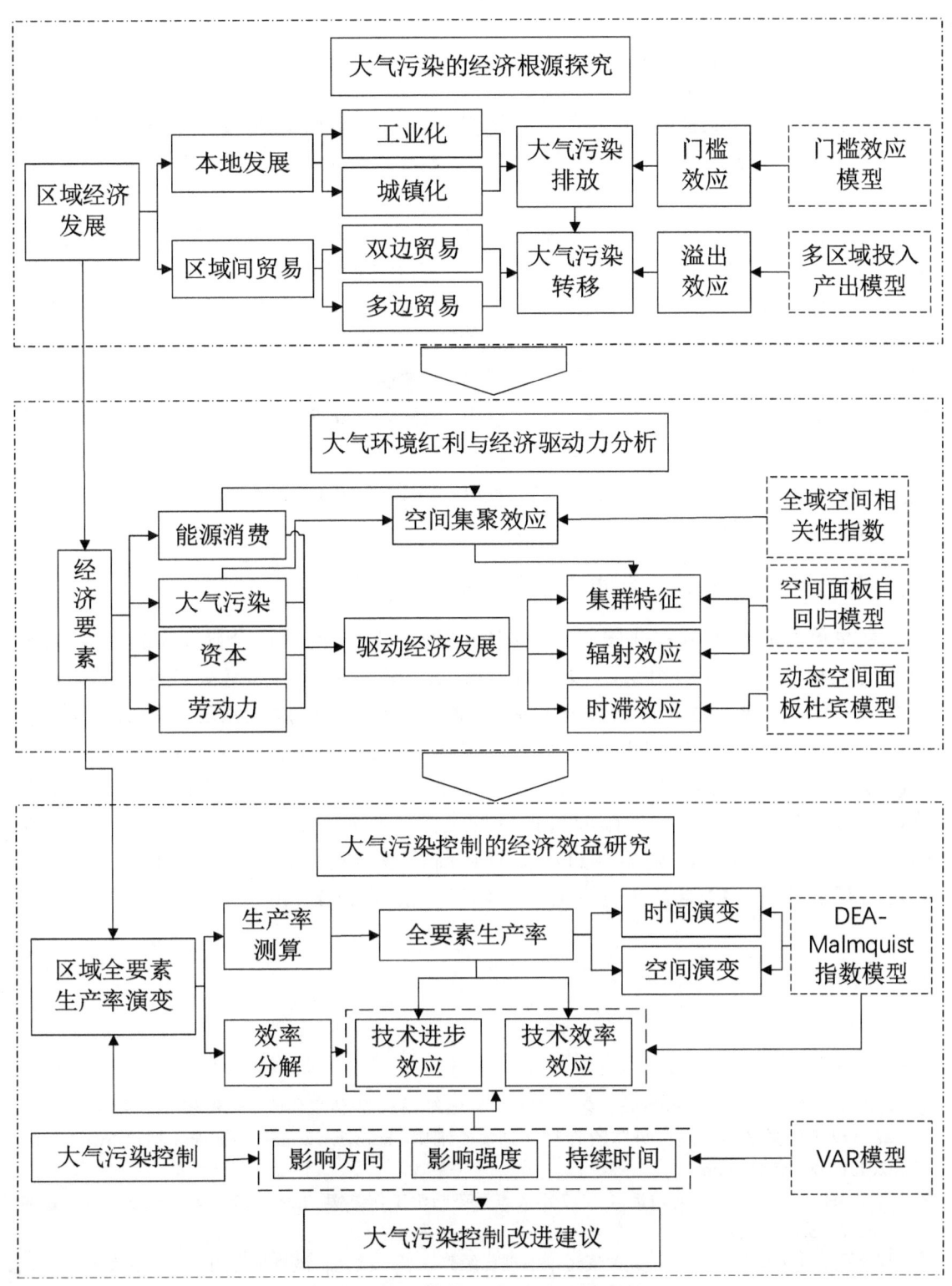

图1-9 本书结构框架研究区域选择

1.5 研究区域选择

我国的大气污染的区域性特征十分明显，为此本研究选取的研究区域为京津冀及周边地区。根据环境保护部 2013 年印发的《京津冀及周边地区落实大气污染防治行动计划实施细则》[①]，京津冀及周边地区包括北京市、天津市、河北省、山西省、内蒙古自治区、山东省。为进一步提升大气污染控制的针对性，提高大气污染防控的效率，2017 年，环境保护部在进一步实施京津冀及周边地区实施大气污染防控举措基础之上，特别提出加强该区域中的大气污染传输通道城市（传输通道城市包括"北京市，天津市，河北省石家庄、唐山、廊坊、保定、沧州、衡水、邢台、邯郸市，山西省太原、阳泉、长治、晋城市，山东省济南、淄博、济宁、德州、聊城、滨州、菏泽市，河南省郑州、开封、安阳、鹤壁、新乡、焦作、濮阳市"，简称"2+26"城市）的防控[②]，见图 1-10。

本研究以京津冀及周边地区，特别是"2+26"城市为案例研究区域，主要是基于以下几点理由：

（1）该区域是我国大气污染最为严重的区域之一

京津冀及周边地区占我国国土面积的 7.2%，却布局着占全国 1/3 的平板玻璃、39% 的电解铝、43% 的粗钢、49% 的焦炭以及 60% 的原料药等高耗能、高排放行业[③]，区域能源消耗巨大；2013 年以来京津冀及周边地区煤炭消耗总量占到国家消耗总量 35% 以上，并呈现上升的态势。较重的产业结构与巨大的煤炭消耗，使得京津冀及周边地区排放了大量的大气污染物排放量，2013 年以来，该地区二氧化硫、氮氧化物、烟（粉）尘排放量占到同期全国排放量的 25% 以上，烟（粉）尘的占比甚至超过 30%，见图 1-11。二氧化硫排放强度仍是全国平均的 3.6 倍，氮氧化物和烟（粉）尘排放分别是全国平均的 4 倍和 6 倍[④]。

[①] 环境保护部 国家发展和改革委员会 工业和信息化部 财政部 住房和城乡建设部 国家能源局. 京津冀及周边地区落实大气污染防治行动计划实施细则. http://www.mee.gov.cn/gkml/hbb/bwj/201309/t20130918_260414.htm.

[②] 环境保护部. 京津冀及周边地区 2017 年大气污染防治工作方案. http://dqhj.mee.gov.cn/zcfg/201709/t20170915_421697.shtml.

[③] 聚焦两会｜刘炳江委员：北京大气污染治理已经到了"一微克一微克抠"的时候. 搜狐网. https://m.sohu.com/a/299463989_383714.

[④] 专家详解京津冀及周边大气重污染成因. 光明网. http://politics.gmw.cn/2018-11/14/content_31971767.htm.

图1-10 京津冀及周边地区大气污染传输通道城市[①]

---

① 资料来自国家大气污染防治攻关联合中心

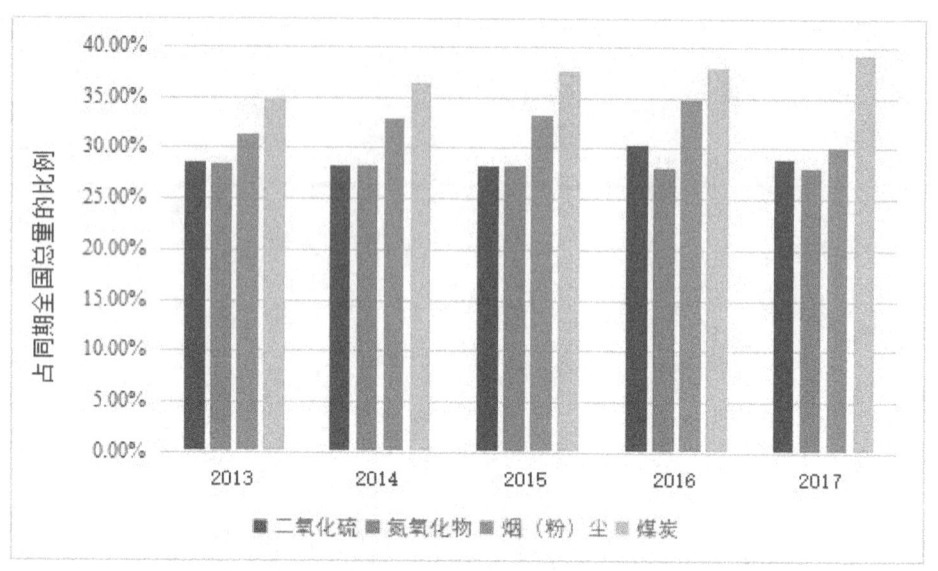

图1-11 京津冀及周边地区主要大气污染物排放与煤炭消费占比

[数据来源：国家统计年鉴（2014-2018）、中国能源统计年鉴（2014-2018）]

大量的污染物排放，远远超过区域的大气环境容量，使得京津冀及周边地区成为我国大气污染最严重的地区，空气质量整体不佳[①]。图1-12列出了2013年以来我国重点大气污染控制区域主要大气污染物浓度，从图中可以看出，虽然2013年以来京津冀及周边地区大气污染物浓度呈现较为显著的下降态势，但仍明显高于国家平均水平，同时也高于其他两个重点区域，大气污染形势依然非常严峻。从表征空气质量的空气质量优良天数来看，京津冀及周边地区的优良天数率也显著低于其他地区和全国平均水平（见表1-3），急需提升空气质量。同时，在生态环境部依据环境空气质量综合指数评价，2018年环境空气质量相对较差的20个城市中，京津冀及周边地区的城市就占到其中12个。京津冀及周边地区严峻的大气污染控制形式，使得本研究选择该区域具有较好的代表性。

表1-3 大气污染控制重点区域空气质量优良天数率比较（%）

	2015	2016	2017	2018
京津冀及周边地区	52.4	56.8	56.0	50.5
长三角	72.1	76.1	74.8	74.1
珠三角	89.2	89.5	84.5	-
汾渭平原	-	-	-	54.3

---

① 环境保护部 国家发展和改革委员会 工业和信息化部 财政部 住房和城乡建设部 国家能源局. 京津冀及周边地区落实大气污染防治行动计划实施细则. http://www.mee.gov.cn/gkml/hbb/bwj/201309/t20130918_260414.htm.

续前表

| 全国平均 | 76.7 | 78.8 | 78.0 | 79.3 |

［数据来源：《中国环境状况公报》(2013-2016)、《中国生态环境状况公报》(2017-2018) 注：- 表征该项无统计数据］

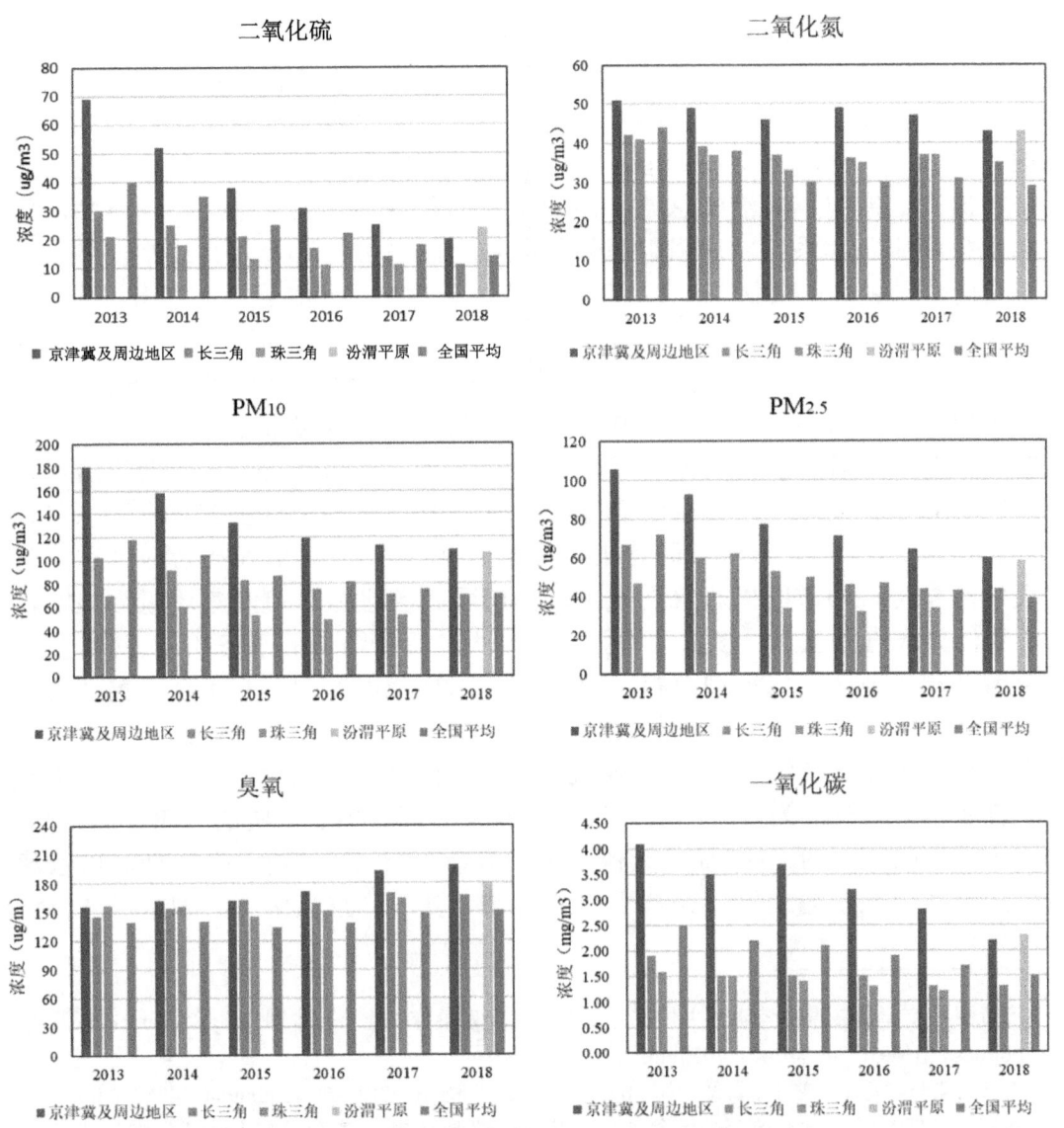

图1~12 我国重点大气污染控制区域主要污染物浓度比较（2013~2018）[①]

［数据来源：《中国环境状况公报》(2013-2016)、《中国生态环境状况公报》(2017-2018)］

---

① 注：2013-2017年我国统计的大气污染控制区域为：京津冀及周边地区、长三角、珠三角；2018年根据《打赢蓝天保卫战三年行动计划》调整为：京津冀及周边地区、长三角、汾渭平原。故2013-2017年无汾渭平原数据，2018年无长三角数据。

(2) 该地区是我国大气污染控制的重点区域之一

京津冀协同发展是当前中国三大国家战略之一。习近平总书记在京津冀三省市考察时提出，京津冀发展坚持绿水青山就是金山银山的理念，强化生态环境联建联防联治[①]。2013年国务院印发的《大气污染防治行动计划》专门提出，经过五年努力，京津冀、长三角、珠三角等区域空气质量明显好转[②]。同年，环境保护部等六部委联合印发了《京津冀及周边地区落实大气污染防治行动计划实施细则》，明确界定了京津冀及周边地区的空间范围，提出了"实施综合治理，强化污染物协同减排"、"统筹城市交通管理，防治机动车污染"、"调整产业结构，优化区域经济布局"、"控制煤炭消费总量，推动能源利用清洁化"、"强化基础能力，健全监测预警和应急体系"、"加强组织领导，强化监督考核"等六大战略任务，并强调建立健全区域协作机制[③]。2015年，北京、天津与河北签署了《京津冀区域环境保护率先突破合作框架协议》，确立了以大气污染等为防治重点，建立联防联控机制。2016年环境保护部出台的《京津冀大气污染防治强化措施(2016-2017年)》明确了以"2+4"为重点，涵盖20个大气污染传输通道城市在内的大气污染控制策略[④]，进一步强调了区域大气污染的协同防治。为确保《大气污染防治行动计划》所确立的区域大气污染空盒子目标实现，2017年环境保护部出台了《京津冀及周边地区2017年大气污染防治工作方案》，明确了京津冀及周边地区重点防控的大气污染传输通道的"2+26"城市，提出了改善区域环境空气质量为核心，以减少重污染天气为重点，多措并举强化冬季大气污染防治的策略[⑤]。为进一步强化京津冀及周边地区大气污染控制，2018年生态环境部专门设立了京津冀及周边地区大气环境管理局，旨在协调推动区域大气污染联防联控[⑥]。同年，《中华人民共和国大气污染防治法（修订）》正式通过，新修订的法律专门设置"重点区域大气污染联合防治"一章，为开展区域大气污染联合治理提供了坚实的法律依据。此外，2018年国务院出台的《打赢蓝天保卫战三年行动计划》，进一步明确，以京津冀及周边地区、长三角地区、汾渭平原等区域（以下称重点区域）为重点，持续开

---

① 习近平在京津冀三省市考察并主持召开京津冀协同发展座谈会. 新华网. http://www.xinhuanet.com/politics/2019-01/18/c_1124011707.htm.
② 大气污染防治行动计划. 中国政府网. http://www.gov.cn/zwgk/2013-09/12/content_2486773.htm.
③ 环境保护部 国家发展和改革委员会 工业和信息化部 财政部 住房和城乡建设部 国家能源局. 京津冀及周边地区落实大气污染防治行动计划实施细则. http://www.mee.gov.cn/gkml/hbb/bwj/201309/t20130918_260414.htm.
④ 环境保护部. 京津冀大气污染防治强化措施（2016-2017）. http://www.lddoc.cn/p-2134140.html.
⑤ 环境保护部. 京津冀及周边地区2017年大气污染防治工作方案. 生态环境部管网. http://dqhj.mee.gov.cn/zcfg/201709/t20170915_421697.shtml.
⑥ 生态环境部职能配置、内设机构和人员编制规定. 中国政府网. http://www.gov.cn/zhengce/2018-09/11/content_5320982.htm.

展大气污染防治行动①。为保障《打赢蓝天保卫战三年行动计划》所设定的目标实现，2019年生态环境部等部门联合印发了《京津冀及周边地区2019-2020年秋冬季大气污染综合治理攻坚行动方案》，以更实的举措确保区域大气环境质量的提升②。

区域协同治理已成为解决京津冀及周边地区大气污染问题的共识和必由之路，从区域结构优化升级，到能源绿色清洁化替代，再到严格监测监察，大量政策法规以及行动方案的出台，彰显了国家对于解决京津冀及周边地区大气污染问题的重视，同时也为本研究提供了丰富的素材，因此，选择此区域探究大气污染控制的历程，评估控制举措的效果，无疑能够在一定程度上反映我国区域大气污染控制的特征，具有一定的代表性。

（3）已有研究与实践基础

多项国家重点研发计划"大气污染成因与控制技术研究"课题的主持、参与，以及有关区域大气污染控制政策调研与制定的参与，积累了京津冀及周边地区大气污染控制的相关资料，为本书的研究提供了丰富的借鉴，也为相关问题的分析提供了必要的条件。

---

① 国务院. 打赢蓝天保卫战三年行动计划. 中国政府网. http://www.gov.cn/zhengce/content/2018-07/03/content_5303158.htm.
② 生态环境部. 京津冀及周边地区2019-2020年秋冬季大气污染综合治理攻坚行动方案. 生态环境部官网. http://www.mee.gov.cn/xxgk2018/xxgk/xxgk03/201910/t20191016_737803.html.

第二章 区域大气污染物排放的经济根源探究

2.1 概　述

经济社会发展具有自身特有的区位优势和资源环境优势，工业化和城镇化是促进区域经济发展的重要因素（丁志伟等，2016；郭源园等，2017；陶长琪等，2019；李睿，2019；Zheng et al., 2019）。随着分工逐渐深化，在工业化进程推动中，从事生产和经营的生产者在"规模效益"和"聚集效益"的驱动下在地理区位上趋于集中，逐渐形成城市（霍利斯·钱纳里等，2015）。城市的资金、技术资源和产业优势吸引越来越多的生产者、商人、劳动者等社会主体涌向城市，城市规模不断扩大，城镇化水平不断提升。城镇化是工业化的载体，大量农村剩余劳动力涌进城市转为市民，是消除二元结构的根本出路，也是扩大国内需求的主要依托，其派生的投资和消费需求是拉动经济增长的主要动力（刘鹤，2019）。2016年2月，习近平总书记对深入推进新型城镇化建设作出重要指示，城镇化是现代化的必由之路，是我国最大的内需潜力和发展动能所在。

快速推进的工业化、逐步扩张的城镇，在促进生产要素集聚、资源优化配置、产业组合升级、拉动经济增长等方面发挥了重要作用（胡洋等 2014；Komlos et al., 2017；王庆喜等，2017；陶长琪等，2019）。但是，在经济快速增长的同时，随着资源密集型产业和粗放的发展方式所带来的环境问题日益凸显，甚至成为区域经济质量进一步提升的制约（Rappaport, 2008；杜江等，2008；Jalil et al, 2011；文扬等，2018；谢晗进等，2019）。从工业化来看，在工业化发展的初期，工业化对于环境破坏具有推动作用；而到了工业化发展的中后期，随着技术水平和产业结构的提高与调整，环境质量又逐渐出现好转（朱利安·林肯·西蒙，1985）。从城镇化来看，城市扩张伴随着工业增长和人口增加，能源消费不断增长，环境污染随之增加，城市及周边的生态环境压力也不断增长（Priza et al., 2000；李静萍等，2017；Song et al., 2018；别同等，2018；Liang et al., 2019）；一些研究表明城镇化后期也符合环境库兹涅兹曲线，即对生态环境有一定促进作用（王家庭等，2010；刘彦随等，2016）。但是，很多学者对环境库兹涅兹曲线存在性进行质疑和验证（Luzzati et al., 2009；余华东等，2016；Riti et al., 2017；Hasanov et al., 2019），目前尚无统一定论。区域发展、工业化和城镇化对于大气环境的影响如何？是连续的影响还是存在结构性突变？这仍是区域研究中仍待回答的问题。

基于此，本章以城市规模划分城市类别，构建门槛效应模型来探究工业化、城镇化对大气环境质量的影响是否会发生结构性突变。以京津冀地区及周边地区"2+26"城市为案例区域，检验区域工业化水平与大气环境质量的关系曲线是否具有显著的门槛效应，分析核心解释变量是否是大气环境质量变化的重要因素，其对空气质量的影响方向和力度如何，并且探讨同地区门槛效应不同、工业化与城镇化对空气质量影响不同的深层原因。

2.2 研究方法

2.2.1 门槛效应模型

一个经济参数达到某一特定值后引起另一个经济参数发生方向或数量上的变化，这个现象被称为门槛效应，解释变量的临界值就是门槛值（黄棣芳，2011）。本文在 Hansen（1999）的门槛面板模型基础上，将空气质量（即二氧化硫、氮氧化物、烟粉尘排放量等大气污染物排放量）作为因变量和门槛变量，城镇化水平、工业化水平作为自变量，分别研究城镇化、工业化对大气环境质量的非线性影响。选取城镇人口比例（反映城镇化程度）、工业增加值占 GDP 比重（反映工业化程度），选取城市总人口（人口增长影响大气污染物排放增加）、城市建成区绿化覆盖率（反映城市空气质量和治理投入）、城市居民实际工资水平作为控制变量（反映城市经济发展水平）。借鉴 Hansen 提出的面板门槛模型理论，本文构建如下回归模型：

$$Y_{it} = \beta_0 x_{1it} + \beta_1 x_{2it} I(q_{it} \leq \gamma) + \beta_2 x_{2it} I(q_{it} > \gamma) + \varepsilon_{it} \quad (2\text{-}1)$$

在（2-1）式中，Y_{it} 为解释变量，本文设置为污染物排放量指标。其中 i 代表城市个体，t 代表年份，q_{it} 代表门槛变量，x_{1it} 代表控制变量，x_{2it} 为核心解释变量，γ 代表估计的门槛值，β_0 代表控制变量系数，β_1 和 β_2 代表门槛变量系数，I 代表指示函数，括号内条件成立时取值为 1，条件不成立时则取值为 0，ε_{it} 代表随机扰动项。

通过求残差平方和得到门槛值与其余参数的估计值，最优门槛值即是使 SSR(γ) 在所有残差平方和内最小，即：

$$\gamma_1 = \arg\min \ell_i(\gamma_1) \quad (2\text{-}2)$$

满足（2-2）式的观测值便是门槛值。

得到确定的门槛估计值后，还需检验门槛效应的显著性和门槛值的真实性。对于是否存在门槛效应，检验以下原假设：

$$H_0: \beta_1 = \beta_2 \tag{2-3}$$

原假设成立,则不存在门槛效应,γ取何值对模型没有影响,γ的取值不可识别。若原假设不成立,即存在门槛效应,可对门槛值进行检验,并通过似然比检验 LR 统计量确定其置信区间(Hansen,1999)。

2.2.2 指标与数据来源

本章运用 2000~2015 年北京、天津市的面板数据及 2006~2015 年其余 26 个城市的面板数据,共 280 个样本进行门槛效应模型回归,被解释变量及门槛变量为空气质量,核心解释变量为城镇化水平和工业化水平。

2.2.2.1 解释与被解释变量

本章聚焦于城镇化、工业与大气环境的关系,因此选取工业废气中二氧化硫和烟粉尘两种污染物的排放量(inPOL)作为被解释变量;研究城镇化与大气环境质量的关系时,因城镇化带来的社会进步会影响到产业结构、能源结构等,故选取城市二氧化硫和烟粉尘的排放总量(POL)作为被解释变量。由于数据可得性原因,变量未选取氮氧化物,其他种类及扩散输送的大气污染物暂不考虑。

参照中共中央国务院印发的《国家新型城镇化规划(2014—2020年)》,本研究采用各城市城镇户籍人口数及其占总人口数之比(UPR)作为城镇化水平指标,考察其对空气质量的非线性影响。目前对于城镇化水平的指标选取存在部分争议,主要集中在城镇的定义不同将直接影响到人口数量的统计,进而影响城镇化水平的计算与统计。但本文已选取了人口规模相对确定且发展较为成熟的 28 个城市,此方面影响暂不纳入考虑。(该指标取自国家统计局网站)。

本文探究的工业化水平既包括工业化程度和产业结构,因此采用各城市第二产业增加值中工业增加值占 GDP 的比重(inGDP)作为衡量工业化水平的指标。该指标取自国家统计局网站。

2.2.2.2 控制变量

城市总人口(POP)。工业化与城镇化进程相辅相成,在这个过程中,因人口和人口密度的增加,供给城市的物资增加,造成能源需求、汽车保有量等增加,从而可能影响大气污染物排放量。因此,本文将城市总人口作为控制变量之一。因其与城镇人口率指标有一定相关性,为避免重复解释,该变量仅在探究工业化与大气环境质量关系时使用。该指标取自国家统计局网站。

城市建成区绿化覆盖率(GCOV)。城市的绿化程度可以在一定程度上反映该城市对环境保护重视程度、投入力度及该城市空气污染程度,对污染物排放的门槛值产生一定影响。因此,本文将城市建成区绿化覆盖率作为控制变量之一。该指标取自国家统计局网站。

城市居民实际工资水平（AVAGE）。居民实际工资收入可以反映该地区经济发展水平，经济水平对污染物排放及污染治理的效率均会产生影响，故将其作为控制变量之一。本文采用的是经过以2006年为基年的GDP平减指数调整后的各城市就业人员平均工资来反映实际工资水平。该指标取自Wind宏观经济数据库。

城区人口密度（POPgen）。人口密度的增加是工业化和城镇化带来的直接影响，也将直接产生对大气环境质量的压力。故本文选择城区人口密度替换相应控制变量，进行模型稳健性检验。该指标取自国家统计局网站。

城区绿化面积（GREEN）。绿化面积也可以反映绿化程度，本文选择城区绿化面积替换相应控制变量，进行模型稳健性检验。该指标取自Wind宏观经济数据库。

国内生产总值（GDP）。GDP是经济发展水平最简单、直接的表现方式。本文采用的是经过以2006年为基年的GDP平减指数调整后的GDP来反映实际经济发展水平，以此替换控制变量进行稳健性检验。该指标取自Wind宏观经济数据库。

2.2.2.3 城市规模划分

考虑区域内城市具体差异，不同城市的大气污染物排放量及各项经济指标间存在较大差异，一些城市的排放峰值还未能达到区域整体的门槛值，该城市的模型就未能体现出多门槛的门槛效应，这可能会影响研究结果的准确性。因此本研究将28个城市分类后进一步开展研究。

本章模型中涉及的相关经济指标较多，考虑到指标间的差异根源在于城市规模的不同，本文即将城市规模作为28个城市的分类标准。按照国务院于2014年11月发布的《关于调整城市规模划分标准的通知》，以城镇人口为统计口径，将城市规模划分为五类七档：城镇人口达1000万以上的城市为超大城市；城镇人口介于500万至1000万之间的城市为特大城市；城镇人口介于100万至500万之间的城市为大城市，其中300万以上500万以下的城市为Ⅰ型大城市，100万以上300万以下的城市为Ⅱ型大城市；城镇人口介于50万至100万之间的城市为中等城市；城镇人口50万以下的城市为小城市，其中20万以上50万以下的城市为Ⅰ型小城市，20万以下的城市为Ⅱ型小城市。对应研究区域内的具体城市，其城镇人口数情况如下表。

表2-1　2015年"2+26"个城市城镇人口数

类型	城市	人口（万人）
超大城市	北京市	1877.5
	天津市	1278.4

续前表

类型	城市	人口（万人）
特大城市	郑州市	667.0
	石家庄市	599.8
	邯郸市	538.0
Ⅰ型大城市	保定市	459.4
	唐山市	440.2
	济南市	425.2
	菏泽市	408.0
	沧州市	361.4
	济宁市	358.0
	邢台市	348.7
	德州市	311.1
	太原市	310.1
	新乡市	303.0
Ⅱ型大城市	淄博市	288.9
	聊城市	287.5
	廊坊市	260.3
	安阳市	240.0
	滨州市	212.5
	开封市	201.0
	焦作市	194.0
	长治市	168.5
	衡水市	156.5
	晋城市	132.9
	濮阳市	124.7
中等城市	阳泉市	92.1
	鹤壁市	89.5

由表 2-1 数据可明确看出，研究区域内有 26 个城市属于大城市及以上规模，后续的研究分析也以表中的城市规模为类别分类进行门槛效应的探究[①]。

---

① 在后文模型测算和分析中，阳泉市和鹤壁市因样本量过少，未单独估计。因其人口、经济结构等与Ⅱ型大城市中样本接近，后文模型测算中将其归纳到Ⅱ型大城市分类。

2.2.3 模型检验

2.2.3.1 显著性检验

门槛效应模型检验包括门槛效应的显著性检验与门槛估计值的真实性检验，检验采取自抽样法构建渐进分布和似然比统计量LR，旨在检测门槛估计值是否显著，即是否存在门槛效应。以大气污染物排放量为门槛变量，假定模型存在单、双、三门槛，运用STATA软件计算得到具体门槛值和P值（表2-2）。

表2-2 研究区域整体门槛估计值检验

核心解释变量	单一门槛模型		双重门槛模型		三重门槛模型	
	门槛估计值	p值	门槛估计值	p值	门槛估计值	p值
inGDP	170478.0	0.000	291346.5 170478.0	0.004	291346.5 170478.0 133282.5	0.463
UPR	286117.5	0.072	286117.5 205324.5	0.302	286117.5 205324.5 152550.0	0.558

工业化水平作为核心被解释变量时，单门槛效应模型和双门槛效应模型均在1%水平下显著，三门槛效应模型不显著。模型得到工业大气污染物排放量的一门槛值为291346.5，置信区间为291346.5；二门槛值为170478，置信区间为[151423.5, 207145.5]。对模型绘制似然比检验图，可以清楚地看到门槛值的估计。门槛参数的取值即是LR=0时的取值，从图中可以看出，双门槛的估计值为170478、291346.5，工业化水平对大气环境质量的门槛效应是显著存在的。

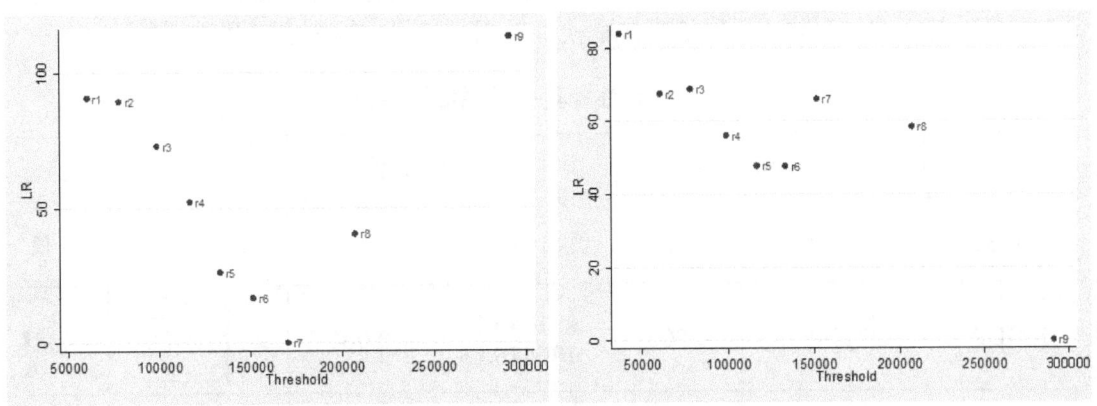

图2-1 以工业化水平为核心变量的二门槛估计值LR检验图

城镇化水平作为核心被解释变量时，单门槛效应模型在10%水平下显著，双门槛及三门槛效应模型均不显著。模型得到工业大气污染物排放量的门槛值为286117.5，置信区间为 [197887.5，344863.5]。对模型绘制似然比检验图，可以清楚地看到门槛值的估计。门槛参数的取值即是 LR=0 时的取值，从图中可以看出，门槛的估计值为286117.5，城镇化水平对大气环境质量的门槛效应是显著存在的。

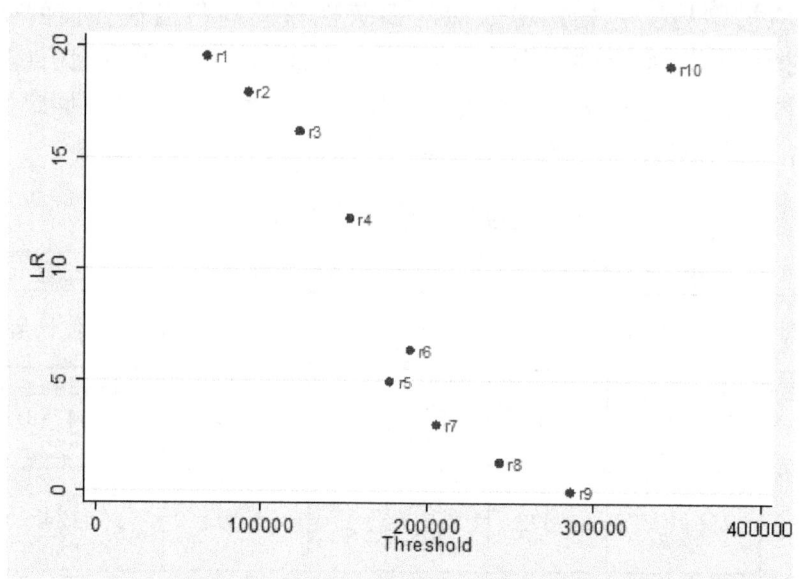

图 2-2 以城镇化水平为核心变量的门槛估计值 LR 检验图

2.2.3.2 稳健性检验

模型的稳健性检验选取替换控制变量的方式，观察模型结果是否发生显著变化。保持被解释变量、核心解释变量不变，用城市 GDP 总量、城市绿化面积、城区人口密度替代原先的控制变量，以大气污染物排放量为门槛变量，同样假定模型存在单、双、三门槛，运用 STATA 软件计算得到具体门槛值和 P 值。

表 2-3 稳健性检验中门槛估计值检验

	单一门槛模型		双重门槛模型		三重门槛模型	
核心解释变量	门槛估计值	p 值	门槛估计值	p 值	门槛估计值	p 值
inGDP	291346.5	0.000	291346.5 170478.0	0.001	291346.5 170478.0 133282.5	0.568
UPR	177150.0	0.022	286117.5 177150.0	0.091	286117.5 205324.5 177150.0	0.328

工业化水平作为核心被解释变量时，单门槛效应模型和双门槛效应模型均在 1% 水平下显著，三门槛效应模型不显著。模型得到工业大气污染物排放量的一门槛值为 291346.5，置信区间为 291346.5；二门槛值为 170478.0，置信区间为 [150743.1, 216452.5]。城镇化水平作为核心被解释变量时，单门槛效应模型和双门槛效应模型均在 5% 水平下显著，三门槛效应模型不显著。模型得到工业大气污染物排放量的一门槛值为 286117.5，置信区间为 [243225，344863.5]；二门槛值为 177150.0，置信区间 [152550, 188983.5]。

验证了工业化水平与大气环境质量的门槛值后，我们对其进行核心解释变量（inGDP）的参数估计。结果显示，工业化进程对排放有三阶段影响，两个门槛值前后的系数估计值均为正数，说明十年间工业化水平对大气环境质量存在显著且趋势相同的影响，但影响力度随工业大气污染物排放量减少而减小。结果可见，当大气污染物排放量大于 291346.5 吨时，当工业增加值占比变动 1 个百分点，大气污染物排放量随之正向变动 953.8 吨；大气污染物排放量介于 170478 吨和 291346.5 吨之间时，当工业 GDP 占比变动 1 个百分点，大气污染物排放量随之正向变动 1896 万吨；大气污染物排放量小于 170478 吨时，当工业 GDP 占比变动 1 个百分点，大气污染物排放量随之正向变动 3158.8 吨。三个阶段的核心解释变量的估计均在 1% 的水平下显著，且通过三阶段的系数的差异可以明显看出变化趋势，即在门槛值前后，工业增加值占比对工业大气污染物排放量均产生正向影响，但两次越过门槛值之后，影响程度均会产生变化，排放量越小时，工业化对大气污染物排放的正向影响越强。

表 2-4 稳健性检验中工业化门槛模型核心变量参数估计

指示变量	排放量	系数估计值	p 值
0	≥ 291346.5	953.8	0.002
1	170478-291346.5	1896.0	0.000
2	≤ 170478	3158.8	0.000

同理，我们对城镇化的核心解释变量（PRN）进行参数估计。结果显示，城镇化水平对排放有三阶段影响，两个门槛值前后的系数估计值均为正数，说明在城市大气污染物排放量达到二门槛之前，城镇化水平对大气环境质量存在显著且趋势相同的影响，影响力度随城市大气污染物排放量减少而减小。结果可见，当大气污染物排放量大于 286117.5 吨时，城镇化率每变动 1 个百分点，大气污染物排放量负向变动 2076.3 吨；当大气污染物排放量介于 177150 吨和 286117.5 吨之间时，城镇化率每变动 1 个百分点，大气污染物排放量负向变动 1642.9 吨，该阶段核心解释变量估计 p 值为 0.112，可近似认为其在 10% 的水平下显著；当大气污染物排放量小于 177150 吨时，城镇化率每变动 1 个百分点，大气污染物

排放量负向变动975.6吨。通过三阶段系数的差异亦可以明显看出变化趋势,即在门槛值前后,城镇化率对工业大气污染物排放量均产生负向影响,越过门槛值之后,影响程度会产生变化,排放量越大时,城镇化对大气污染物排放的负向影响越强。

表2-5 稳健性检验中城镇化门槛模型核心变量参数估计

指示变量	排放量	系数估计值	p值
0	≥286117.5	-2076.3	0.017
1	177150-286117.5	-1642.9	0.112
2	≤177150	-975.6	0

将替换控制变量后的模型结果与原模型进行比较,在门槛层面,工业化模型的门槛个数及门槛值均未发生变化,城镇化个数增加了一个,但一门槛值与原模型相同,且增加的二门槛值177150吨与原有门槛值286117.5吨分别是郑州与淄博2013年城市大气污染物的排放量,表达的时间含义相同;在核心解释变量的系数估计层面,城镇化、工业化模型的系数符号、变化趋势及显著性均未发生明显变化。这表明本研究所选门槛效应模型是显著的,模型结果有效可靠。

2.2.3.3 分规模检验

考虑区域内城市的经济指标间和污染物排放量的差异性,一些城市的排放峰值还未能达到区域整体的门槛值。因此,进一步分别按照规模分类进行门槛效应检验,探寻不同规模城市的门槛效应。

表 2-6 分规模城市门槛估计值检验[①]

分类	核心解释变量	单一门槛模型		双重门槛模型	
		门槛估计值	p值	门槛估计值	p值
超大城市[②]	inGDP	302115	0.514	302115 219646.5	0.000
	UPR	382500	1.000	382500 264000	0.000

---

① 分规模城市的三门槛模型均不显著,此表整理后未列出。
② 由于京津地区发展程度较高,预测其可能在更长的时间尺度里产生门槛效应,本研究选取了2000—2015年的数据进行回归和检验。

续前表

分类	核心解释变量	单一门槛模型		双重门槛模型	
特大城市	lnGDP	269913.0	0.034	269913.0 218919.0	0.000
	UPR	270649.5	0.249	270649.5 217350.0	0.000
I 型大城市	lnGDP	159792.0	0.034	137716.5 226768.5	0.326
	UPR	408114.0	0.000	408114.0 145756.5	0.742
II 型大城市[①]	lnGDP	148069.5	0.000	148069.5 60690.0	0.039
	UPR	170478.0	0.000	170478.0 110850.0	0.391

从超大城市来看，工业化水平作为核心被解释变量时，双门槛效应模型在1%水平下显著，门槛、三门槛效应模型不显著。模型得到工业大气污染物排放量的一门槛值为302115，置信区间为[236970.75, 320563.5]；二门槛值为219646.5，置信区间为[140632.5, 293092.5]，说明北京和天津的工业化水平对大气环境质量的门槛效应是显著存在的。城镇化水平作为核心被解释变量时，双门槛效应模型在1%水平下显著，单门槛、三门槛效应模型不显著。模型得到城市大气污染物排放量的一门槛值为382500，置信区间为382500；二门槛值为264000，置信区间为[178500, 278850]。同理，北京和天津的城镇化水平对大气环境质量的门槛效应是显著存在的。

从特大城市来看，样本为郑州、石家庄、邯郸三座城市，除城镇化率郑州市高于其他两座城市外，三座城市在工业增加值占比、大气污染物排放、人均实际收入等数据上相差无几，可以初步认为三座城市在产业结构、空气质量、经济发展水平等方面具有相似性。结果表明，工业化水平作为核心被解释变量时，单门槛效应模型在5%水平下显著，双门槛效应模型均在1%水平下显著，故选取更全面、更清晰的双门槛估计结果。模型得到工业大气污染物排放量的一门槛值为269913，置信区间为[242707.5, 286558.5]；二门槛值为218919，置信区间为[190059.75, 234045]，工业化水平对大气环境质量的门槛效应是显著存在的。城镇化水平作为核心被解释变量时，双门槛效应模型在1%水平下显著，单门槛效应模型不显著。模型得到城市大气污染物排放量的一门槛值为270649.5，置信区间为[246921, 283345.5]；二门槛值为217350，置信区间为[172425, 240181.5]。同理，城镇化水平对大气环境质量的门槛效应是显著存在的。

---

① 样本包含阳泉市和鹤壁市。

从Ⅰ型大城市来看，样本包括保定、唐山、济南、菏泽、沧州、济宁、邢台、德州、太原、新乡10座城市，这十座城市在产业结构、空气质量、经济发展水平等方面具有一定相似性。结果表明，工业化水平作为核心被解释变量时，单门槛效应模型在5%水平下显著，双门槛效应模型不显著。模型得到工业大气污染物排放量的门槛值为159792，置信区间为[129696.7, 178074]，工业化水平对大气环境质量的门槛效应是显著存在的。城镇化水平作为核心被解释变量时，单门槛效应模型在5%水平下显著，双门槛效应模型不显著。模型得到城市大气污染物排放量的门槛值为408114，置信区间为408114，城镇化水平对大气环境质量的门槛效应是存在的。

从Ⅱ型大城市来看，样本包括淄博、聊城、廊坊、安阳、滨州、开封、焦作、长治、衡水、晋城、濮阳、阳泉和鹤壁11座城市，除过淄博市GDP总量和大气污染物排放量明显高出平均水平，其余城市的各项经济数据和污染物排放量较为接近。结果表明，工业化水平作为核心被解释变量时，单门槛效应模型在1%水平下显著，双门槛效应模型均在5%水平下显著，选取更全面的双门槛估计结果。模型得到工业大气污染物排放量的一门槛值为148069.5，置信区间为[133269.25, 165987]；二门槛值为60690，置信区间为[48625.5, 73218]。工业化水平对大气环境质量的门槛效应是显著存在的。城镇化水平作为核心被解释变量时，单门槛效应模型在1%水平下显著，双门槛效应模型不显著。模型得到城市大气污染物排放量的门槛值为170478，置信区间为[153975, 185896.5]，城镇化水平对大气环境质量的门槛效应是存在的。

2.3 工业化对区域大气污染物排放影响

2.3.1 区域工业化影响测算

京津冀区域工业化水平对大气环境具有三阶段影响：两个门槛值前后的系数估计值均为正数，说明当样本排放量跨过一门槛值之后工业化水平对大气环境质量存在显著且趋势相同的影响，影响力度随大气污染物排放量减少而增大。

表2-7 工业化门槛模型核心变量参数估计

指示变量	排放量	系数估计值	p值
0	≥291346.5	690.5	0.105
1	170478.0-291346.5	1593.6	0.000
2	≤170478.0	2869.7	0.000

结果可见（表2-7），大气污染物排放量大于291346.5吨时，当工业GDP占比变动1个百分点，大气污染物排放量随之正向变动609.5吨；大气污染物排放

量介于 170478 吨和 291346.5 吨之间时，当工业 GDP 占比变动 1 个百分点，大气污染物排放量随之正向变动 1593.6 万吨；大气污染物排放量小于 170478 吨时，当工业增加值占比变动 1 个百分点，大气污染物排放量随之正向变动 2869.7 吨。这表明，在门槛值前后，工业增加值占比对工业大气污染物排放量均产生正向影响，但两次越过门槛值之后，影响程度均会产生变化，排放量越小时，工业化对大气污染物排放的正向影响越强。2006-2015 年的污染物排放量和工业增加值占比均呈逐年下降的趋势，这符合京津冀区域由于工业化水平的提升，结构效应、技术效应和政策效应日益凸显的现实情况。工业增加值占 GDP 比重的降低是现阶段工业化进程的表现，随之而来的是大气污染物的排放量减少，减少的幅度随排放量的降低而增大。

但是，由于一门槛前核心解释变量的估计 p 值为 0.105，表明从区域整体来看其门槛效益的的解释程度较弱。因此，更进一步，本研究按照不同规模城市的工业化影响分别测算和分析。

2.3.2 分规模城市工业化影响测算

2.3.2.1 超大城市

北京和天津的工业化水平对排放同样具有三阶段影响，且工业化水平对大气环境质量存在显著且趋势相同的影响，但与京津冀区域趋势不同的是，影响力度随工业大气污染物排放量减少而减小。

表 2-8 工业化门槛模型核心变量参数估计

指示变量	排放量	系数估计值	p 值
0	≥302115.0	12892.2	0.000
1	219646.5-302115.0	2457.4	0.197
2	≤219646.5	3374.4	0.067

从结果可看出，大气污染物排放量大于 302115 吨时，当工业 GDP 占比变动 1 个百分点，大气污染物排放量随之正向变动 12892.2 吨；大气污染物排放量介于 170478 吨和 291346.5 吨之间时，工业大气污染物排放量受工业化进程影响不显著；大气污染物排放量小于 219646.5 吨时，当工业增加值占比变动 1 个百分点，大气污染物排放量随之正向变动 3374.4 吨。虽然门槛之间系数不显著，但通过一门槛值之前、二门槛值之后这两阶段显著的系数间差异依旧可以看出变化趋势，即在门槛值前后，工业增加值占比对工业大气污染物排放量均产生正向影响，但越过门槛值之后，影响程度均会产生变化，排放量越大时，工业化对大气污染物排放的正向影响越弱。在区域大气污染防治大力推进下，北京和天津 2000-2015

年的污染物排放量和工业增加值占比均逐年下降。同时，京津地区大量高耗能、高污染的重工业企业外迁，这也是其工业增加值占比急剧下降的重要原因。综上，模型所得结论符合京津地区由于工业化水平发展到一定阶段，结构效应、技术效应和政策效应日益凸显的现实情况。工业增加值的降低是现阶段工业化水平提升的表现，随之而来的是大气污染物的排放量减少，减少的幅度随排放量的降低而减小。

2.3.2.2 特大城市

与京津冀区域趋势一致，特大城市样本的工业化水平对排放有三阶段影响，但影响力度随工业大气污染物排放量减少而增大。

表 2-9 工业化门槛模型核心变量参数估计

指示变量	排放量	系数估计值	p 值
0	≥ 269913	3010.1	0.054
1	218919-269913	3836.6	0.013
2	≤ 218919	4933.9	0.003

从结果可看出，大气污染物排放量大于 269913 吨时，当工业增加值占比变动 1 个百分点，大气污染物排放量随之正向变动 3010.1 吨；大气污染物排放量介于 218919 吨和 269913 吨之间时，当工业增加值占比变动 1 个百分点，大气污染物排放量随之正向变动 3836.6 吨；大气污染物排放量小于 218919 吨时，当工业 GDP 占比变动 1 个百分点，大气污染物排放量随之正向变动 4933.9 吨。通过门槛值前后三个阶段的系数间差异可以明显看出变化趋势，即工业增加值占比对工业大气污染物排放量均产生正向影响，但越过门槛值之后，影响程度均会产生变化，排放量越大时，工业增加值占比对大气污染物排放的正向影响越弱。

2.3.2.3 Ⅰ型大城市

对于Ⅰ型大城市样本，工业化进程对大气污染物排放有两阶段影响，两个门槛值前后的系数估计值均为正数，说明工业化水平对大气环境质量存在显著且趋势相同的影响，影响力度随工业大气污染物排放量减少而增大。

表 2-10 工业化门槛模型核心变量参数估计

指示变量	排放量	系数估计值	p 值
0	≥ 159792	1028	0.042
1	≤ 159792	2161.5	0.018

从结果可看出，大气污染物排放量大于 159792 吨时，当工业增加值占比变动 1 个百分点，大气污染物排放量随之正向变动 1028 吨；大气污染物排放量小于 159792 吨时，当工业 GDP 占比变动 1 个百分点，大气污染物排放量随之正向变动 2161.5 吨。通过门槛值前后两个阶段的系数间差异可以明显看出变化趋势，即工业增加值占比对工业大气污染物排放量均产生正向影响，但越过门槛值之后，影响程度产生变化，排放量越大时，工业增加值占比对大气污染物排放的正向影响越弱。

2.3.2.4　Ⅱ型大城市

Ⅱ型大城市样本的工业化水平对大气污染物排放有三阶段影响，两个门槛值前后的系数估计值均为正数，说明当样本排放量跨过一门槛值之后工业化水平对大气环境质量存在显著且趋势相同的影响，影响力度随工业大气污染物排放量减少而增大。

表 2-11　工业化门槛模型核心变量参数估计

指示变量	排放量	系数估计值	p 值
0	≥ 148069.5	265.5	0.601
1	60690-148069.5	832.2	0.099
2	≤ 60690	1695.4	0.001

从结果可看出，大气污染物排放量大于 148069.5 吨时，核心解释变量系数不显著；大气污染物排放量介于 60690 吨和 148069.5 吨之间时，当工业增加值占比变动 1 个百分点，大气污染物排放量随之正向变动 832.2 吨；大气污染物排放量小于 60690 吨时，当工业 GDP 占比变动 1 个百分点，大气污染物排放量随之正向变动 1695.4 吨。通过一门槛值之后的两个阶段的系数间差异可以明显看出变化趋势，即工业增加值占比对工业大气污染物排放量均产生正向影响，越过门槛值之后，影响程度均会产生变化，排放量越小时，工业增加值占比对大气污染物排放的正向影响越强。

2.3.3　工业化进程对大气污染物排放分析

从大气环境角度测算，研究区域整体及各规模城市的结果表明，工业化水平对大气污染物排放具有阶段性影响。另一方面，基于工业化进程视角，结合四类城市具体年份的社会经济发展水平、产业结构、能源结构、环境规制政策等因素，可以探究京津冀及周边地区工业化进程对大气环境同样存在阶段性影响。

京津冀及周边区域"2+26"城市整体的排放量门槛值 291346.5 吨和 170478 吨接近研究区域 2007 年和 2013 年排放量的中位数，说明整体区域内的排放量门槛值围绕 2007 年和 2013 年两个时间节点分布，体现了京津冀及周边地区工业化进程、空气质量变化的一致性。这既是工业化进程中技术进步、产业聚集等对环境的正向效应，又是与相关环境规制政策息息相关的。为了保障北京 2008 年奥运会期间的空气质量，环保部与北京市政府联合颁布了奥运前后的相关空气保障措施，并成立华北五省奥运空气质量保障小组，周边地区均需积极配合，因而 2007 年后出现了门槛效应。党的十八大明确提出大力推进生态文明建设，随后 2013 年《大气污染防治行动计划》颁布，对空气质量的重视和相关政策规制达到了新的高度，因此各地区的工业化门槛值也都围绕在 2013 年这个时间点上。

落实全面深化改革的各项要求、加快产业结构调整进而使工业增加值占比不断下降是现阶段研究区域内的各个城市工业化的发展现状，也是研究区域的现实工业化质量提升的体现。研究区域内各类城市核心解释变量系数均呈正数，这说明随着工业增加值占比的下降，工业大气污染物排放量是减少的，工业化进程对大气环境质量具有促进效应。"2+26"个城市整体的核心解释变量系数随着门槛值的减小而增大，说明研究区域工业化进程对环境的正向影响程度在不同阶段越来越大。

京津地区作为研究区域内仅有的超大城市，核心解释变量系数的变化规律也与其他城市相异，排放量未达一门槛值之前，工业增加值占比每降低一个百分点，大气污染物排放量减少 12892.2 吨，这个值远高于其他地区；排放量越过二门槛之后，减排量变为 3374.4 吨，从数据上看，工业化对减排量的影响程度减弱。但这个结果并非因京津地区的工业化进程质量下降或忽视环境外部性，恰恰相反，是由于京津地区注重对首都的环境保障，在本世纪初就完成了大量重污染工业企业的迁移、落后产能的淘汰等任务。在研究所选的时间尺度内已经历了工业大气污染物排放量的锐减，现阶段北京市的工业污染物排放量已降至极低的水平，因此该地区减排的空间变小，反映在模型中即核心解释变量系数变小。

研究区域内特大城市的核心解释变量系数分别为 3010.1、3836.6、4933.9，表示污染物排放量在两个门槛所划定的三阶段内工业增加值每降低一个百分点对应的减排量，其变化规律与研究区域整体相同，即随着工业大气污染物排放量减少，工业化进程对污染物减排的正向影响不断变大。该系数较研究区域的整体水平较高，这是由于三座城市规模大，工业产值较高，排污基量较大，工业化进程对减排的影响体现在排污量上数值自然较大。特大城市的三阶段系数变化率与其余地区相比较小，说明工业化进程对于大气环境质量的促进程度增幅较其他地区较小，这是由于三座特大城市均属传统工业城市，工业结构偏重，面对长期积累的产业格局，转型升级之路只能缓步进行。

研究区域内Ⅰ型、Ⅱ型大城市显著的核心解释变量系数分别为 1028、2161.5 和 832.2、1695.4，其大小与变化率相似，说明这些城市工业化进程对大气环境质量的影响相近，工业化进程对大气环境质量的影响均表现出程度不断增加的正向影响。由于研究区域内的城市大多归属于这两类城市，其核心解释变量系数的大小与变化率与"2+26"个城市整体的系数也很相近，这也从侧面反映了不同样本在模型中均可得到客观结果，验证了模型的稳健性，说明研究结论是可靠的。

对于大气污染物排放量已跨过门槛值的城市，需要继续提升技术水平，加强产业结构升级转型，寻求下一个门槛拐点刺激减排力度的加强。对于排放量未降低至门槛值的城市，其工业转型升级较缓慢，需持续推进产业升级转型，做好城市工业大气污染物减排工作。

2.4 城镇化对区域大气污染物排放影响

2.4.1 区域城镇化影响测算

京津冀区域城镇化水平对大气污染物排放有两阶段影响，门槛值前后的系数估计值均为负数，说明在城市大气污染物排放量达到门槛值前后，城镇化水平对大气环境质量存在显著且趋势相同的影响，但影响力度随城市大气污染物排放量减少而变小。

表2-12 城镇化门槛模型核心变量参数估计

指示变量	排放量	系数估计值	p值
0	≥286117.5	-2596.1	0.016
1	≤286117.5	-1862.3	0.089

从结果可看出，样本大气污染物排放量小于286117.5吨时，当城镇化率提升1个百分点，排放量随之减少2596.1吨；大气污染物排放量大于286117.5吨时，当城镇化率提升1个百分点，排放量随之减少1862.3吨。但通过前两阶段系数的差异亦可以明显看出变化趋势，即在门槛值前后，城镇化率对大气污染物排放量均产生负向影响，越过门槛值之后，影响程度会产生变化，排放量越大时，城镇化对大气污染物排放的负向影响越强。京津冀区域城镇化率逐年上升，同时环境管制不断严苛，环保投资加大，能源结构改善，这些都促进了大气污染物的排放量减少，与工业化水平影响相同，减少的幅度越来越小。

2.4.2 分规模城市城镇化影响测算

2.4.2.1 超大城市

与京津冀区域趋势一致，北京和天津的城镇化水平对排放有三阶段影响，两个门槛值前后的系数估计值均为负数，说明在城市大气污染物排放量越过一门槛之后，城镇化水平对大气环境质量存在显著且趋势相同的影响，但影响力度随城市大气污染物排放量减少而变大；污染物排放量越过一门槛值之前，其相互影响关系不显著。

表 2-13 城镇化门槛模型核心变量参数估计

指示变量	排放量	系数估计值	p 值
0	≥382900	-1245.1	0.182
1	264000-382900	-1752.1	0.050
2	≤264000	-2438.3	0.016

从结果可看出，大气污染物排放量大于 382900 吨时，核心解释变量系数不显著；大气污染物排放量介于 264000 吨和 382900 吨之间时，当城镇化率变动 1 个百分点，大气污染物排放量随之负向变动 1752.1 吨；大气污染物排放量小于 264000 吨时，当城镇化率每变动 1 个百分点，大气污染物排放量随之负向变动 2438.1 吨。虽然一门槛之前的城镇化水平对大气污染物排放量的影响不显著，但通过后两阶段系数的差异亦可以看出呈现一定趋势，即在门槛值前后，城镇化率对城市大气污染物排放量均产生负向影响，越过门槛值之后，影响程度会产生变化，排放量越大时，城镇化对大气污染物排放的负向影响越强。北京和天津城镇化对大气环境的门槛效应与京津冀区域整体的门槛效应趋势相同。

2.4.2.2 特大城市

与京津冀区域趋势一致，特大城市样本的城镇化水平对大气污染物排放有三阶段影响，两个门槛值前后的系数估计值均为正数，说明在城市大气污染物排放量越过门槛之后，城镇化水平对大气环境质量存在显著且趋势相同的影响，影响力度随城市大气污染物排放量减少而减小。

表 2-14 城镇化门槛模型核心变量参数估计

指示变量	排放量	系数估计值	p 值
0	≥270649.5	-12405.5	0.054
1	217350-270649.5	-11594.6	0.013
2	≤217350	-10715.8	0.003

结果可见，大气污染物排放量大于 270649.5 吨时，当城镇化率变动 1 个百分点，大气污染物排放量随之负向变动 12405.5 吨；大气污染物排放量介于 217350 吨和 270649.5 吨之间时，当城镇化率变动 1 个百分点，大气污染物排放量随之负向变动 11594.6 吨；大气污染物排放量小于 217350 吨时，当城镇化率每变动 1 个百分点，大气污染物排放量随之负向变动 10715.8 吨。通过三阶段系数的差异可

以明显看出变化趋势,即在门槛值前后,城镇化率对城市大气污染物排放量均产生负向影响,越过门槛值之后,影响程度会产生变化,排放量越大时,城镇化对大气污染物排放的负向影响越强。三座特大城市城镇化对大气环境的门槛效应与京津冀区域整体的门槛效应趋势相同。

2.4.2.3　Ⅰ型大城市

对于Ⅰ型大城市样本,在门槛前后核心解释变量的系数估计均不显著(见表2-15),表明研究区域内的十个Ⅰ型大城市的城镇化与大气污染物排放之间不存在显著的门槛效应。

表2-15　城镇化门槛模型核心变量参数估计

指示变量	排放量	系数估计值	p值
0	≥ 408114	60.4	0.984
1	≤ 408114	1682.6	0.568

将解释变量与被解释变量做回归,核心解释变量城镇化率系数显著为负数,说明城镇化率的提升对大气污染物排放具有负向影响,影响程度并未出现明显的随污染物排放量变化而变化的趋势。

表2-16　城镇化面板回归参数估计值

解释变量	系数估计值	p值
UPR	-8165.1	0.014
POP	-647.5	0.018
GCOV	1012.1	0.012
AVAGE	16.23	0.199

2.4.2.4　Ⅱ型大城市

Ⅱ型大城市样本的城镇化进程对排放有两阶段影响,两个门槛值前后的系数估计值均为负数,说明十三座城市十年间城镇化水平对大气环境质量存在显著且趋势相同的影响,影响力度随城市大气污染物排放量减少而减小。

表2-17　城镇化门槛模型核心变量参数估计

指示变量	排放量	系数估计值	p值
0	≥ 170478	-7418.4	0.00
1	≤ 170478	-6542.9	0.00

结果可见，当大气污染物排放量大于 170478 吨时，城镇化率每变动 1 个百分点，城市大气污染物排放量负向变动 7418.4 吨；当大气污染物排放量小于 170478 吨时，城镇化率每变动 1 个百分点，城市大气污染物排放量负向变动 6542.9 吨。通过门槛值前后两个阶段的系数间差异可以明显看出变化趋势，即城镇化率对城市大气污染物排放量均产生负向影响，但越过门槛值之后影响程度发生变化，排放量越大时，工业增加值占比对大气污染物排放的正向影响越强。

2.4.3 城镇化进程对大气环境影响分析

与工业化影响相似，从大气环境角度测算，研究区域整体及各规模城市的结果表明，城镇化水平对大气污染物排放具有阶段性影响。同样，本研究结合四类城市具体年份的社会经济发展水平、产业结构、能源结构、环境规制政策等因素，从城镇化进程视角探究京津冀及周边地区城镇化对大气环境的影响。

京津冀区域"2+26"个城市整体存在单门槛效应，排放量门槛值为 286117.5 吨，接近石家庄、邯郸、淄博等多个城市 2014 年的城市大气污染物排放总量，说明整体区域内的排放量门槛值靠近 2014 年这个时间节点。这与工业化二门槛值对应的时间（2013 年）相近，客观体现了京津冀及周边地区社会经济发展对大气环境质量的影响。城镇化进程中通过集聚效应、规模效应，可以有效地配置资源，建立节能减排新机制，缓解经济增长对大气环境质量的压力（左振华等，2014；闫庆友等，2019），同时环境管制的严苛也促使市民逐渐养成低碳环保的生活习惯，对空气质量产生正向影响。同时，京津冀及周边地区相继出台了严苛的环境规制措施和联防联控机制，大力整治城市小锅炉、整治城市扬尘、提升燃油品质、推行尾号限行、推广清洁能源，加大对大气污染防治的信贷支持等。这些伴随城镇化进程而来的措施收效显著，极大地减少了污染物排放，促使 2014 年后城镇化对大气环境质量的影响进入了新的阶段。

进入新世纪以来，我国城镇化持续呈现出快速发展趋势，各地城镇化率逐年上涨。研究区域内各类城市核心解释变量系数均呈负数，这说明随着城镇化率的不断提升，城市大气污染物排放量是减少的，城镇化进程对大气环境质量具有促进效应。"2+26"个城市整体的核心解释变量系数绝对值随着门槛值的减小而增大，说明研究区域城镇化进程对环境的正向影响程度随污染物排放量减小而减弱，正向影响的边际效益递减，体现了研究区域在现有的经济、技术条件下的减排已取得了良好的成果，大气污染物排放量得到有效控制，排放量减小故难再快速削减。在新时期应继续推行全面深化改革的各项措施，提升城镇化质量，寻找新的城镇化对大气环境正向影响的刺激点。

京津地区作为研究区域内仅有的超大城市，核心解释变量系数的变化规律与其他城市相异，其显著的系数估计值为 -1752.1、-2438.3，说明随着城镇化进程的推进，其对大气污染物减排的促进作用增强，与研究区域整体趋势相反。这是由于京津地区注重对首都的环境保障，近些年不断推出新的更严苛的环保政策，在推广清洁能源、执行机动车尾号限行等方面的工作始终走在区域前列，进而增强了城镇化对大气环境质量的正向影响，二者之间的关系可能率先迈入了新的阶段。

研究区域内特大城市的核心解释变量系数分别为-12405.5、-11594.6、-10715.8，表示污染物排放量在两个门槛所划定的三阶段内城镇化率每提升一个百分点对应的大气污染物减排量，其变化规律与研究区域整体相同，即随着工业大气污染物排放量减少，城镇化进程对污染物减排的正向影响逐渐变小。该系数较研究区域的整体水平较高，一方面是由于三座城市规模大，工业产值较高，产业结构较重，排污基量较大，城镇化进程对减排的影响体现在排污量上数值自然较大；另一方面，除郑州外，其余两座城市十年间的污染物减排量均达到或超过2006年排放量的40%，而郑州市也有超过30%的减排量，高于区域内平均水平，城镇化对污染物排放的影响显著。考虑到三座城市均属传统工业城市，工业结构偏重，转型升级之路较困难等客观条件，可以认为这类城市城镇化带来的相应积极效应，建立的节能减排新机制，有效地改善大气环境质量的压力。

研究区域内Ⅰ型大城市各阶段核心解释变量系数均不显著，对城镇化率与污染物排放量做回归也未能得到显著系数，结合其过高的门槛估计值，可以认定这类城市城镇化水平对大气环境质量的影响不具备门槛效应。究其原因，研究区域内的Ⅰ型大城市除新乡市外全部分布在河北、山东两省。两省除过前文已分析过的困难和问题外，还各有自身的不利条件：河北省长期受到重污染企业的搬迁并在地区贸易中接收了不少隐含的污染转移。京津冀区域内贸易格局、产业分工和环境保护三者之间的严重失衡近年来京津冀地区环境矛盾日益凸显的主要诱因（庞军等，2017）。北京、天津两地产业以服务业和高端制造业为主，同时执行更为严苛的环境标准；而河北省内产业以高污染高耗能的低端制造业为主，相关的环境管制又明显低一个层次，因而在地区贸易中吃进了大量来自京津地区的污染物。面临上述种种的污染转移，河北省需要时间去消化，因而城镇化对大气环境质量的影响拐点要晚于其余地区。山东是传统工业大省，产业结构偏重却拥有完整的市场和产业链，因而转型升级难度大。具体表现在：产业结构失衡，传统重工业所占比重较高，高端制造业发展不足；能源结构失衡，对燃煤依赖度高，且能源利用率低，主要工业生产和城镇生活单位耗能较高，特别是化工、造纸等行业耗能远高于发达国家水平（左振华等 2014；张巧云等，2017）；山东作为我国传统的工业大省，不少重工业企业落户在此，其生产的产品供应全国，拥有稳定的市场，并培养出完整的配套产业链，要淘汰落后、高耗能且附加值低的产业，调整产业结构，提升产业层次困难较大。因此，城镇化带来的积极、正向效应短时间内很难解决两个省份面临的困难，城镇化对于大气环境质量的影响趋势改变缓慢，其门槛也较晚出现。因此，Ⅰ型大城市不仅要注重城镇化质量的提升，还应从产业格局的转型升级着手，全面综合地解决。

研究区域内Ⅱ型大城市存在单门槛效应，其门槛前后的核心解释变量系数为-7418.4和-6542.9，表示污染物排放量在门槛所划定的两阶段内城镇化率每提升一个百分点对应的大气污染物减排量，其变化规律与研究区域整体相同，即随着工业大气污染物排放量减少，城镇化进程对污染物减排的正向影响逐渐变小。该类城市的核心解释变量系数相对较大，说明城镇化水平的正向影响较强，这是由于城市规模较小，发展水平较研究区域的其他城市较落后，城镇化水平在本世纪初也相对滞后，因此2006-2015年间城镇化的发展使城市具有的集聚效应、规模效应大幅提升，相关技术水平也迅速提升，对大气污染物的减排有较强的作用。

对于大气污染物排放量已跨过门槛值的城市，仍需要继续提升集聚效应，落实环保政策，做好区域和城市发展规划，解决好现阶段的减排任务。同时对于排放量未降低至门槛值的城市，应加强区域和城市管理，协同城市发展与污染治理，促进排放量降低至门槛值以下。

2.5 小 结

为了探寻区域发展对于大气污染物排放的影响，本章运用门槛效应模型，以京津冀及周边区域为例开展测算与分析。通过模型测算，京津冀区域工业化和城镇化水平对大气污染物排放具有门槛效应，即存在多阶段影响，且工业化和城镇化水平对大气环境质量存在显著且趋势相同的影响。研究发现，对于大气污染物排放量已跨过门槛值的城市，需要继续提升技术水平，加强产业结构升级转型，寻求下一个门槛拐点刺激减排力度的加强。对于排放量未降低至门槛值的城市，需持续推进产业升级转型，做好区域和城市发展规划，加强区域和城市管理，协同城市发展与污染治理，促进排放量降低至门槛值以下。

不同类型的城市门槛值与核心解释变量不尽相同，反映出同一区域内不同规模城市面临问题和现状、经济技术水平、受环境政策影响程度等存在差异。首先，在同类型城市的门槛效应模型中，城镇化模型显著的核心解释变量系数的绝对值大于工业化模型，表明城镇化进程对大气环境质量的正向影响力较工业化更强。一方面，京津冀大气污染防控趋严的背景下，产业结构持续优化，工业占比有所下降，工业化进程趋于放缓；另一方面，城镇化进程却不断加速，城市规模扩大的同时也带来城市功能丰富和管理健全，进而反映出城镇化对大气污染防控的影响较大。其次，在排放量跨越门槛值前后，城镇化模型的核心解释变量系数绝对值普遍从大变小，工业化模型的变化规律反之。说明研究区域城镇化水平对环境的正向影响呈现边际递减，一方面是京津冀地区的城市规模依旧不断扩大，另一方面研究区域在现有的经济、技术条件下的减排已取得了良好的成果，大气污染物排放量得到有效控制，排放量减小故难再快速削减。而各规模城市工业化的门槛模型不能显著反映出这种趋势。

因此，对于如京津冀及周边地区类似的城市发展较快的区域，在推进工业化和城镇化的进程中要重视与生态环境协同发展，合理规划和推进城市建设，优化区域空间布局和经济结构，强化城市生态环境管理能力，增强城市综合承载力，促进区域高质量发展。

第三章 跨区经济对区域大气污染排放溢出效应

3.1 概 述

区域社会经济发展不仅依靠本地区的投资与消费,很大程度上也依靠区域间的贸易活动(李正梅等,2015;刘晓玲等,2016;Greaney et al.,2017;Zheng et al.,2019;张小宇等2019)。通过产品和服务交换,某一区域经济对另一区域经济的拉动作用,即经济存在空间溢出效应(Ying,2000;Ying,2013;陶雄华等,2017;Weilenmann et al.,2017;别小娟等,2018;蔡冰冰等,2019);溢出效应是中国地区经济发展不可忽视的重要影响因素(潘文卿,2012;孙昊等,2019;苏丹妮等,2019)。我国各地资源禀赋、人口与劳动力、工业化进程、城镇化水平等差异显著,各地区通过区域间贸易互通有无,与此同时,资源消耗与污染物排放也随着产业扩张和产品流动而转移,呈现空间溢出效应(Zhang et al.,2002;Huang et al.,2017;Li et al.,2018;王少剑等,2018;刘宁宁等,2019)。

溢出效应的概念来自于经济学研究领域,在经济研究领域诞生溢出效应相关概念与计算方法后,考虑到经济的流动很有可能会带动资源与污染的流动与转移,环境领域也逐渐开始对区域间随着经济流动伴生的资源与污染流动进行测算(Zhang,2017;周侃等,2019)。从《京都议定书》生效以来,各国学者重点关注国家间碳排放的转移现象,即碳排放的溢出效应(贸易隐含碳)(Mckibbin et al,1999;刘佳骏等,2015;Wang et al.,2018;孟凡鑫等,2019;Wang et al.,2019),随后资源的区域溢出(Abildtrup et al.,2013;潘雄锋等,2014;孙才志等2014;佟金萍等,2019)和污染的区域溢出效应(潘慧峰,2015;Rüttenauer,2018;Li et al.,2019;刘帅等,2019)也逐渐受到国内外学者关注。

环境溢出效应,即国际贸易、产业贸易、区域贸易等带来的区域之间的环境影响,包括污染物本身的扩散效应带来的溢出和经济贸易带来的溢出效应。尽管珠玉在前,仍有一些问题值得思考和研究:区域贸易和行业、产业合作共同作用下如何影响其对其他地区的大气污染的溢出效应?在现存地区经济和资源环境差异下,区域间的贸易活动带来的污染溢出效应是加剧了区域不均衡还是减弱了区域不均衡?如何量化测算贸易与产业部分共同作用下的污染溢出效应与这种影响的效率?

制定科学的区域大气污染防治政策措施，需要理清区域经济发展模式对本地和其他地区的大气污染生成与转移的影响。以京津冀地区为例，京津两地作为直辖市，生态文明程度较高，但河北作为能源资源的主要提供者，一方面遭到资源虹吸效应，发展质量不高；另一方面在与京津两地的经济贸易往来中，污染也随之转移，加剧大气污染治理的难度。京津冀地区在差异中协同发展的模式，从经济与环境角度上如何对彼此相互影响，从而促进区域经济增长、环境质量不断提升，是区域发展过程中的重要研究对象。因此，本章通过构建科学方法体系探索回答以上问题，采用多区域投入产出模型对现在的京津冀区域经济交流贸易模式下对大气污染溢出的影响进行测度。

3.2 跨区经济溢出效应测算

3.2.1 多区域投入产出模型

投入产出模型是溢出效应研究中较为重要的方法之一，但在环境领域该模型的相关研究起步较晚。其中，多区域投入产出表（MRIO）是一种最常用的方法（闫云凤等，2013；田贵良等 2019；Stefan et al., 2019）。在单区域投入产出表（SRIO）无法直观反映出多个目标区域之间的相互影响情况的前提条件下，Miller（1963）首先提出两区域投入产出表的构建方法；基于两区域模型，Pyatt 和 Round（1979）第一次提出计算溢出效应的方法框架。自此，MRIO 模型被广泛应用于经济形势识别、政策制定、碳足迹、资源产出与使用领域（余丽丽等，2017；李晨等，2018；Wiebe et al., 2018；孙志才等，2019）。但是，已有研究中对于区域贸易情况与行业贸易情况很少能够紧密结合，从而少有研究能够评估区域整体的产业合作模式对大气污染的影响；MRIO 模型作为环境领域较晚起步的方法，目前很少有人应用其对大气污染的转移情况进行研究。

3.2.1.1 MRIO 模型

记各地区的直接消耗系数矩阵为 A，各地区的总产出为 X，最终需求向量为 F。因此可以得到两区域 MRIO 模型中各部门总产出的行平衡式为：

$$(I - CA^d)X = CF \tag{3-1}$$

其中为各地区消耗系数矩阵，在两地区情况下 $A^d = \begin{bmatrix} A^1 & O \\ O & A^2 \end{bmatrix}$。C 为各部门的地区间贸易系数对角阵，是编制多区域投入产出表的关键参数。在两地区情况下 $C = \begin{bmatrix} C^{11} & C^{12} \\ C^{21} & C^{22} \end{bmatrix}$，其中 C^{rs} 为元素为 c_i^{rs} 的对角矩阵，c_i^{rs} 表示部门 i 的产品从地区 r 到地区 s 的贸易系数。

在从两地区扩展到三地区甚至 m 地区 MRIO 时,投入产出表依旧遵循 $(I-CA)X=CF$ 的基本平衡关系,唯一变化的仅是矩阵的维度。

贸易系数 c_i^{rs} 可以通过以下等式计算:

$$c_i^{rs} = \frac{t_i^{rs}}{u_i^s} \tag{3-2}$$

其中,t_i^{rs} 为部门 i 产品从地区 r 到地区 s 的流出量,U_i^s 为地区 s 部门 i 的产品总需求(包括中间使用和最终使用)。

各地区的贸易量,则采用由 Leontief 和 Strout(1963)提出的引力模型(Gravity Model)进行确定。在地区间投入产出表的编制中,该模型被广泛地应用于计算地区间各部门产品的贸易量,其计算公式如下:

$$t_i^{rs} = \frac{x_i^r d_i^s}{\sum_r x_i^r} q_i^{rs} \tag{3-3}$$

其中,x_i^r 为地区 r 部门 i 的总产出,d_i^s 为地区 s 对部门 i 的总需求,$\sum_r x_i^r$ 为所有地区部门 i 的总产出。

利用引力模型计算地区间各部门产品的贸易量决定于贸易参数估算方法的选择和各地区分部门的总产出和总需求的数据,因而不需要将地区表中的流入、流出按不同地区进行编制。利用引力模型的关键是对摩擦系数 q 的估算。

在统计数据较完整,能够获取各地区的投入产出情况和地区间流量的情况下,应用上式即可计算出摩擦系数。但实际情况中,可以应用井原健雄提出的运输量分布系数法,即将某一地区向其他地区的某种物资输送量的分配比例近似作为地区间产品流动的摩擦系数。

在得出每种产品的摩擦系数后,即可应用上式计算出各部门的地区间流动量,从而确定 MRIO 中的贸易系数矩阵。

在确定 MRIO 表区域间各行业投入产出情况后,需要对表的总量平衡进行调整,其基本原则是表中各区域部门之和应与全国表的部门产出值相等。

3.2.1.2 经济乘数、溢出与反馈效应

在获得各研究区域在 2012 年各行业的污染排放量后,对四区域的污染排放统计数据在行业层面进行整合,基于上述建立的四区域投入产出表可以写为:

$$X = FSMY \tag{3-4}$$

上式是列昂惕夫逆矩阵在多区域投入产出表中的一个表达形式,它表明区域间经济水平受到三类效应的影响:区域乘数效应 M,区域溢出效应 S 和反馈效应 F。

为了将这三类效应分离开来,以计算总产出受到最终需求变化的具体影响,可以将上式经过分解转化为:

$$X=FY+SY+MY \qquad (3-5)$$

MY 表示区域间经济的乘数效应，SY 表示区域间溢出效应，FY 表示区域间的反馈效应。乘数效应是由区域内部生产部门之间的区域内相互作用引起的，溢出效应是不同地区生产部门之间经济流动引起的，而反馈效应则是对乘数效应与溢出效应的响应。

具体的三项效应可以通过以下过程计算：

本研究建立的四区域投入产出模型的基本形式为 AX+Y=X，即

$$\begin{bmatrix} A^{11} & A^{12} & A^{13} & A^{14} \\ A^{21} & A^{22} & A^{23} & A^{24} \\ A^{31} & A^{32} & A^{33} & A^{34} \\ A^{41} & A^{32} & A^{43} & A^{44} \end{bmatrix} \begin{bmatrix} X^1 \\ X^2 \\ X^3 \\ X^4 \end{bmatrix} + \begin{bmatrix} Y^1 \\ Y^2 \\ Y^3 \\ Y^4 \end{bmatrix} = \begin{bmatrix} X^1 \\ X^2 \\ X^3 \\ X^4 \end{bmatrix} \qquad (3-6)$$

A^{rr} 表示在多区域投入产出表中区域 r 的直接消耗系数矩阵，A^{rt} 为区域 r 和区域 t 之间的直接消耗系数。设

$$M^{rr}=(I-A^{rr})^{-1} \qquad (3-7)$$

$$P^{rt}=(I-A^{rr})^{-1}A^{rt} \qquad (3-8)$$

$$B^{rt,s}=P^{rt}(I-P^{ts}P^{st})^{-1} \qquad (3-9)$$

$$D^{rt,s}=P^{rt}(I-P^{ts}P^{st})^{-1}(P^{tr}+P^{ts}P^{sr}) \qquad (3-10)$$
$$(r,t,s=1,2,3,4; r \neq t \neq s)$$

对区域 1 来说，有 $X^1=E^1Y^1+E^2Y^2+E^3Y^3+E^4Y^4$。对该式进行展开，可得 E^1，E^2，E^3 和 E^4 的表达式如下：

$$\begin{aligned} E^1 = \{ &I-P^{12}(I-D^{23,4}-D^{24,3})^{-1}[P^{21}+B^{23,4}(P^{31}+P^{34}P^{41})+B^{24,3}(P^{41}+P^{43}P^{31})] \\ &-P^{13}(I-D^{32,4}-D^{34,2})^{-1}[P^{31}+B^{32,4}(P^{21}+P^{24}P^{41})+B^{34,2}(P^{41}+P^{42}P^{21})] \\ &-P^{14}(I-D^{42,3}-D^{43,2})^{-1}[P^{41}+B^{42,3}(P^{21}+P^{23}P^{31})+B^{43,2}(P^{31}+P^{32}P^{21})]\}^{-1}M^{11} \end{aligned}$$
$$(3-11)$$

$$E^2 = \{I - P^{12}(I - D^{23,4} - D^{24,3})^{-1}[P^{21} + B^{23,4}(P^{31} + P^{34}P^{41}) + B^{24,3}(P^{41} + P^{43}P^{31})]$$
$$- P^{13}(I - D^{32,4} - D^{34,2})^{-1}[P^{31} + B^{32,4}(P^{21} + P^{24}P^{41}) + B^{34,2}(P^{41} + P^{42}P^{21})]$$
$$- P^{14}(I - D^{42,3} - D^{43,2})^{-1}[P^{41} + B^{42,3}(P^{21} + P^{23}P^{31}) + B^{43,2}(P^{31} + P^{32}P^{21})]\}^{-1}$$
$$\times \begin{bmatrix} P^{12}(I - D^{23,4} - D^{24,3})^{-1} + P^{13}(I - D^{32,4} - D^{34,2})^{-1}(B^{32,4} + B^{34,2}P^{42}) \\ + P^{14}(I - D^{42,3} - D^{43,2})^{-1}(B^{42,3} + B^{43,2}P^{32}) \end{bmatrix} M^{22}$$

（3-12）

$$E^3 = \{I - P^{12}(I - D^{23,4} - D^{24,3})^{-1}[P^{21} + B^{23,4}(P^{31} + P^{34}P^{41}) + B^{24,3}(P^{41} + P^{43}P^{31})]$$
$$- P^{13}(I - D^{32,4} - D^{34,2})^{-1}[P^{31} + B^{32,4}(P^{21} + P^{24}P^{41}) + B^{34,2}(P^{41} + P^{42}P^{21})]$$
$$- P^{14}(I - D^{42,3} - D^{43,2})^{-1}[P^{41} + B^{42,3}(P^{21} + P^{23}P^{31}) + B^{43,2}(P^{31} + P^{32}P^{21})]\}^{-1}$$
$$\times \begin{bmatrix} P^{12}(I - D^{23,4} - D^{24,3})^{-1}(B^{23,4} + B^{24,3}P^{43}) + P^{13}(I - D^{32,4} - D^{34,2})^{-1} \\ + P^{14}(I - D^{42,3} - D^{43,2})^{-1}(B^{43,2} + B^{42,3}P^{23}) \end{bmatrix} M^{33}$$

（3-13）

$$E^4 = \{I - P^{12}(I - D^{23,4} - D^{24,3})^{-1}[P^{21} + B^{23,4}(P^{31} + P^{34}P^{41}) + B^{24,3}(P^{41} + P^{43}P^{31})]$$
$$- P^{13}(I - D^{32,4} - D^{34,2})^{-1}[P^{31} + B^{32,4}(P^{21} + P^{24}P^{41}) + B^{34,2}(P^{41} + P^{42}P^{21})]$$
$$- P^{14}(I - D^{42,3} - D^{43,2})^{-1}[P^{41} + B^{42,3}(P^{21} + P^{23}P^{31}) + B^{43,2}(P^{31} + P^{32}P^{21})]\}^{-1}$$
$$\times \begin{bmatrix} P^{12}(I - D^{23,4} - D^{24,3})^{-1}(B^{24,3} + B^{23,4}P^{34}) + P^{13}(I - D^{32,4} - D^{34,2})^{-1} \\ (B^{34,2} + B^{32,4}P^{24}) + P^{14}(I - D^{42,3} - D^{43,2})^{-1} \end{bmatrix} M^{44}$$

（3-14）

根据上式的规律，设：

$$F^{11} = \{I - P^{12}(I - D^{23,4} - D^{24,3})^{-1}[P^{21} + B^{23,4}(P^{31} + P^{34}P^{41}) + B^{24,3}(P^{41} + P^{43}P^{31})]$$
$$- P^{13}(I - D^{32,4} - D^{34,2})^{-1}[P^{31} + B^{32,4}(P^{21} + P^{24}P^{41}) + B^{34,2}(P^{41} + P^{42}P^{21})]$$
$$- P^{14}(I - D^{42,3} - D^{43,2})^{-1}[P^{41} + B^{42,3}(P^{21} + P^{23}P^{31}) + B^{43,2}(P^{31} + P^{32}P^{21})]\}^{-1}$$

（3-15）

$$S^{12} = P^{12}(I - D^{23,4} - D^{24,3})^{-1} + P^{13}(I - D^{32,4} - D^{34,2})^{-1}(B^{32,4} + B^{34,2}P^{42})$$
$$+ P^{14}(I - D^{42,3} - D^{43,2})^{-1}(B^{42,3} + B^{43,2}P^{32})$$

$$S^{13} = P^{12}(I-D^{23,4}-D^{24,3})^{-1}(B^{23,4}+B^{24,3}P^{43}) + P^{13}(I-D^{32,4}-D^{34,2})^{-1} \\ + P^{14}(I-D^{42,3}-D^{43,2})^{-1}(B^{43,2}+B^{42,3}P^{23})$$

(3-17)

$$S^{14} = P^{12}(I-D^{23,4}-D^{24,3})^{-1}(B^{24,3}+B^{23,4}P^{34}) + P^{13}(I-D^{32,4}-D^{34,2})^{-1} \\ (B^{34,2}+B^{32,4}P^{24}) + P^{14}(I-D^{42,3}-D^{43,2})^{-1}$$

(3-18)

据此，区域 1 的总产出可以简化表示为：

$$X^1 = F^{11}M^{11}Y^1 + F^{11}S^{12}M^{22}Y^2 + F^{11}S^{13}M^{33}Y^3 + F^{11}S^{14}M^{44}Y^4 \quad (3\text{-}19)$$

上式表明区域 1 的总产出由四个部分组成。第一个部分（$F^{11}M^{11}Y^1$）表示为满足区域 1 本身的最终需求，由乘数效应 M^{11} 和区域 1 受到区域 2，3，4 而产生的反馈效应 M^{11} 驱动的产出值。等式的第二个部分（$F^{11}S^{12}M^{22}Y^2$）表示区域 1 为了满足区域 2 的最终需求，由区域 2 的乘数效应 M^{22}，区域 2 对区域 1 的溢出效应 S^{12} 以及区域 1 的反馈效应 F^{11} 驱动的产出量。等式的第三、四部分也可以相应地看作区域 1 为满足区域 3 和区域 4 的最终需求而相应增加的总产出。

类似地，对其余三个区域也有：

$$X^2 = F^{22}S^{21}M^{11}Y^1 + F^{22}M^{22}Y^2 + F^{22}S^{23}M^{33}Y^3 + F^{22}S^{24}M^{44}Y^4 \quad (3\text{-}20)$$

$$X^3 = F^{33}S^{31}M^{11}Y^1 + F^{33}S^{32}M^{22}Y^2 + F^{33}M^{33}Y^3 + F^{33}S^{34}M^{44}Y^4 \quad (3\text{-}21)$$

$$X^4 = F^{44}S^{41}M^{11}Y^1 + F^{44}S^{42}M^{22}Y^2 + F^{44}S^{43}M^{33}Y^3 + F^{44}M^{44}Y^4 \quad (3\text{-}22)$$

至此已经可以通过计算 M^{rr}、S^{tr}、F^{rr} 矩阵对各区域间的乘数效应、溢出效应及反馈效应进行表征。但为了更直观地表示某地的经济效益可以由乘数效应、溢出效应和反馈效应三部分构成，参考潘文卿等人（2007）的研究，可以将上述等式其完全转化为由乘数效应、溢出效应和反馈效应三部分组成的加法形式。

根据上述四式，可以合并为矩阵乘法形式如下：

$$\begin{bmatrix} X^1 \\ X^2 \\ X^3 \\ X^4 \end{bmatrix} = \begin{bmatrix} F^{11} & 0 & 0 & 0 \\ 0 & F^{22} & 0 & 0 \\ 0 & 0 & F^{33} & 0 \\ 0 & 0 & 0 & F^{44} \end{bmatrix} \begin{bmatrix} I & S^{12} & S^{13} & S^{14} \\ S^{21} & I & S^{23} & S^{24} \\ S^{31} & S^{32} & I & S^{34} \\ S^{41} & S^{42} & S^{43} & I \end{bmatrix} \begin{bmatrix} M^{11} & 0 & 0 & 0 \\ 0 & M^{22} & 0 & 0 \\ 0 & 0 & M^{33} & 0 \\ 0 & 0 & 0 & M^{44} \end{bmatrix} \begin{bmatrix} Y^1 \\ Y^2 \\ Y^3 \\ Y^4 \end{bmatrix}$$

(3-23)

因此，上式最终可以转化为：

$$\begin{bmatrix} X^1 \\ X^2 \\ X^3 \\ X^4 \end{bmatrix} = \left\{ \begin{bmatrix} M^{11} & 0 & 0 & 0 \\ 0 & M^{22} & 0 & 0 \\ 0 & 0 & M^{33} & 0 \\ 0 & 0 & 0 & M^{44} \end{bmatrix} + \begin{bmatrix} I & S^{12} & S^{13} & S^{14} \\ S^{21} & I & S^{23} & S^{24} \\ S^{31} & S^{32} & I & S^{34} \\ S^{41} & S^{42} & S^{43} & I \end{bmatrix} \begin{bmatrix} M^{11} & 0 & 0 & 0 \\ 0 & M^{22} & 0 & 0 \\ 0 & 0 & M^{33} & 0 \\ 0 & 0 & 0 & M^{44} \end{bmatrix} + \right.$$

$$\left. \begin{bmatrix} F^{11}-I & 0 & 0 & 0 \\ 0 & F^{22}-I & 0 & 0 \\ 0 & 0 & F^{33}-I & 0 \\ 0 & 0 & 0 & F^{44}-I \end{bmatrix} \begin{bmatrix} I & S^{12} & S^{13} & S^{14} \\ S^{21} & I & S^{23} & S^{24} \\ S^{31} & S^{32} & I & S^{34} \\ S^{41} & S^{42} & S^{43} & I \end{bmatrix} \begin{bmatrix} M^{11} & 0 & 0 & 0 \\ 0 & M^{22} & 0 & 0 \\ 0 & 0 & M^{33} & 0 \\ 0 & 0 & 0 & M^{44} \end{bmatrix} \right\} \begin{bmatrix} Y^1 \\ Y^2 \\ Y^3 \\ Y^4 \end{bmatrix}$$

(3-24)

等式右边的三个部分则分别为区域内的乘数效应、区域间的溢出效应和区域的反馈效应。

记求和向量 $e' = (1,1,\ldots,1)$，则可以将这三项测度效应系数表示如下：

区域内乘数效应：

$$\mathrm{MU}^{rr} = \left(mu_i^{rr}\right)_{1 \times n} = e' M^{rr} \tag{3-25}$$

区域间溢出效应：

$$\mathrm{SO}^{tr} = \left(so_i^{tr}\right)_{1 \times n} = e' S^{tr} M^{rr} \tag{3-26}$$

区域间反馈效应：

$$\mathrm{FB}^{rr} = \left(fb_i^{rr}\right)_{1 \times n} = e' (F^{rr} - I) M^{rr} \tag{3-27}$$

将这三项效应系数与总需求列矩阵相乘，即可得到区域间乘数效应、溢出效应和反馈效应的值。

3.2.1.3 污染水平的溢出效应

已知区域 r 的 i 行业污染排放量 w_i^r，可以获得该区域的空气污染物排放密度 e_i^r：

$$e_i^r = w_i^r / x_i^r \tag{3-28}$$

其中 x_i^r 为 R 地区 i 行业的总产出值。根据各个地区、各行业的污染排放密度，可以构建北京市污染排放密度向量 E：

$$E = \begin{bmatrix} e_1^1 & e_1^2 & e_1^3 & e_1^4 \\ e_2^1 & e_2^2 & e_2^3 & e_2^4 \\ \cdots & \cdots & \cdots & \cdots \\ e_i^1 & e_i^2 & e_i^3 & e_i^4 \\ \cdots & \cdots & \cdots & \cdots \\ e_n^1 & e_n^2 & e_n^3 & e_n^4 \end{bmatrix} \tag{3-29}$$

根据上式，四区域污染物排放总量矩阵 DE 可以表示为：

$$DE = EX = EMY + ESY + EFY \tag{3-30}$$

其中，EMY 为污染的乘数效应值，ESY 为溢出效应，EFY 为反馈效应。根据 3.2.1 中计算出的各项经济效应值，可以进一步算出污染水平的溢出效应。

3.2.1.4 溢出效率指数

为了进一步讨论和比较各产业的经济与空气污染水平，本研究引入一个溢出效率指数 α：

$$\alpha_i^{tr} = ES_i^{tr} / WS_i^{tr} \tag{3-31}$$

其中 ES_i^{tr} 表示 i 部门中 r 地区与 t 地区之间的净经济水平溢出效应值，WS_i 表示 r 地区对 t 地区 i 部门产生的净污染水平溢出效应值，衡量了在 i 部门中，r 地区每向 t 地区转移一单位污染物带动 t 地区所获得的产出效益值。当 α 的值越小时，表明每吨污染物净溢出效应所带来的经济效益越小，因此溢出效率越低；反之则溢出效率高。需要指出的是，由于等式中使用的是净溢出效应值，因此 α_i^{tr} 可能为负值，表明整体而言，在 r 地区承担 t 地区的污染物溢出时，可能存在反而 r 地区获得的经济效益大于 t 地区获得的经济效益的情况，此时 i 部门的产业转移在环上来说对目标地区可能是无效率的。

3.2.1.5 京津冀地区投入产出表构建

结合全国各省市 2012 年投入产出表，本研究根据投入产出表结构和收集到的分省各行业污染数据，将 42 部门投入产出表调整为 27 部门投入产出表，部门分类如表 3-1 中的部门分类所示：

表 3-1　多区域投入产出表中的部门分类

1	农、林、牧、渔服务业
2	煤炭开采与洗选业
3	石油与天然气开采业
4	金属矿采选业（黑+有色）
5	非金属矿采选业
6	食品和烟草制造业
7	纺织业
8	纺织服装服饰制品
9	木材加工与家具制造业
10	造纸、印刷业
11	石油加工、炼焦和核燃料加工业
12	化学工业
13	非金属矿物制品
14	金属冶炼与压延
15	金属制品
16	通用专用设备
17	交通工具制造
18	电器机械和器材
19	通信设备、计算机和其他电子设备
20	仪器仪表制造业
21	其他制造业
22	电力、热力的生产和供应
23	燃气、水的生产和供应
24	建筑业
25	交通运输、仓储与邮政

续前表

26	批发、零售、住宿与餐饮
27	其他服务业

本研究编制北京、天津、河北、全国其他省市的四区域投入产出表。在编制过程中，部分参数的确定参考了CEADS（China Emission Accounts and Datasets）在2017年发布的中国30省30部门的MRIO总表（Mi et al., 2017）。编制完成的京津冀地区投入产出表结构如表3-2 京津冀四区域投入产出表基本结构示意所示：

表3-2 京津冀四区域投入产出表基本结构示意

代码		代码	中间投入				最终需求				出口	进口	其他	总产出
			北京	天津	河北	其他	北京	天津	河北	其他				
			1…m	1…m	1…m	1…m	TC GCF	TC GCF	TC GCF	TC GCF	EX	IM	ERR	TO
中间投入	北京	1…m	I				II				III	IV	V	VI
	天津	1…m												
	河北	1…m												
	其他	1…m												
	合计	TII	VII											
增加值		TVA	VIII											
总投入		TI	IX											

基于上述的四区域27部门投入产出表，结合所获得的区域空气污染排放数据，可以计算出京津冀地区的经济和空气污染的各项效应。

本研究将"全国其他地区"作为第四个区域，尽管在计算结果中并不包含京津冀地区与全国其他地区之间的效应，但纳入该区域在研究上是有意义的。这种意义主要体现在两方面：

纳入第四区域并不改变京津冀地区之间的产品流动结构。因而从计算上来说，纳入"全国其他区域"不改变京津冀内部区域之间的效应。本研究使用的计算方法是一种加和分解法，即将一个地区的经济量（或污染排放量）完全分解为乘数效应、溢出效应和反馈效应。在不考虑全国其他地区时，其原本存在的溢出效应会分摊到其他效应中去。因而，这种模型可以提高计算的精度。

进一步说，纳入全国其他地区，有利于未来研究的进一步推进。由于本研究使用的四区域投入产出表是由编制的全国 30 省市投入产出表简化而来，因此在后续研究中，无论是整体考察全国其他地区和京津冀地区之间的经济和污染溢出关系，还是精细到省级层面，都更容易开展，结果的可比性也更高。

3.2.2 指标与数据来源

3.2.2.1 数据来源

本章所使用的京津冀三地、全国地区投入产出表来自每五年发布的《中国地区投入产出表》年鉴（国家统计局国民经济核算司，2016）。在编制 MRIO 过程中，为确定地区间贸易流动量，模型中的摩擦系数则利用《全国铁路资料汇编》中区域间公路货物运输量进行估算。考虑到京津冀地区间的电力输送量可能对计算结果产生较大影响，本研究对电力行业摩擦系数进行单独测算。测算方法如下：根据 2012 年《电力行业统计资料汇编》，可以获得各省市的发电总量，各省市全社会用电总量，跨省、跨区域电量交换情况。

由于各地区各行业空气污染量数据来源较少，无法形成完整的分地区分行业大气污染物排放数据库，本研究采用以下方法确定具体数据：

对于第二产业，主要沿用环保部发布的《纳入排污许可管理的火电等 17 个行业污染物排放量计算方法（含排污系数、物料衡算方法）（试行）》《未纳入排污许可管理行业适用的排污系数、物料衡算方法（试行）》两份文件中分工业给出的污染排放计算方法进行估算。考虑到两份《计算方法》中有能源核算方法和产品核算方法两类，从《中国能源统计年鉴 2013》（国家统计局能源司，2013）与各省市地方统计年鉴中获取分行业能源消耗情况，用能源消耗产物系数分行业核算污染排放值；或通过《中国工业统计年鉴 2013》（中华人民共和国国家统计局工业统计司，2013），获取分地区分行业的工业销售产值和产品产量，利用《计算方法》中的单位产品污染量进行测算。在估算获得第一、二产业的详细污染排放数据后，再根据等比例分配原则，用《中国环境统计年鉴 2013》中的当年各省工业污染排放总量校核。

对于污染数据较模糊的第一及第三产业，则通过各省市地方统计年鉴中的能耗数据，利用《第一次污染源普查技术报告》(2011) 中各类能源的大气污染物排放因子进行计算，并遵循服务业总污染排放量不超过生活污染排放量的原则进行校核。

根据以上计算方法，可以得出 2012 年京津冀各地区分行业的二氧化硫、氮氧化物、烟粉尘排放量。

3.2.2.2 污染物当量数计算

为了从经济角度减少环境污染，保护和改善环境，从 2018 年开始，我国开始施行《中华人民共和国环境保护税法》。在环境税的征收过程中，为了将不同污染物纳入统一的费用征收体系，环保部纳入了污染当量因子，将所有污染物对环境的影响折算为统一当量。污染当量值结合了污染物对环境的危害程度和处理污染物的技术经济水平，一般来说同一介质内相同污染当量的不同污染物，其对环境的污染程度可以看作一致。根据《环境保护税法附则》中列出的应税污染物和当量值表，本研究涉及的几类空气污染物的污染当量如下：

表 3-3 本研究涉及的空气污染物的污染当量值

污染物	污染当量值
二氧化硫	0.95
氮氧化物	0.95
烟尘	2.18
粉尘	4.00

据此，某一类大气污染物的污染当量数可以表示为：

$$AP_i = \frac{E_i}{q_i} \tag{3-32}$$

其中 AP_i 表示与 i 类污染物排放量等值的污染当量数，E_i 表示 i 类污染物的实际排放量，q_i 表示 i 类污染物的污染当量值。可以看出，二氧化硫和氮氧化物的污染效应要明显大于烟尘和粉尘。

由于从 2011 年开始，工业烟尘与粉尘在大部分数据库中不再分开计量，因此对于"工业烟粉尘"的污染当量值，本研究采用近似估计的方法。以 2011 年出版的《中国环境统计年鉴 2010》中的省级烟尘、粉尘排放量和工业烟尘、粉尘比例为参考，计算 2012 年京津冀地区烟粉尘排放中烟尘和粉尘的比例，并根据该比例计算烟粉尘污染当量值。可以获得京津冀三地的烟粉尘污染当量值如下：

表 3-4 京津冀地区烟粉尘污染当量值

地区	q（烟粉尘）
北京	2.65
天津	2.38
河北	2.89

根据以上算法，可以汇总获得京津冀地区 2012 年整体的污染排放当量，更易于衡量地区贸易过程中对大气环境产生的影响。

在获得京津冀地区分行业的二氧化硫、氮氧化物、烟粉尘排放数据后，本研究计算出了三地的污染当量值，并先对三地的整体污染排放情况进行比较。

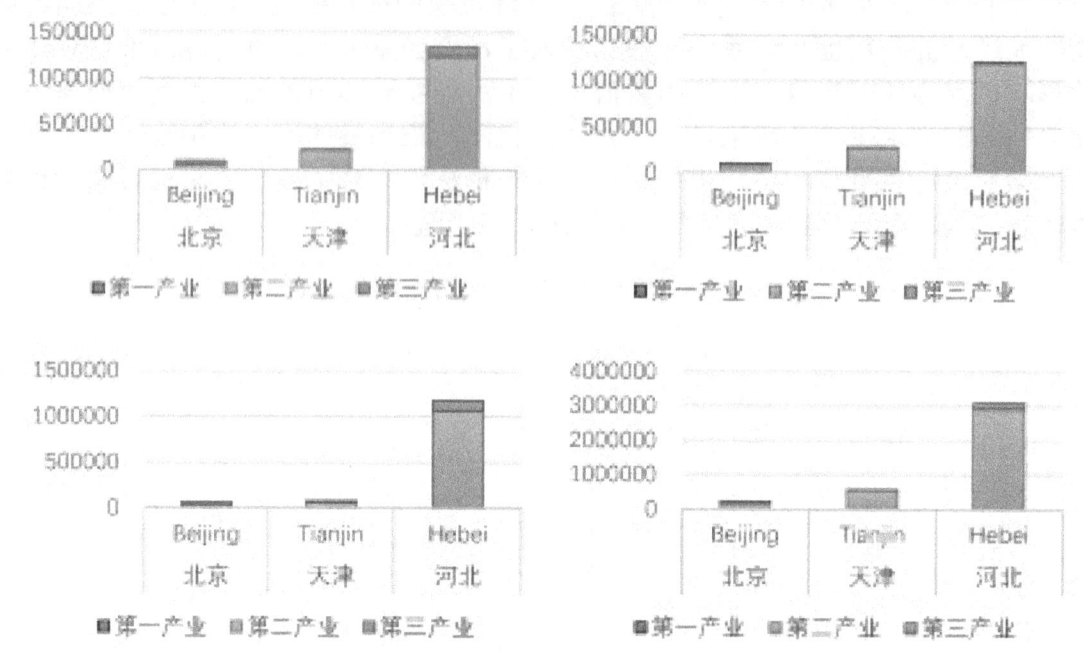

图 3-1 京津冀地区二氧化硫、氮氧化物、烟粉尘及污染当量排放情况（单位：吨）

2012年，北京市主要排放二氧化硫93821吨、氮氧化物97324吨、烟粉尘62734吨，合计排放污染物当量数为224878吨；天津市主要排放二氧化硫224457吨、氮氧化物280010吨、烟粉尘77462吨，合计排放污染物当量数为563565吨，约为北京市排放当量数的2.5倍；河北省主要排放二氧化硫1341176吨、氮氧化物1213126吨、烟粉尘1182659吨，合计排放污染物当量数为3097964吨，约为北京和天津污染总当量数的4倍。

各类污染物中，均以河北省为京津冀地区的主要排放地区，其污染排放占区域总排放量的80%~90%。而各省市的排放量中，又以工业排放为最主要的污染排放单元。北京市作为服务业GDP占比达75%以上的产业结构先进城市，其工业排放占比最低，总体污染当量中有72.89%为工业来源排放。而天津服务业占比尽管不断上升，截止2012年已达到46%，但工业仍以高污染排放产业为主；河北则是完全的工业主导城市，工业占比达52.7%，因此这两个城市的污染排放工业占比极高，其中天津的污染当量工业排放占比达96.11%，而河北的污染当量中工业排放占94.48%。由此可见，北京排放量低，排放结构较为优化；天津市排放量较低，但排放结构不合理；河北省则排放量极大，排放结构不合理。结合三地区的经济状况，研究地区之间的贸易和产品流动也有助于分析这种污染物排放上的不平衡。

3.3 跨区经济对大气排放的溢出效应分析

3.3.1 跨区经济溢出效应

京津冀地区基于多地区投入产出表的经济和空气污染溢出效应如图 3-2 和图 3-3 的地区间流量图所示。

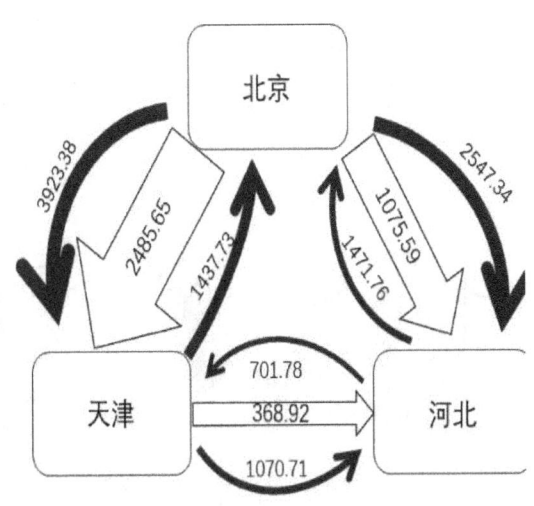

图 3-2 京津冀地区经济溢出效应示意图（亿元）

整体来看，天津受北京河北两地的经济溢出效应为 4625.16 亿元，为区域内最大的经济获益者；河北受京津两地的经济溢出效应为 3618.05 亿元紧随其后；北京受到天津和河北的经济溢出效应为 2907.49 亿元，受到其余两省的拉动量较少。

在京津冀地区中，经济净溢出的总方向为北京→天津，北京→河北及天津→河北；北京在地区内起到显著的经济拉动作用，河北省尽管同时受到北京和天津的经济溢出，但获益的经济溢出量不如天津获得的经济产出效益大。其中，北京对天津的经济净转移效应最大，为 2485.65 亿元，对河北的经济净转移效应则为 1057.59 亿元；而天津对河北的经济净转移量较小，为 368.92 亿元。

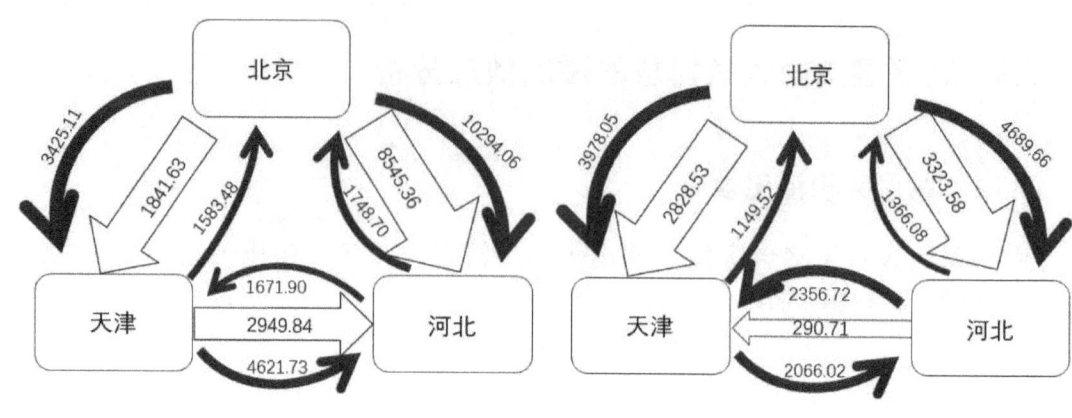

（a）二氧化硫溢出情况（吨）　　（b）氮氧化物溢出情况（吨）

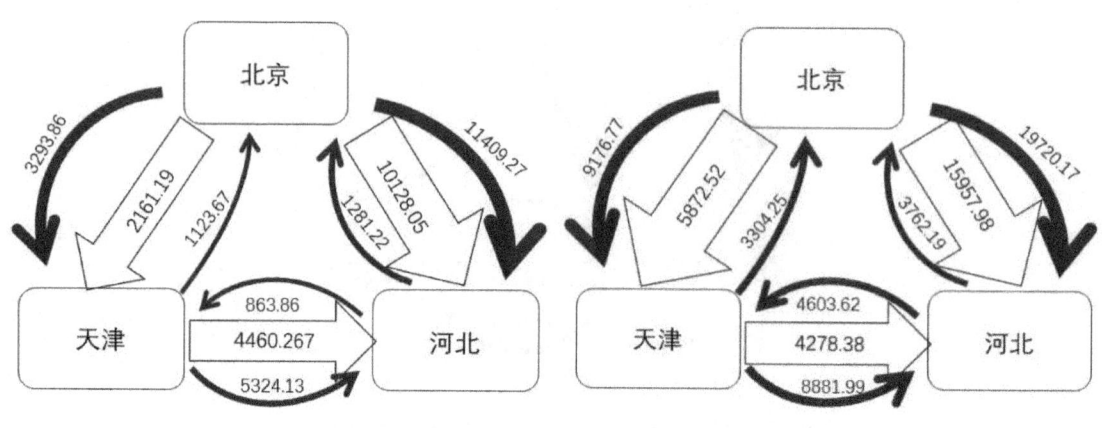

（c）烟粉尘溢出情况（吨）　　（d）污染当量数溢出情况（吨）

图 3-3　京津冀地区污染溢出效应示意图

根据图3-3，除了天津和河北之间的氮氧化物净溢出方向为河北→天津以外，其他各项污染物以及污染当量值的净溢出方向均遵循北京→天津、北京→河北和天津→河北的方向，整体与经济溢出的方向保持一致。北京是地区范围中最主要的污染溢出者，而河北则是最主要的污染溢出量接受者。从北京到天津的方向来说，贸易活动带来的主要污染物为氮氧化物，净污染溢出为1841.63吨二氧化硫、2828.53吨氮氧化物和2161.19吨烟粉尘，总计5872.52吨污染当量。从北京到河北的方向来说，贸易活动带来的主要污染物为二氧化硫，净污染溢出为8545.36吨二氧化硫、3323.58吨氮氧化物和10128.05吨烟粉尘，总计15957.98吨污染当量。从天津到河北的方向来说，贸易活动带来的主要污染物为二氧化硫，净污染溢出为2949.84吨二氧化硫、-290.71吨氮氧化物和4460.26吨烟粉尘，总计4278.38吨污染当量。

表 3-5　京津冀地区经济和污染净污染总计

地区	经济净溢出总计（亿元）	污染当量净溢出总计（吨）
北京	3561.32	21830.50
天津	-2116.73	-1594.14
河北	-1444.51	-20236.36

北京市是经济和污染的净溢出市，净溢出经济效益3561.32亿元，对应的污染当量净溢出总计21830.50吨。而天津和河北则相反，经济和污染均呈现净流出规律。

从溢出效应对经济产出的贡献来看，北京到天津的溢出效应最大，京津之间的净溢出量最大；北京与河北之间的经济溢出效应居第二位，净溢出量的方向为北京到河北；天津和河北之间的影响排在第三位，净溢出量的方向为天津到河北。可以明显看出，北京在经济上有着绝对的核心地位，拉动着河北和天津的经济发展。而天津作为京津冀及周边地区的第二核心城市，对河北经济的拉动作用却并不明显，未来需要通过提高城市实力，优化产业结构，进一步占据主导地位。

从污染溢出效应来看，除了天津和河北的氮氧化物溢出排放之外，三地的经济净溢出方向和污染物排放一致。对北京来说，带动天津和河北的经济发展有利于降低北京本身的空气污染物排放。将污染物转化为污染当量数后，天津和河北之间的污染当量净溢出和经济净溢出方向也一致，即对于天津来说整体带动河北的经济发展有利于降低天津本身的空气污染物排放。而对河北来说，受到京津引导而增加经济产出，需要付出较大的环境代价。

从污染物的效率指数来看，整体而言京津之间的溢出效率最高。一方面北京和天津之间的贸易以溢出效率较低、产值较高的服务业，另一方面由于天津本身的生产水平较高，减排技术较为先进，因而产品的本地化生产过程中没有造成过多污染。而京冀之间的溢出效率最低，北京通过购买高能耗、高污染产品，虹吸了河北省的资源产业要素，转嫁了发展中较大部分的污染。而河北购买北京的高端产品与优势服务，资本持续外流，最终河北从环境和经济上均不占优势。京津冀地区之间，电力行业是空气污染转移最严重的部门，京津冀的电力生产部门目前仍以火电为主，污染排放量大且对应的产值水平较低，溢出效率在区域整体范围内均小于0.01，是导致内部污染溢出高、溢出效率低的重要因素之一。

从经济和污染溢出的整体规律来看，京津冀地区间遵循经济净溢出和污染净溢出基本方向一致的规律。但从数量上来看，北京和河北之间污染净溢出量最大，而北京到天津、天津到河北的污染净溢出量水平较接近。这证明这三个地区两两之间的污染和经济溢出状况不尽相同，需要进一步进行具体分析和比较。

3.3.2 双边贸易溢出效应

3.3.2.1 北京与天津双边贸易溢出效应

北京和天津作为京津冀地区内的两个直辖市，研究北京与天津之间的经济和污染水平联系有助于研究大型城市双边贸易与区域空间污染物溢出之间的关系。

（1）经济与污染溢出效应情况概述

北京和天津之间 27 部门的经济及污染溢出情况（图 3-4 北京和天津之间的溢出效应情况汇总），可以明显看出总体来说北京向天津的经济溢出在大部分部门都明显强于天津对北京的溢出效应，在大部分行业中北京对天津都起到显著的拉动作用。从北京与天津之间各部门的二氧化硫、氮氧化物、烟粉尘和污染当量数排放溢出情况来看，均呈现北京影响下的天津排放量显著大于天津影响下的北京排放量，证明北京的产业需求是天津市空气污染的重要推动力。

第三章 跨区经济对区域大气污染排放溢出效应

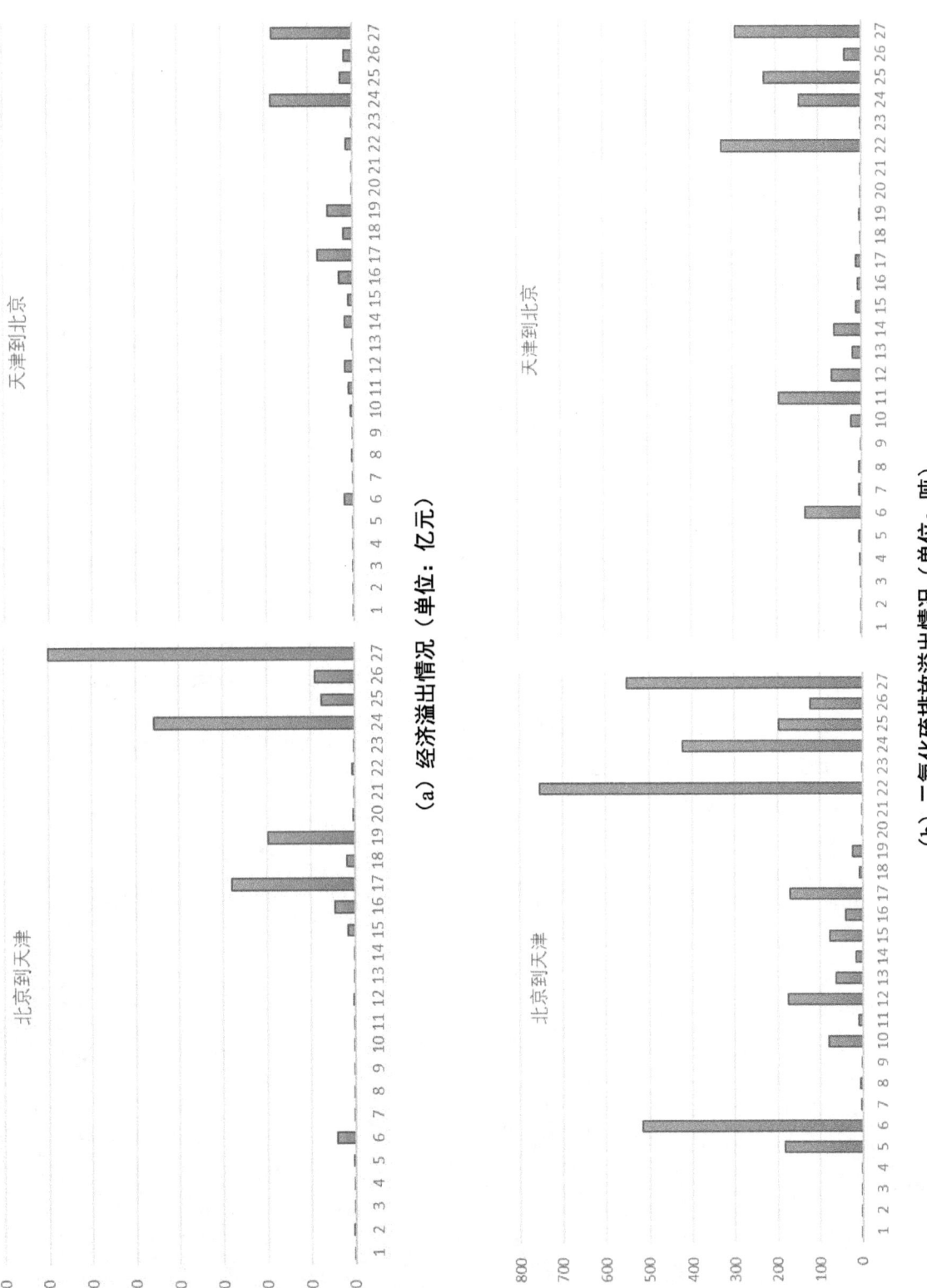

(a) 经济溢出情况（单位：亿元）

(b) 二氧化硫排放溢出情况（单位：吨）

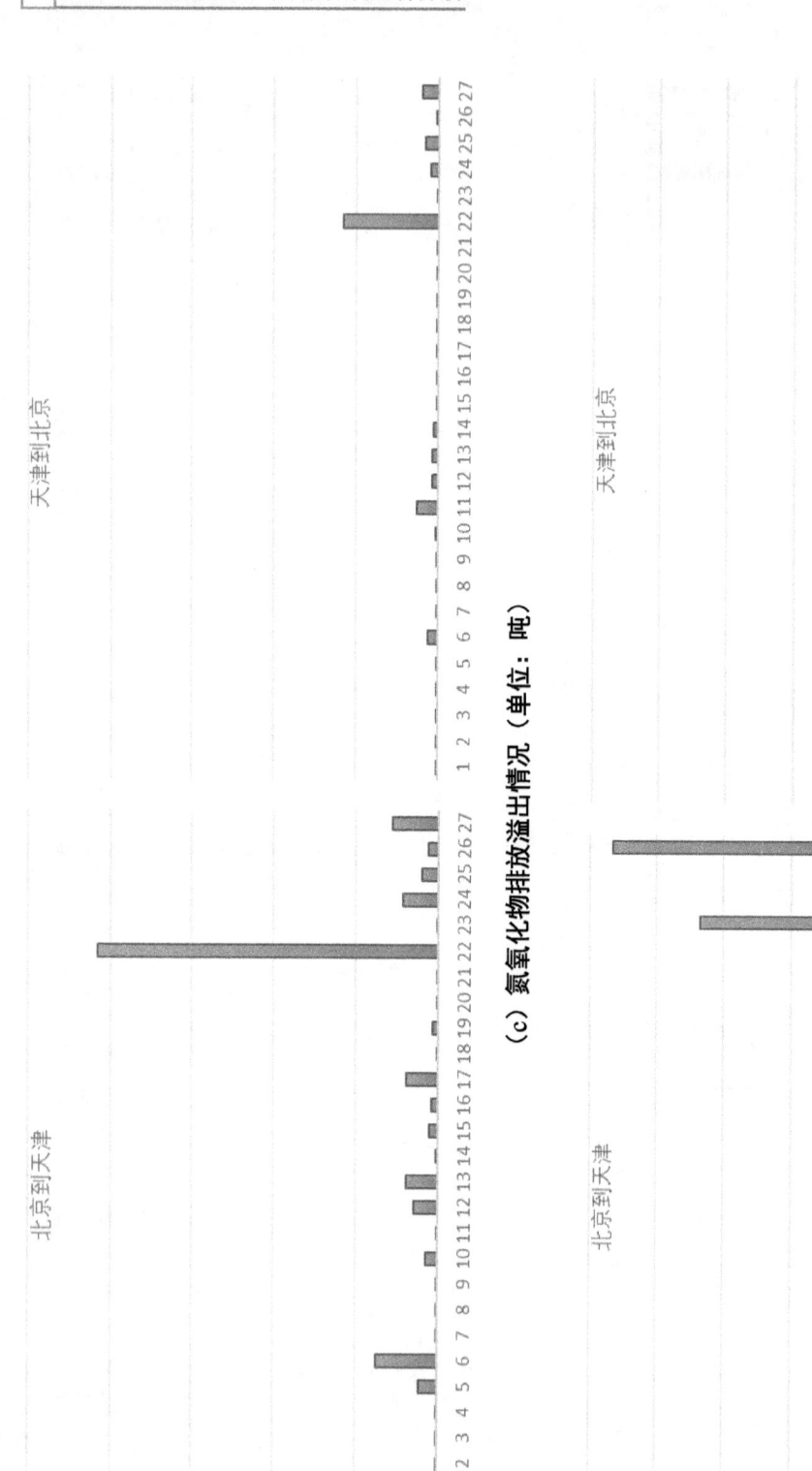

第三章 跨区经济对区域大气污染排放溢出效应

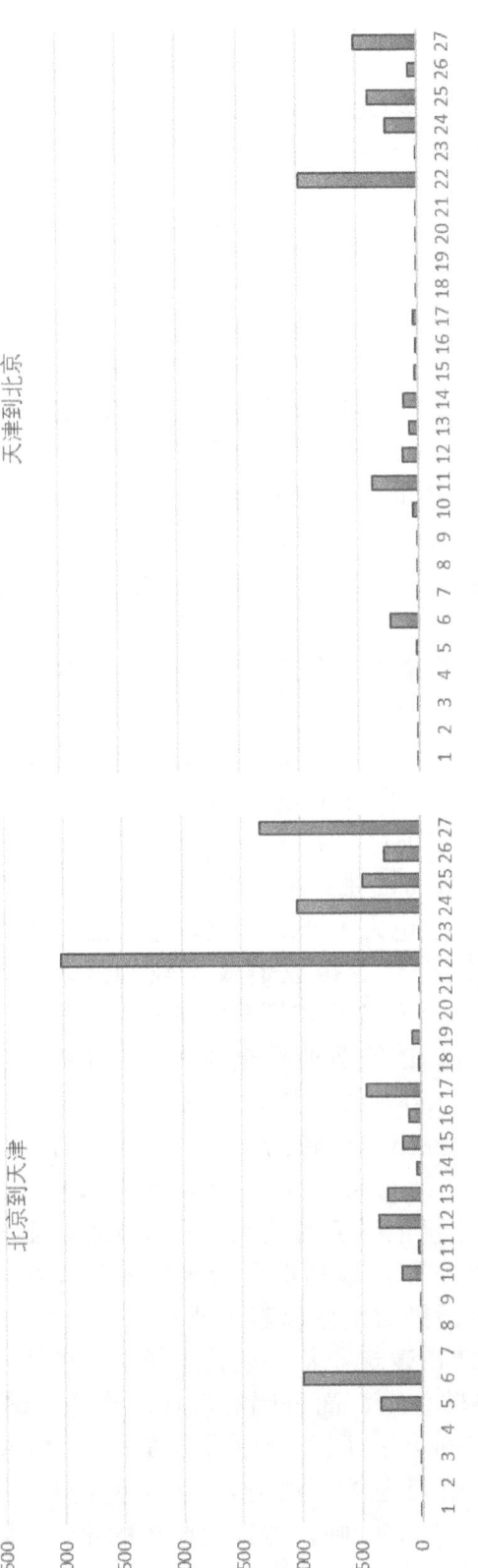

(e) 污染当量数排放溢出情况（单位：吨）

图 3-4　北京和天津之间的溢出效应情况汇总[1]

① 图中横轴为部门编号。

（2）北京对天津造成的溢出效应

北京对天津经济的总溢出效应为3923.38亿元，从（a）图来看，其中从绝对数量和占比上，最明显的经济溢出效应都发生在服务业部门和建筑业部门，其他服务业的溢出效应达到1400亿元，为天津市2012年其他服务业总产出的23.14%。建筑业的溢出效应则达到916亿元，超过天津市建筑业总产出的32.07%。北京的产业结构以服务业为主，截止2018年服务业占比已经超过80%，在2012年服务业比重也已经达到76%。在这种情况下，北京市的服务业需求仍然非常旺盛，并带动了天津市的服务业蓬勃发展。对天津市经济水平呈现明显拉动作用的还有包括汽车、铁路、船舶制造业在内的交通运输设备制造部门，溢出效应为559.89亿元，占该行业总产出的24.65%。这表现出北京在经济发展的过程中对交通设备的需求较大，一方面地铁、公交一类的基础设施建设不断完善，另一方面私家车的广泛应用，均需要天津市的产品支持。同时，北京市互联网行业的蓬勃发展带来的相关产品需求也拉动了396.14亿元的产出增长，占通信设备、计算机和其他电子设备当年总产出的15.36%。

而另一方面，在京津之间的贸易流动中，北京单方面使天津多排放了3425.11吨二氧化硫，3978.05吨氮氧化物和3293.86吨烟粉尘，总计为9176.77吨污染当量。从图3-4北京和天津之间的溢出效应情况汇总可以看出北京对天津的三类污染溢出效应之间存在产业分布结构上的相似之处，但并不完全一致。

从图（b）来看，二氧化硫是污染转移的重灾区，共有9个行业的污染溢出效应量超过100吨，其中最严重的是电力、热力的生产和供应业，溢出效应为753.81吨二氧化硫，但比例上仅为2012年天津市电力生产二氧化硫排放的1.96%。而建筑业转移的423.50吨二氧化硫则对天津市行业排放造成了较为显著的影响，占比为31.98%。比较显著的污染转移行业还有食品和烟草制造行业，转移了516.59吨二氧化硫；在本研究中分为三个小部门的服务业也全部贡献了100吨以上的污染转移，其中最显著的是其他服务业的550吨溢出量。从图（c）来看，氮氧化物的污染溢出从数量上来看呈现其他行业溢出水平较为平缓、而电力行业显著偏高的情况。电力行业的氮氧化物溢出量为2080.83吨，占北京到天津氮氧化物溢出总量的52.28%。其他行业中，经济溢出量最显著的建筑业和其他服务业分别贡献了210.21吨和273.20吨污染排放，食品和烟草制造业带来的氮氧化物排放量为375.30吨。从图（d）来看，烟粉尘的污染溢出则以建筑业和服务业为主。建筑业的烟粉尘溢出效应为869.78吨，在天津市建筑业整体烟粉尘排放中的占比高达65.67%。而服务业三部门也呈现高污染转移量、高占比的规律。交通运输、仓储和邮政业的烟粉尘污染溢出量为405.97吨，占整个行业排放量的11.79%；批发、零售、住宿和餐饮的烟粉尘污染溢出效应为251.42吨，为全行业排放的13.88%；其他服务业的烟粉尘污染溢出效应为1130.38吨，占行业排放的47.52%。

就行业而言，将三类主要空气污染物转化为污染当量数，可以发现污染当量以电力和热力的生产行业为主,为3022.80吨污染当量,占污染当量溢出总量的32.90%。除其他服务业外,其他较为重要的污染行业包括工业领域的非金属矿采选业、食品和烟草制造行业、化学工业、非金属矿物制品业,服务业领域也均对天津有300吨以上的污染当量溢出效应。

(3) 天津向北京造成的溢出效应

天津对北京的经济溢出水平明显低于北京对天津的溢出水平,整体经济溢出效应为1437.74亿元,其中大部分行业对北京的影响程度不超过北京市总产出的5%。从结构上来说与北京到天津的方向较为类似,以建筑业、其他服务业、交通运输设备制造部门以及计算机产业为主,溢出效应分别为369.08亿元、365.26亿元、160.78亿元和111.51亿元。较为不同的是天津对北京的石油加工产业、化学工业、金属冶炼与压延等传统工业部门也有一定的拉动作用,但由于传统工业部门并不是北京市的主要产业部门,因此这些部门的溢出效应均在100亿元以下。

从污染溢出水平来看,天津则令北京多排放了1583.48吨二氧化硫、1149.52吨氮氧化物和1132.67吨烟粉尘,总计为1132.67吨污染当量。

从图(b)来看,天津向北京转移的二氧化硫污染结构和北京向天津转移的污染结构有相似之处。数量上,以电力和热力的生产业为首,污染溢出量为325.26吨,但仅占北京市电力行业排放的0.85%,从比例上来说影响并不大。紧随其后的是其他服务业和交通运输、仓储和邮政业,分别有292.43吨和227.14吨二氧化硫溢出量。值得注意的是,食品和烟草制造业、石油加工业也对北京造成了超过100吨的污染影响,分别为131.63吨和192.65吨。从图(c)来看,天津对北京的氮氧化物转移效应明显较弱。电力和热力生产行业造成了575.36吨污染转移,石油加工行业和其他服务业则分别贡献了125.01吨和101.19吨氮氧化物污染溢出。除这三个行业之外,其他行业对北京造成的污染转移均不超过100吨,说明在氮氧化物上天津对北京造成的溢出效应整体较小。从图(d)来看,烟粉尘的污染溢出效应大于100吨的行业包括交通运输业、其他服务业、建筑业和石油加工业。其中交通运输业和其他服务业的污染溢出量在200吨以上,分别为270.24吨和209.90吨。其余行业对北京的影响则并不明显。

将三类主要空气污染物转换为污染当量值后,可以从图(e)中发现天津对北京的电力行业也造成了较为明显的污染量溢出,为985.11吨污染当量。此外,建筑业、交通运输和仓储业、石油炼焦加工业也是主要的污染溢出行业,但溢出水平明显低于北京对天津的溢出水平。

整体来看,无论是经济溢出效应还是空气污染物的溢出效应,天津对北京的效应值都弱于北京对天津的效应值。但仅从数值上来比较,不能反映北京和天津之间各行业的污染排放和经济溢出效应的关系。

（3）溢出效率比较

本研究已经计算得出地区之间分行业的经济溢出水平和包括二氧化硫、氮氧化物、烟粉尘三项在内的空气污染溢出水平，并折算为污染当量数。可以明显看出，经济溢出水平较高的部门污染水平一般也较高，很难比较部门之间的具体差别。因此，本章计算溢出效率来比较分析不同双边贸易对大气污染排放的影响程度。

表 3-6　北京与天津的净经济溢出、净污染溢出水平和溢出效率指数

部门	ES（亿元）	二氧化硫（t）	氮氧化物（t）	烟粉尘（t）	二氧化硫	氮氧化物	烟粉尘
1	-0.22	0.17	0.12	0.07	-1.35	-1.93	-3.40
2	2.59	0.10	0.11	-0.06	25.04	23.25	-43.25
3	-0.59	-0.17	-0.31	-0.06	3.54	1.90	10.45
4	-0.82	-2.46	-0.89	-12.10	0.33	0.92	0.07
5	7.46	178.53	112.48	71.45	0.04	0.07	0.10
6	41.76	384.95	314.56	41.88	0.11	0.13	1.00
7	-1.92	-1.27	0.27	-1.22	1.52	-7.20	1.57
8	-3.94	0.14	0.88	-1.54	-28.32	-4.47	2.55
9	-0.57	0.34	0.64	-2.70	-1.69	-0.89	0.21
10	-6.26	54.98	57.63	2.60	-0.11	-0.11	-2.40
11	-19.06	-182.51	-114.75	-112.20	0.10	0.17	0.17
12	-30.57	106.26	112.44	2.60	-0.29	-0.27	-11.76
13	-0.44	45.00	153.75	9.66	-0.01	0.00	-0.05
14	-35.24	-47.43	-15.94	-35.46	0.74	2.21	0.99
15	11.16	66.72	48.16	23.72	0.17	0.23	0.47
16	29.77	32.53	35.64	10.98	0.92	0.84	2.71
17	399.10	159.67	181.96	148.29	2.50	2.19	2.69
18	-6.42	4.52	4.98	0.43	-1.42	-1.29	-15.09
19	284.63	20.21	30.91	11.70	14.08	9.21	24.32
20	4.57	0.35	0.34	0.09	13.21	13.36	51.87
21	-0.30	-0.75	-0.18	-0.39	0.39	1.64	0.76
22	-13.63	428.55	1505.46	-5.52	-0.03	-0.01	2.47
23	2.25	1.05	2.01	-0.01	2.14	1.12	-156.42

续前表

部门	ES（亿元）	二氧化硫（t）	氮氧化物（t）	烟粉尘（t）	二氧化硫	氮氧化物	烟粉尘
24	547.17	279.16	160.02	736.39	1.96	3.42	0.74
25	97.49	-29.47	19.14	196.06	-3.31	5.09	0.50
26	143.26	84.51	47.58	216.39	1.70	3.01	0.66
27	1034.42	257.96	171.51	860.15	4.01	6.03	1.20
合计	2485.65	1841.63	2828.53	2161.19	1.35	0.88	1.15

表 3-6 列出了北京向天津的净经济溢出、净污染溢出水平和溢出效率指数。可以看出，三类污染物的效率指数整体较为接近，分别为 1.35 亿元/吨二氧化硫、0.88 亿元/吨氮氧化物和 1.15 亿元/吨烟粉尘。

总体来说污染物溢出量和经济溢出量方向一致。共有九个部门的二氧化硫溢出效率指数为负，即这些行业对北京来说，一方面推动了本市的产出增加，提高经济效益，同时新增的污染物净溢出量均发生在天津端，对本地的空气质量影响较小。而在污染指数为正值的行业部门中，溢出效率最低的部门为非金属矿采选业，在该行业中北京每对天津造成 1 吨净溢出，经济水平仅增加 0.03 亿元。氮氧化物的溢出效率指数则有八个部门为负值，其他溢出效率最高的行业是煤炭开采和洗选业，溢出效率最低的行业同样为非金属矿采选业。烟粉尘的溢出效率则是仪器仪表制造业最高，而金属矿采选业的溢出效率则最低。

将三类污染物的污染当量汇总后，可以获得空气污染整体的效率指数。

表 3-7　北京到天津各部门的污染当量效率指数

部门	AP	部门	AP
1	-0.66	15	0.08
2	12.10	16	0.39
3	1.13	17	0.94
4	0.10	18	-0.63
5	0.02	19	4.83
6	0.06	20	5.97
7	1.29	21	0.26
8	-7.37	22	-0.01
9	-5.46	23	0.70
10	-0.05	24	0.70
11	0.05	25	1.21
12	-0.13	26	0.62

续前表

部门	AP	部门	AP
13	0.00	27	1.25
14	0.44	合计	0.44

北京到天津的整体污染净溢出效率为0.44亿元/吨污染当量，表明北京每向天津净转移1吨污染当量，天津平均增加产出值为0.44亿元。在27个部门当中，合计有6个部门经济转移和污染转移的方向不一致，即在这些部门中北京每向天津净溢出1吨污染当量，北京的经济效益反而受到带动。在其余部门中，污染转移效率最高的部门为煤炭采选业、电子设备制造业和通用设备制造业，在这3个部门中，北京扩大对天津的产品需求，造成的部门污染水平较低，是协同发展经济的较优选择。而溢出效率最低（远小于1）的部门则有非金属矿采选业、食品和烟草制造业、石油加工业、非金属矿物制品业和金属制品业。这些部门基本都属于污染密集型产业或低端制造业，每吨污染当量净溢出对应的经济净溢出水平极低，需要提高这些产业的清洁生产能力，或者降低京津之间这些产业部门的贸易来往。

在北京市与天津市之间的双边贸易中，北京整体扮演污染转移者的角色，证明北京的产业需求是天津市空气污染的重要推动力。相比于天津来说，北京市的产业结构呈现服务业占比更高、排放水平更低的规律，同时天津向北京流动的产品中部分为污染密集型行业。因此在消费天津产品的过程中，天津获得的污染转移要明显大于北京获得的污染转移。尽管天津是污染的被转移者，但在此过程中，天津市的各个重点行业仍然因此受到产值的拉动，获得了一定的净经济效应，并且这种效应相对来说较为可观。要进一步优化京津之间的贸易结构，需要北京市对天津市起到带头作用，提高天津市的产业竞争力和生产水平。

3.3.2.2 北京与河北双边贸易溢出效应

河北的经济水平由于北京的大量产品需求而得到拉动，但同时也受区域内各种高能耗、高污染的工业影响，大气环境质量有待改善。研究北京与河北之间贸易的溢出效应有助于分析特大城市与周围城市之间贸易对大气环境的空间影响。

（1）经济与污染溢出效应情况概述

从北京与河北之间各部门的经济溢出情况可见，大部分部门中北京对河北的经济溢出效应明显强于河北对北京的经济溢出效应，北京的产业市场需求对河北的经济拉动作用明显。从北京与河北之间各部门的二氧化硫、氮氧化物、烟粉尘和污染当量数排放溢出情况来看，北京对河北的污染溢出效应在整体均大于河北对北京产生的污染溢出效应，并且比北京与天津之间的污染溢出差距更为明显，基本呈现单方面的污染转移态势，见图3-5。

第三章 跨区经济对区域大气污染排放溢出效应

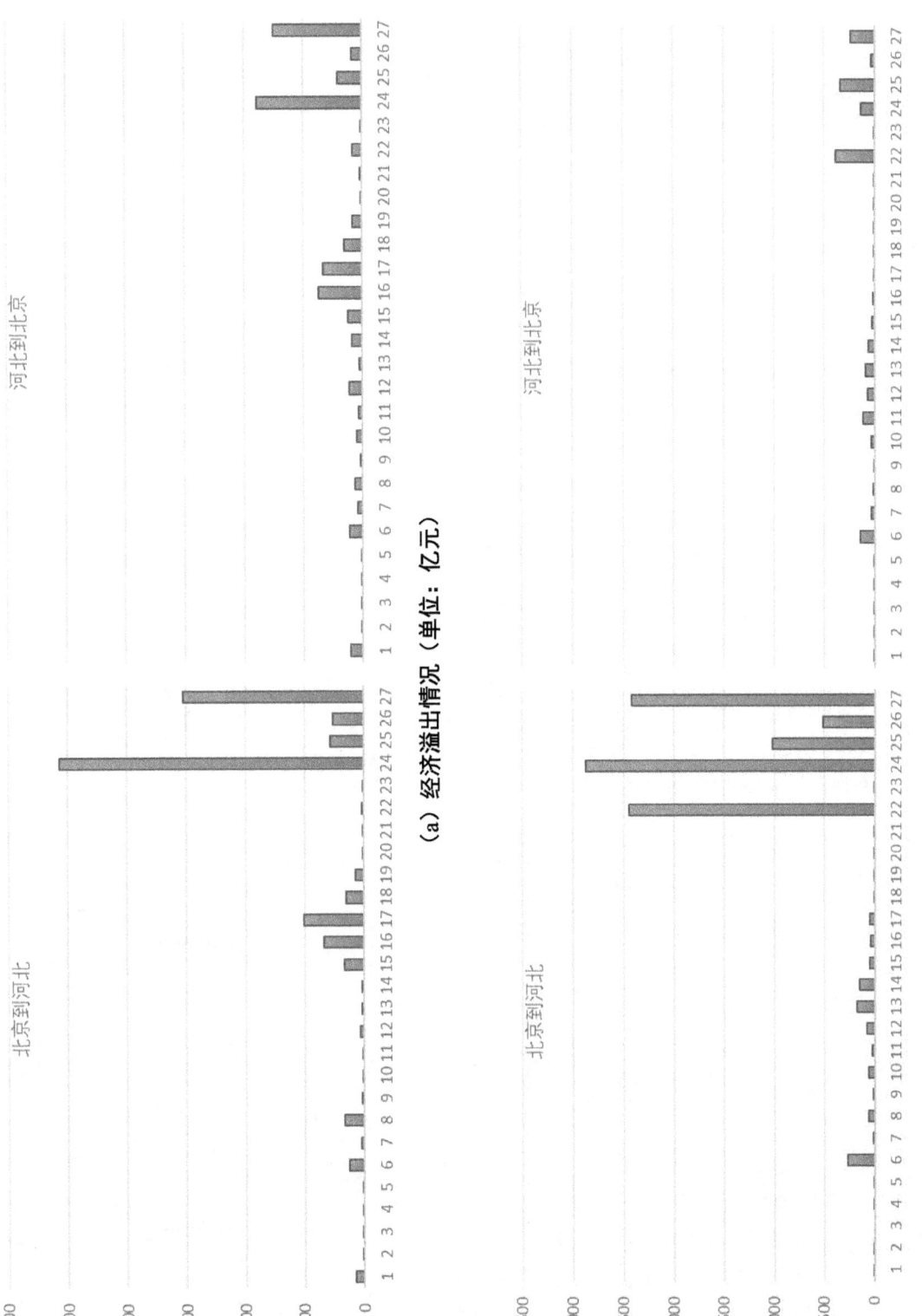

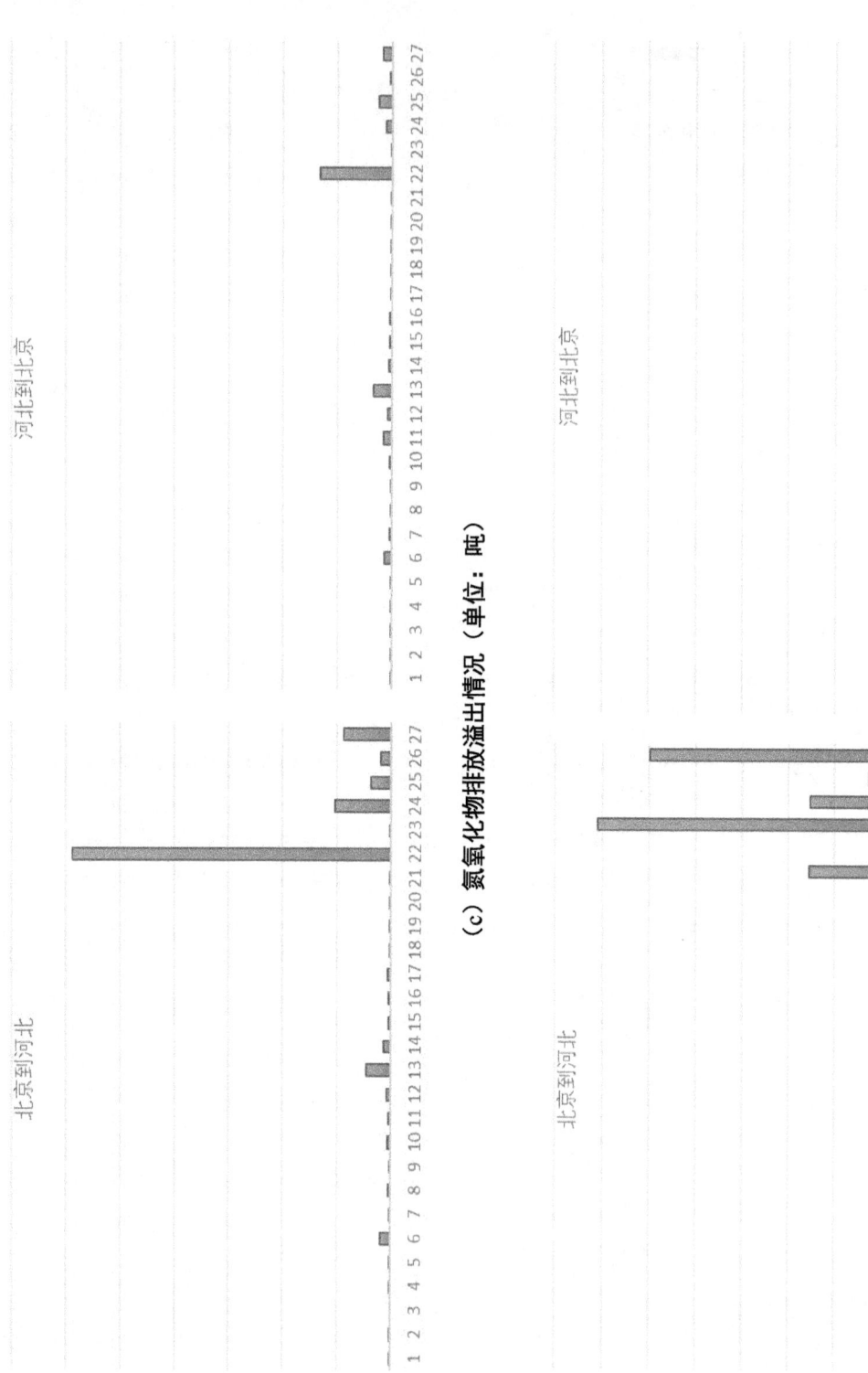

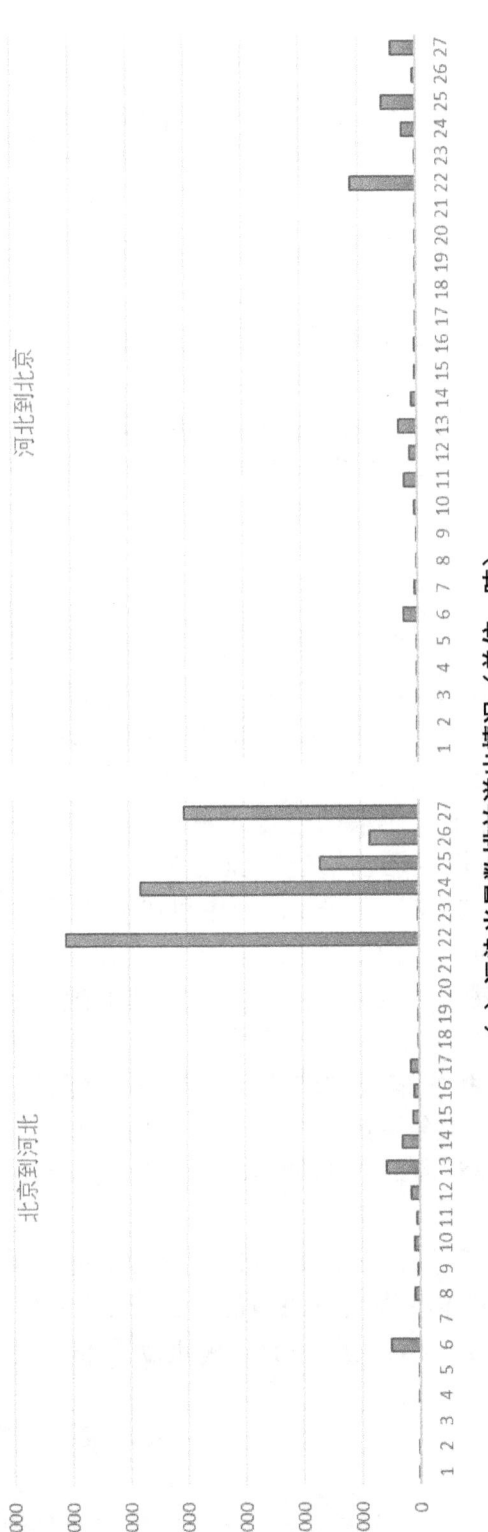

(e) 污染当量数排放溢出情况（单位：吨）

图 3～5 北京和河北之间的溢出效应情况汇总

（2）北京对河北的溢出效应

北京对河北的经济溢出效应为2547.34亿元。从（a）图来看，数量上经济溢出效应最大的部门为建筑业和其他服务业，分别为1027.26亿元和610.91亿元，占当年河北省建筑业和其他服务业总产出值的19.67%和其他服务业的7.76%，建筑产业和服务产业的大量需求也辐射着河北省的产业产出。其后，溢出效应水平较高的还有交通工具制造业的203.19亿元，占行业总产出的12.13%；通用和专用设备制造产业也贡献了133.33亿元的溢出效应，占河北行业产出的5.33%。其他产业的溢出效应则不太明显，数值上低于100亿元，整体占比上也基本低于5%。

从污染水平上来说，北京—河北之间的贸易流动带来的污染排放也较为明显。2012年，北京共促进河北省排放10294.06吨二氧化硫、4689.66吨氮氧化物和11409.27吨烟粉尘，总计19720.17吨污染当量，污染溢出量明显大于北京到天津的数量。

从图（b）可以看出，河北省由于北京市贸易活动而增加的二氧化硫排放量主要集中在电力生产行业、建筑业和三个服务行业。其中，电力生产行业、建筑业和其他服务业的二氧化硫污染溢出量均超过2000吨以上，分别2439.09吨、2784.54吨和2416.66吨。而其他两个服务行业则分别贡献了1019.79吨和505.62吨二氧化硫排放。从图（c）来看，北京对河北的氮氧化物污染溢出主要集中在电力和热力生产行业，为2934.88吨，表明在河北向北京的输电过程中，造成了显著的氮氧化物污染。此外，污染溢出量较大的行业还包括建筑业的513.34吨，其他服务业的433.25吨和非金属矿物制品的228.08吨。从图（d）中可以明显看出，在多个行业层面，北京对河北均产生了明显的烟粉尘污染溢出，导致烟粉尘的污染溢出总量较高。仅建筑业单个产业，北京就对河北造成了3550.65吨的烟粉尘排放，其他服务业的污染溢出量也高达2985.07吨。此外，电力生产行业和交通运输业的污染溢出量均为1300吨左右，零售和住宿业则造成了624.55吨烟粉尘排放。而工业部门，包括食品和烟草制造业、非金属矿制品业、金属冶炼和压延业和交通工具制造业在内的多个制造业行业都对河北省的烟粉尘排放造成显著的影响。

就具体行业而言，北京对河北最主要的污染溢出部门是电力和热力的生产部门，其污染当量溢出量达到6000吨以上，占整体污染当量溢出的1/3。除此之外，建筑业和交通仓储业也是污染溢出的重要行业，与其他服务业一起贡献了80%以上的污染溢出值。

（3）河北对北京的溢出效应

河北对北京造成的经济溢出量为1471.78亿元。从图（a）上看，建筑业是河北对北京造成影响最大的行业，经济的溢出效应达到354亿元，几乎达到北京市建筑业总产出的20%。其他服务业紧随其后，造成了298.24亿元的产出增长。以外，制造业（行业 6 至行业 19）也对北京的经济产出造成了较为明显的影响。

从污染水平上来说，河北对北京的污染转移量极不明显，河北省总计向北京转移的污染量为 1748.70 吨二氧化硫、1366.08 吨氮氧化物和 1281.22 吨烟粉尘，总计 3693.34 吨污染当量。

从图（b）上看，二氧化硫的污染转移量均不超过 400 吨，其中电力的生产行业贡献较大为 375.95 吨，其他污染效益相对较大的行业还包括交通仓储运输业和其他服务业，分别为 334.91 吨和 238.77 吨。从图（c）上看，河北省对北京的氮氧化物转移量仅有电力生产行业较为明显，为 665.03 吨；其他行业的转移量基本不超过 100 吨，证明在氮氧化物的转移过程中河北省的对北京市造成的影响微乎其微。从图（d）上看，河北省向北京的主要烟粉尘溢出量来自交通运输仓储业和其他服务业，分别为 309.49 吨和 220.65 吨，其他行业的转移量则相对不明显。

将三类污染物转化为污染当量数后可以看出，整体污染当量略显突出的是电力行业的 1138.63 吨污染当量转移量和交通仓储行业的 591.91 吨污染当量转移，其他行业的污染转移情况则比较不明显，表明河北的产品需求整体来说对北京的空气污染不存在明显的推动作用。

（4）溢出效率比较

类似地，本研究计算了北京到河北的三类污染物的净转移量，并分别计算了其污染溢出效率。

表 3-8 北京到河北溢出效率指数

部门	ES（亿元）	二氧化硫（吨）	氮氧化物（吨）	烟粉尘（吨）	二氧化硫	氮氧化物	烟粉尘
1	-11.99	-0.21	-0.13	0.29	56.86	93.52	-41.12
2	-0.45	2.02	0.69	10.11	-0.22	-0.65	-0.04
3	-0.01	0.00	0.00	0.00	3.82	1.95	12.74
4	-0.01	-0.32	-0.13	-1.28	0.02	0.05	0.01
5	1.48	5.64	1.41	10.68	0.26	1.05	0.14
6	6.51	131.48	27.07	244.12	0.05	0.24	0.03
7	-7.18	-15.43	-8.34	-0.88	0.47	0.86	8.21
8	40.96	45.72	7.17	38.10	0.90	5.71	1.08
9	-2.22	7.39	1.60	65.64	-0.30	-1.39	-0.03
10	-14.00	28.46	3.33	31.40	-0.49	-4.20	-0.45
11	-9.10	-85.78	-61.53	-38.84	0.11	0.15	0.23
12	-30.67	10.54	-6.77	34.58	-2.91	4.53	-0.89

续前表

部门	ES（亿元）	二氧化硫（吨）	氮氧化物（吨）	烟粉尘（吨）	二氧化硫	氮氧化物	烟粉尘
13	-3.49	90.54	64.77	301.96	-0.04	-0.05	-0.01
14	-26.56	94.19	30.61	176.54	-0.28	-0.87	-0.15
15	16.39	28.88	5.01	80.02	0.57	3.27	0.20
16	-11.61	24.90	7.38	73.44	-0.47	-1.57	-0.16
17	73.43	42.92	18.82	203.58	1.71	3.90	0.36
18	-1.34	3.46	0.87	5.44	-0.39	-1.53	-0.25
19	-1.10	1.72	0.83	6.66	-0.64	-1.33	-0.16
20	-0.23	0.03	0.00	0.11	-7.40	102.46	-1.99
21	-4.28	-2.74	-0.81	-1.17	1.56	5.27	3.66
22	-24.90	2063.14	2269.84	1158.50	-0.01	-0.01	-0.02
23	0.92	0.05	-0.12	0.22	17.76	-7.46	4.12
24	673.25	2736.10	467.21	3422.72	0.25	1.44	0.20
25	32.36	684.88	66.37	950.16	0.05	0.49	0.03
26	66.74	469.90	78.22	591.53	0.14	0.85	0.11
27	312.66	2177.89	350.23	2764.42	0.14	0.89	0.11
合计	1075.59	8545.36	3323.58	10128.05	0.13	0.32	0.11

整体来说，北京和河北之间的溢出效率明显低于北京和天津之间的溢出效率，三类空气污染物的经济效率为 0.13 亿元/吨二氧化硫、0.32 亿元/吨氮氧化物和 0.11 亿元/吨烟粉尘，证明北京与河北之间的溢出效应呈现污染溢出较多，但对应的经济溢出水平低的情况。

从溢出效率来说，北京和河北之间出现了较多负效率行业，表明河北省受到北京带来的污染转移同时，在较多行业经济呈流出状态，本地产品生产过程污染水平高、相对来说经济效益低，使得河北在贸易中同时成为经济和环境方面的弱者。三类主要污染物中，二氧化硫有 11 个污染负效率部门，氮氧化物有 10 个负效率部门，烟粉尘则有 12 个部门的溢出效率为负值。除此之外，金属矿采选业、食品和烟草制造业及交通运输仓储业在三类污染物中都是较为典型的污染低效率部门，平均北京每向河北增加 1 吨污染物量，对本省带来的产出水平经济溢出效应不到 0.05 亿元。

北京和河北之间的污染当量效率指数为 0.07，为京津冀区域中效率最低的。共有 12 个部门呈现出污染净溢出的负效率，其中 9 个部门的效率指数绝对值小于 0.5 亿元/吨，其中最有代表性的是电力生产行业和非金属矿物制品业。即使这些部门可以通过河北省的污染增加来换取北京市的产出量增加,这种增量也将由于过低而无效率。其他溢出效率指数为正的部门中,除了农业部门外,其他产业的溢出效率指数远小于1,部分甚至小于0.1,其中效率最低的产业部门为金属矿采选业、食品和烟草制造业及交通运输仓储业;部门整体的低效率证明北京和河北的贸易产品流动在环境层面上存在较明显的不合理性。

表 3-9　北京到河北各部门的污染当量效率指数

部门	AP	部门	AP
1	36.45	15	0.26
2	-0.07	16	-0.20
3	1.18	17	0.54
4	0.01	18	-0.21
5	0.13	19	-0.22
6	0.03	20	-3.39
7	0.28	21	1.02
8	0.60	22	-0.01
9	-0.07	23	-158.94
10	-0.32	24	0.15
11	0.05	25	0.03
12	-2.07	26	0.09
13	-0.01	27	0.09
14	-0.14	合计	0.07

在北京和河北的贸易流动之中,河北明显处于不利地位。与北京和天津的关系相比,河北承担了更多的空气污染,但获得的经济效益却更低。北京以高精尖低污染产业为主,对河北省的产品需求主要集中在制造业、基础工业、建筑业等基础行业上。与此同时,河北本身的工业结构以高污染密度、低产值水平的重化工业及基础制造业为主,产品调出量大,相应排放量高,但对应的经济溢出效应则明显偏低,在接受一定污染溢出量的前提下无法带来足够的经济效益。未来为推进京津冀协同减排,河北省作为工作重点,要求转化其"北京市后备工厂"的角色,其生产模式和贸易结构都需要进一步考量和优化。

3.3.2.3　天津与河北双边贸易溢出效应

与北京与天津、北京与河北的整体溢出情况不同,天津市和河北省的产业结构差距较大,相互之间的经济拉动方向和污染溢出方向相较之下并不明显。在京津冀区域主要起"支持北京"作用的两省市之间具体的经济与空气污染关系研究，可以更好地理解京津冀区域整体之间的联系。

（1）经济与污染溢出效应情况概述

从天津与河北之间各部门的经济溢出情况来看，天津对河北的经济溢出效应在大部分部门中都与河北到天津的溢出效应相近，二者呈现相互拉动的态势。从天津与河北之间各部门的二氧化硫、氮氧化物、烟粉尘和污染当量数排放溢出情况来看，天津对河北的二氧化硫和烟粉尘的溢出效应在均大于河北对天津产生的污染溢出效应，但天津和河北之间的氮氧化物排放溢出情况基本持平，甚至河北

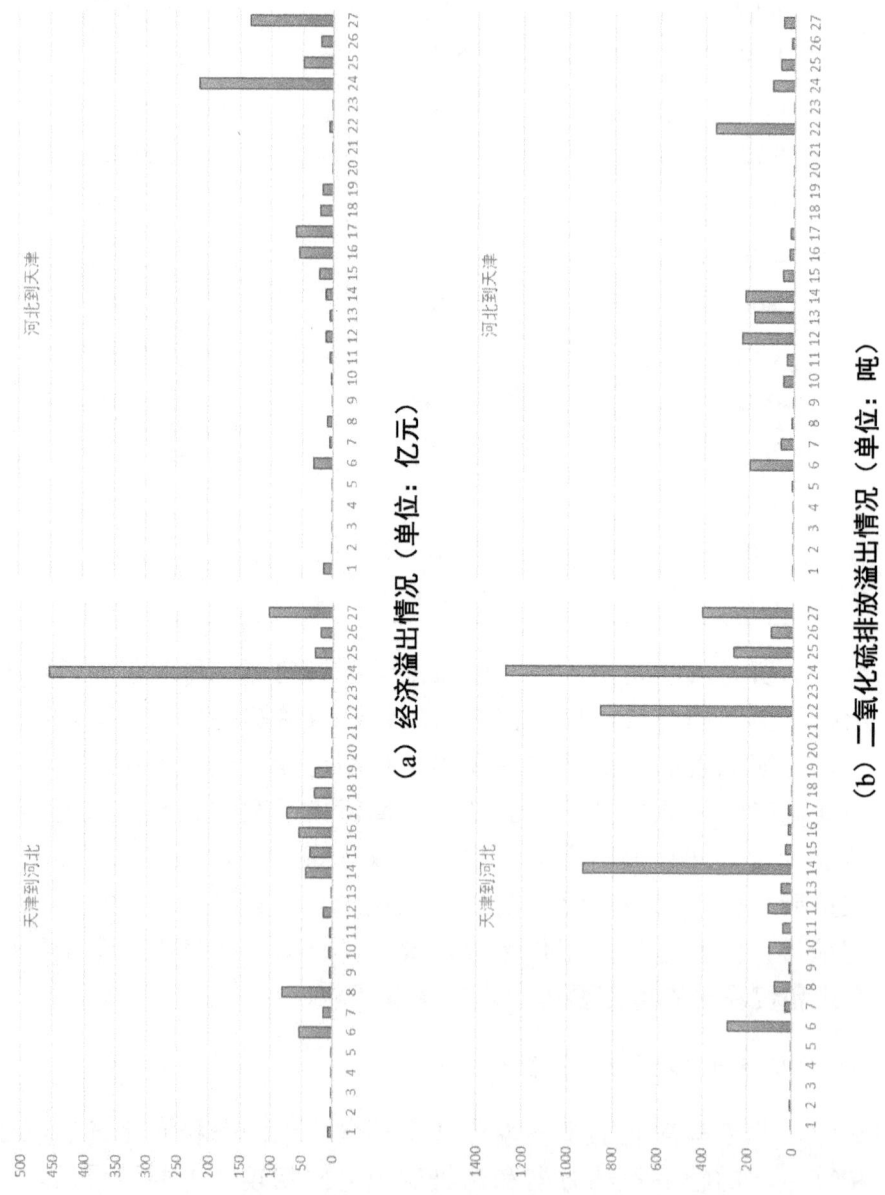

第三章 跨区经济对区域大气污染排放溢出效应

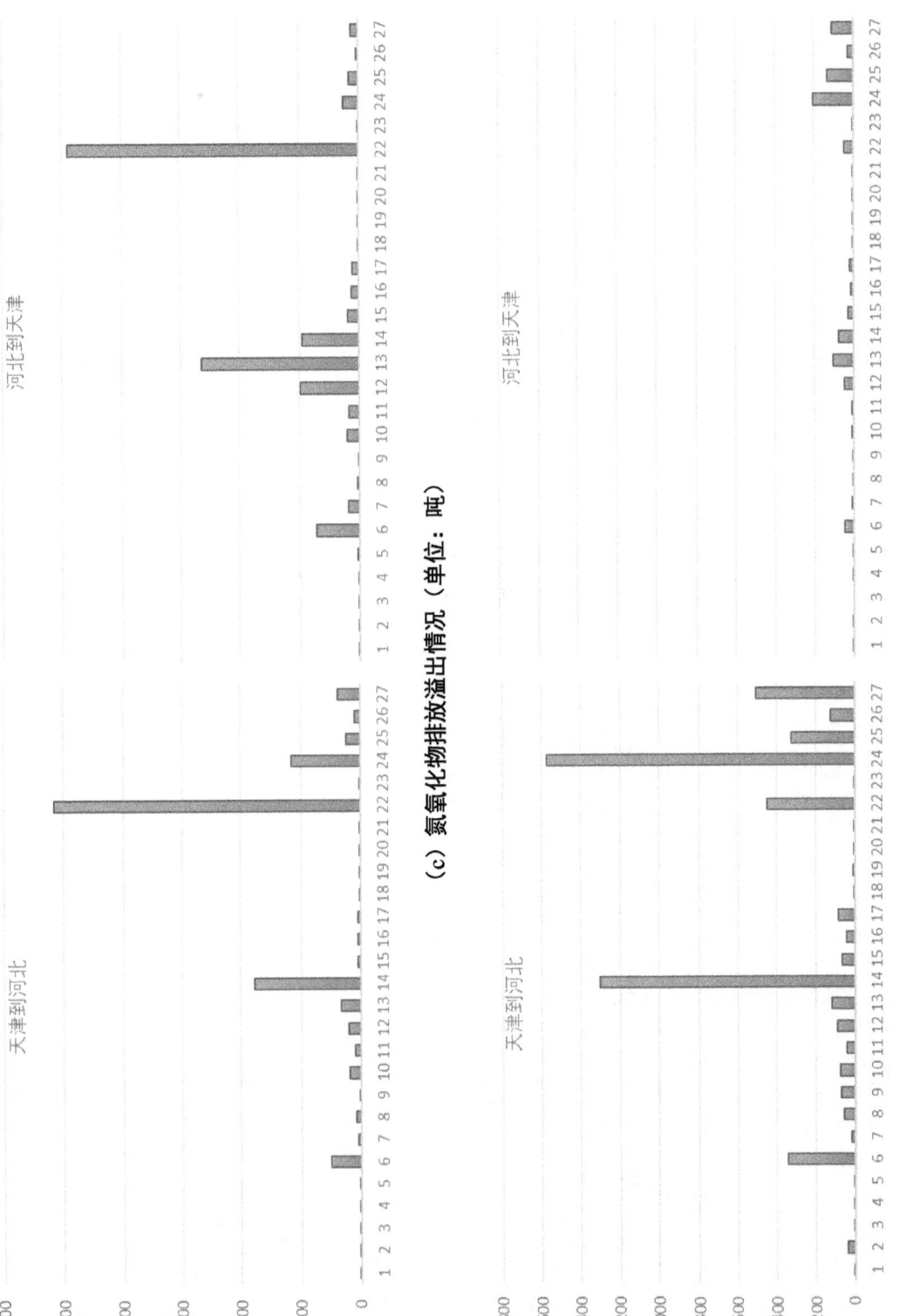

(c) 氮氧化物排放溢出情况（单位：吨）

(d) 烟粉尘排放溢出情况（单位：吨）

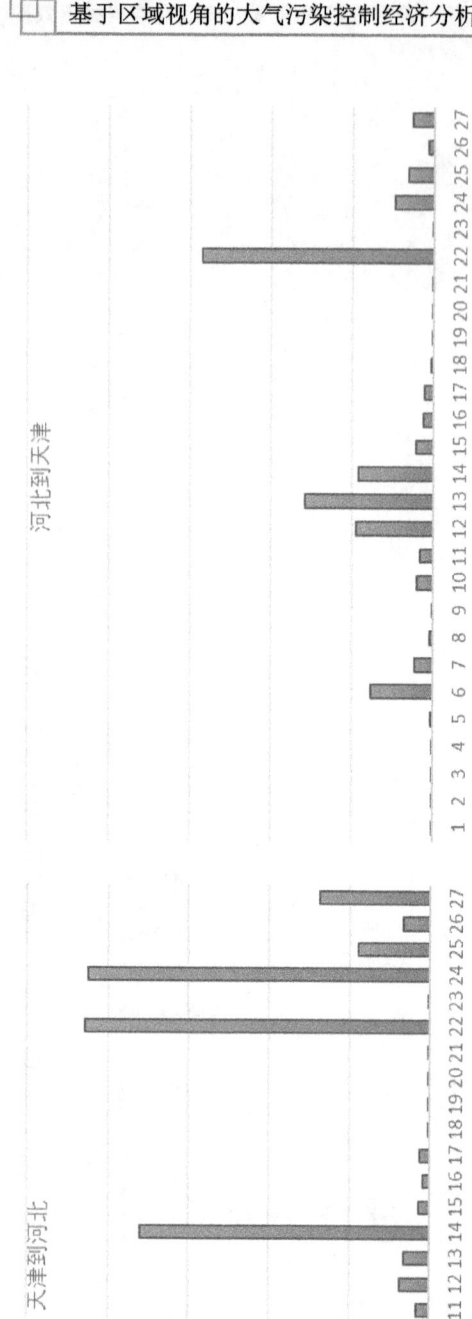

(e) 污染当量数溢出情况（单位：吨）

图 3-6 天津和河北之间的溢出效应情况汇总

对天津的溢出效应略胜一筹，见图3-6天津和河北之间的溢出效应汇总。

（2）天津到河北的溢出效应

天津到河北的经济溢出水平为1070.71亿元，并且从图（a）来看，有很大比例依赖于建筑业的溢出效应推动。建筑业的经济溢出效应为454.77亿元，超过全部经济溢出水平的45%。除此之外，仅有其他服务业的经济溢出效应为103.10亿吨，其他行业的溢出效应基本不超过100亿元，天津对河北的经济拉动作用并不明显。

而从污染物的溢出来说，天津对河北的污染溢出效应则显著得多，共推动河北排放4621.74吨二氧化硫、2066.02吨氮氧化物和5324.13吨烟粉尘，总计8881.90吨污染当量。

天津对河北的污染溢出主要从图（b）来看，二氧化硫的排放溢出聚焦于多个行业。在制造业板块，较为明显的污染转移部门有食品和烟草制造行业、金属冶炼和压延行业；电力生产行业也仍然是二氧化碳转移的重点部门，转移量为857.76吨。建筑业的1272.57吨转移量则是天津对河北影响最大的行业。从图（c）来看，天津对河北的氮氧化物排放溢出也主要来自电力生产行业、金属冶炼和压延行业，其他行业的污染溢出效应则并不明显。而根据图（d），在烟粉尘排放中，金属冶炼压延行业的溢出量愈加明显，为1302.63吨，在所有部门中仅次于建筑业的1571.88吨污染转移量；同时电力行业的溢出量则相对减轻，仅为447.35吨。

将三类污染物转化为污染当量数后，可以发现天津在多个行业对河北省有明显的大气污染推动情况。电力生产行业和建筑业均推动了2000吨以上的污染当量数排放，金属冶炼与压延业的污染溢出量则为1801.43吨，而食品和烟草制造业也有超过500吨的污染当量溢出，表明天津的需求结构对河北的多个行业污染情况有较大的影响。

（3）河北到天津的溢出效应

河北到天津的经济溢出水平为701.78亿元，并且根据图（a）与天津到河北的经济溢出部门结构较为相似。建筑业的经济溢出效益为213.76亿元，为整体溢出量的30%。其次，其他服务业贡献了约133.28亿元的经济产出溢出。其他行业的溢出效应同样也基本不超过100亿元。

而从污染物的溢出来看，河北对天津有一定的污染溢出效应，共推动河北排放1671.90吨二氧化硫、2356.722吨氮氧化物和863.86吨烟粉尘，总计4603.62吨污染当量。

从图（b）来看，制造业中食品和烟草制造业、化学工业、非金属矿物制造业和金属冶炼压延业等基础工业都对天津的二氧化硫排放造成了约200吨的影响。从图（c）来看，河北对天津的氮氧化物溢出量与天津基本持平，依赖于非金属矿物制品业和电力生产部门的显著转移量，两个部门的污染溢出量分别为526.70吨和 977.93 吨。此外，化学工业和金属冶炼压延业也均有不到 200 吨的溢出量贡献。从图（d）来看，河北对天津几乎没有烟粉尘排放的溢出。除交通运输和仓储业向天津溢出了 202 吨的烟粉尘排放外，其他行业单独的污染溢出量均不明显，明显小于天津对河北的烟粉尘溢出量。

河北对天津的污染当量溢出则聚焦于部分制造行业，包括化学工业、非金属矿物制品业、金属冶炼和压延业，在服务业领域则对天津没有产生太大影响。

（4）溢出效率比较

同样，本研究计算了天津到河北的三类污染物的净转移量，并分别计算了其污染溢出效率。

表 3-10　天津和河北之间的经济、污染物净溢出量和溢出效率指数

部门	ES（亿元）	二氧化硫（吨）	氮氧化物（吨）	烟粉尘（吨）	α 二氧化硫	α 氮氧化物	α 烟粉尘
1	-7.69	-0.58	-0.37	-0.43	13.31	20.56	17.72
2	1.93	6.98	2.39	34.81	0.28	0.81	0.06
3	0.25	0.14	0.18	0.08	1.73	1.38	2.95
4	0.23	0.02	-0.04	0.89	9.57	-6.54	0.26
5	0.00	-6.14	-4.30	-0.73	0.00	0.00	0.00
6	22.03	91.32	-45.86	301.13	0.24	-0.48	0.07
7	9.12	-29.97	-28.92	10.22	-0.30	-0.32	0.89
8	72.19	63.66	9.91	54.19	1.13	7.29	1.33
9	1.99	8.52	1.67	67.28	0.23	1.20	0.03
10	2.44	57.00	-4.43	66.09	0.04	-0.55	0.04
11	-1.34	7.79	-15.95	34.65	-0.17	0.08	-0.04
12	3.07	-125.39	-156.98	41.84	-0.02	-0.02	0.07
13	-3.22	-128.49	-463.14	17.36	0.03	0.01	-0.19
14	32.23	710.58	164.22	1231.36	0.05	0.20	0.03
15	14.37	-21.56	-26.43	37.28	-0.67	-0.54	0.39
16	0.03	-6.37	-16.48	27.34	0.00	0.00	0.00
17	14.73	0.85	-10.90	62.85	17.35	-1.35	0.23
18	8.24	-0.71	-2.43	2.72	-11.56	-3.39	3.02
19	11.74	1.52	0.14	7.26	7.74	81.93	1.62
20	0.15	0.00	-0.04	0.09	-34.01	-3.93	1.64

续前表

部门	ES（亿元）	二氧化硫（吨）	氮氧化物（吨）	烟粉尘（吨）	α 二氧化硫	α 氮氧化物	α 烟粉尘
21	-0.84	-0.22	-0.12	-0.01	3.76	7.10	167.12
22	-4.11	503.49	54.18	403.77	-0.01	-0.08	-0.01
23	-1.45	-0.65	-1.12	-0.02	2.24	1.29	62.31
24	241.61	1174.05	179.24	1369.54	0.21	1.35	0.18
25	-18.25	203.93	16.93	201.21	-0.09	-1.08	-0.09
26	-0.33	84.61	10.84	93.34	0.00	-0.03	0.00
27	-30.18	355.45	47.11	396.15	-0.08	-0.64	-0.08
合计	368.92	2949.84	-290.70	4460.27	0.13	-1.27	0.08

与前两种不同，天津和河北之间的污染溢出方向与经济溢出方向并不完全一致。从污染物来看，天津转移到河北的二氧化硫和烟粉尘的污染溢出效应与经济溢出方向一致，其溢出效率均偏低，分别为0.13亿元/吨二氧化硫和0.08亿元/吨烟粉尘，证明河北省受天津市影响净排放的两类污染物溢出水平高，但对应的总经济溢出量较低。而氮氧化物的整体溢出效率为负值，为-1.27亿元/吨氮氧化物，证明在天津和河北的产品流动过程中，尽管整体而言天津带动的河北省产出增量更多，但氮氧化物排放上天津市受到的影响要更明显，呈现河北向天津转移污染的情况。其中有一半的部门溢出效率为负值，并且非金属矿采选业、非金属矿物制业和通用专用设备业均出现了产生污染净溢出时基本没有经济效益的情况，说明天津和河北之间的贸易溢出效率较低。烟粉尘的溢出效率也较为类似，除5个污染负效率的行业以外，包括煤炭洗选业、非金属矿采选业、食品烟草制造业等在内的8个行业都呈现极低的溢出效率，这些行业每吨烟粉尘净排放带来的经济净效应不超过0.1亿元。

天津和河北之间的污染当量效率指数为0.09，数值与北京到河北的效率指数相仿，即整体上来说天津向河北净溢出1吨污染当量，河北平均增加0.09亿元的总产出，溢出效率很低。分部门来看，共有9个部门的溢出效率为负值，其中包括污染转移量较大的化学工业、电力生产业、交通运输仓储业和其他服务业，并且这4个部门的效率指数绝对值均在0.1以下，表明这几个产业不仅为河北带来较高的污染净转移量，在天津端也基本无法拉动经济产出增长。而在其他溢出效率为正值的部门中，非金属矿采选业、非金属矿物制业、金属冶炼和压延业、通用专用设备制造业等重点工业部门和批发零售业甚至出现了效率指数小于0.01的情况，说明在这些重点工业领域天津对河北的污染净转移在经济层面效率较低，很难拉动行业的经济效益。

表 3-11 天津到河北各部门的污染当量效率指数

部门	AP	部门	AP
1	6.25	15	-0.36
2	0.09	16	0.00
3	0.67	17	1.50
4	0.82	18	-3.37
5	0.00	19	2.79
6	0.15	20	-9.66
7	-0.15	21	2.30
8	0.75	22	-0.01
9	0.06	23	0.77
10	0.03	24	0.13
11	-0.48	25	-0.06
12	-0.01	26	0.00
13	0.01	27	-0.05
14	0.02	合计	0.09

天津和河北之间的贸易活动尽管对河北省的净经济溢出值不高，但却造成了相对较高的二氧化硫和烟粉尘污染净排放。由于天津本身并没有完全完成服务业为主导的产业结构调整，仍残留部分重化工企业，对河北省的工业资源和粗产品存在显著的需求，推动河北污染水平的进一步拔高。并不完全一致的工业产业结构，导致天津也仍向河北输送部分的高污染行业产品，导致天津的污染水平受到影响，在相互作用下两地之间的净污染流动量在京津冀地区内部是最小的。

3.4 小 结

本章采用多区域投入产出模型，将经济溢出与污染溢出效应纳入统一体系进行计算，构建了污染当量技术折算系统，测算北京-天津-河北各省市的经济溢出状况以及二氧化硫、氮氧化物和烟粉尘溢出状况，并构建了污染物效率指数进行交叉比对研究，进而从省市层面和部门层面分别比较研究区域贸易对于大气污染的空间影响。

从空间区位来看，北京市是经济与污染的净输出地，而天津和河北则净接收了其他两省市的经济转移和空气污染转移。对北京来说，天津和河北的溢出效应对北京的经济发展和空气污染物排放仅有较为不显著的作用；北京依靠自身的发展优势和技术水平，依靠区域间贸易带动天津和河北的经济发展，同时转嫁了部分空气污染排放。天津作为较为发达的直辖市，其受到的经济溢出效应值较高，受到的污染转嫁水平相对较低；而河北为区域内资源能源富集的地区，尽管获得了小部分经济效益，承接了其他两地的大量污染转移，与其余两地之间的溢出效率均在 0.1 以下，体现出在经济和环境溢出效应上，京津冀地区内部存在较为显著的不公平现象。

从部门行业来看，北京、天津对河北省的污染净转移主要是通过购买河北省的污染密集型产品，导致河北省为生产这些产品而增加大气污染排放。在区域内，大气污染溢出效应最明显的部门是"电力、热力的生产供应业"，同时该部门也是净溢出效率最低的部门，在区域内任意两省市之间，该部门的溢出效率均在 0.01 左右，是最能体现区域间污染密集产业贸易转嫁大量污染的部门。

第四章 大气污染与能源消费对区域经济的驱动

4.1 概　述

诚如上一章所分析的，区域是一个经济社会高度密切联系的空间组织，区域内能量、物质流频繁，呈现显著的聚集效应。区域经济—环境作为一个复合系统，经济社会的快速发展，给自然生态环境形成巨大的压力；同样，生态环境状况的改变是否对经济发展产生影响，这对于促进区域高质量发展、调整完善区域政策体系、特别是生态环境政策体系具有价值。不同于既往从国家或省级范围、聚焦污染物对于经济发展影响的视角（Maddison, 2006；Hossein et al., 2011；宋锋华, 2017；肖悦等, 2018；史秀霞, 2019），考察大气污染与能源消耗之间的密切关系（吕连宏等, 2015；Miao et al., 2019；田秋莉等, 2019；张小波等, 2019；He et al., 2020），本研究在区域污染协同治理的背景下，选取京津冀及周边地区"2+26"城市为研究对象，将大气污染、能源消费与经济发展耦合到一个体系，探究城市间的空间自相关关系和城市集群特征，检验城市是否在能源消费和大气污染上具有空间相关性，分析城市经济发展受周边城市能源消费和大气污染的影响及影响程度，解释能源消耗与污染红利对经济增长的贡献，以期为京津冀及周边地区能源管理和环境管理协调推进提供一定政策借鉴。

4.2 大气排放与能源消费空间聚集度

4.2.1 方法构建

在研究能源消费和大气污染对经济产出的影响时，需要首先判断能源消费和大气污染是否具有空间相关性。如果不存在空间相关，则依据经典计量经济学理论构建模型即可；如果存在空间相关，则不满足经典计量经济学模型假设，需要使用空间计量方法。

空间计量经济学的关注重点为观测值的空间自相关性（J·保罗·埃尔霍斯特, 2015）。空间自相关体现为位置相近的区域具有相似的变量取值。若同一指标下观测点取值高值与高值趋向聚集，低值与低值趋向聚集，则表现为空间正相自关；若观测点取值高值被低值包围，低值被高值包围，则表现为空间负自相关；如果高值与低值呈现随机分布，则说明不存在空间自相关。基于空间自相关的复杂性，学者提出了一系列度量空间自相关的方法（林光平等，2005；邹艳芬等，2005；吴玉鸣，2007；吴玉鸣等，2008；李婧等，2010；潘雄锋等，2014），其中最常用的是Morans'I指数（Moran, 1950）及Geary's C指数（Geary, 1954）。

本研究采用全域空间相关性指数Morans'I指数及局域Morans'I散点图对京津冀及周边地区城市间能源消费、大气污染在空间上是否存在自相关进行检验。

对2006-2015年期间京津冀及周边地区所辖城市的能源消费、大气污染的集聚现象进行检验，即判断能源消费、大气污染相对较高的省份是否倾向于与其他具有较高能源消费、大气污染的省份相邻。通过比较期初和期末的Morans'I散点图，可以得出各城市在时间上的空间相关关系变化趋势。

Morans'I指数计算公式为：

$$I = [n\sum_{i=1}\sum_{j=1}\omega_{ij}(x_i-\overline{x})]/[\sum_{i=1}\sum_{j=1}\omega_{ij}\sum_{i=1}(x_i-\overline{x})^2] \tag{4-1}$$

其中n表示"2+26"城市，ω_{ij}为空间权重值，x_i、x_j和$\overline{x}$分别为i城市、j城市能源、污染指标的值及均值。

Morans'I指数可视为观察点与其空间滞后向量（即周边城市的空间加权值）的相关系数，如果将每一个观测点的观测值与其空间滞后表现在散点图，则称为"莫兰散点图"，由此可见，Morans'I指数是该散点图拟合回归直线的斜率。Morans'I的取值范围在-1到1之间，如果该数值大于0，说明观测点之间存在空间正自相关，且该数值越大，说明空间正自相关性越强；若数值小于0，说明相邻观测点之间具有空间负自相关关系，该数值越小，说明各相邻观测点之间的差异越大；若数值为0，则说明观测点在空间上随机分布。

4.2.2 标与数据来源

在能源方面，本研究用综合能源消费量来表征能源消费水平。由于部分城市能源消费量并未统计，因此采用2006-2015年"单位GDP能源消费量"与"地区生产总值"折算。其中北京市与天津市仍采用统计数据，且实际统计数据与估算数据基本相等。

在环境方面，大气污染数据的选取主要基于以下两个思路：

① 选取空气质量数据。空气质量数据是各城市之间大气污染传输互相影响结果的直接体现，选取空气质量数据能更准确地拟合模型。考虑到中国2012年才将$PM_{2.5}$等空气质量数据纳入大气质量考量指标，存在一定的数据缺失问题。

② 选取大气排放数据。一个城市对相邻城市的污染影响，受气象因素的影响传导，也受该城市直接排放的大气污染污染物的数量影响。大气污染排放量越高，

周边城市受到的污染外部性影响越大。因此用大气排放数据也能一定程度上反映污染扩散程度。

基于数据的可得性，本研究选取二氧化硫排放数据进行分析。对 2015 年城市二氧化硫排放量与城市空气质量数据"空气质量达到及好于二级天数"进行相关性分析，结果见图 4-1。

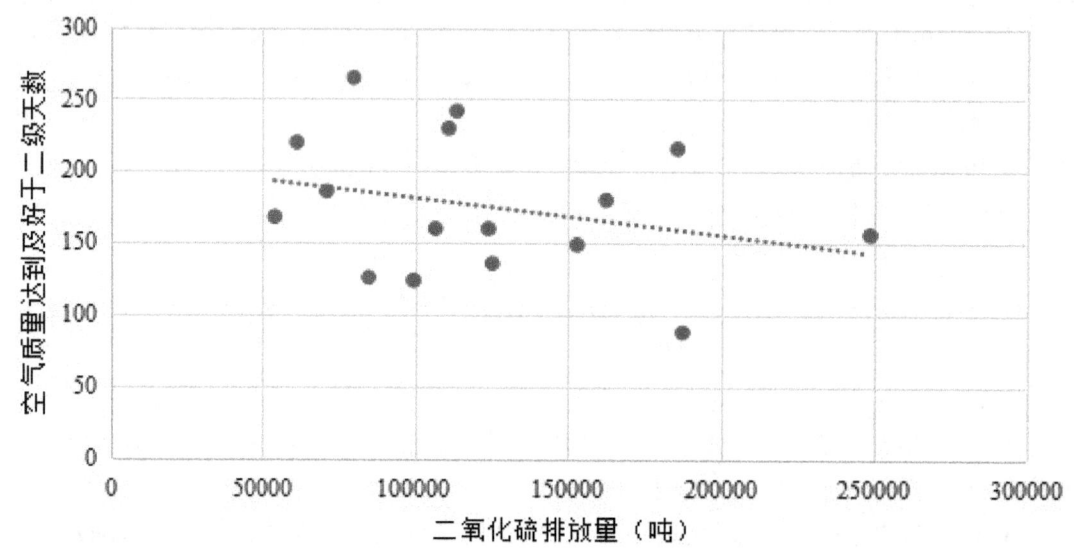

图 4-1　2015 年"2+26"城市二氧化硫排放量与城市空气质量相关关系散点图

根据图 4-1，城市二氧化硫排放量与空气质量达到及好于二级天数呈现显著负相关趋势，可以说明，二氧化硫排放量越高的城市，其空气质量达到及好于二级的天数越低，空气质量越差。因此证明采用二氧化硫排放量可以代表城市空气质量。

另一方面，在京津冀及周边地区部分所辖城市二氧化硫浓度中外来源的占比高达 30%~40%，氮氧化物外来源占比为 12%~20%，可吸入颗粒物外来源占比 16%~26%。相比氮氧化物和可吸入颗粒物，二氧化硫的跨区域传输更明显，因此选取二氧化硫排放总量为城市大气污染指标更能反映大气污染区域间的传输流动。

由于各城市统计口径不一，仅北京、天津统计城市二氧化硫排放量数据，其余城市均采用"工业二氧化硫排放量"与"生活二氧化硫排放量"加总得到。

对 2006~2015 年研究样本的二氧化硫排放量和综合能源消费量进行初步的描述性统计分析，得出样本历年的二氧化硫排放量均值及综合能源消费量均值，见表 4-1 和图 4-2。

表 4-1　2006~2015 年 "2+26" 城市能源消费和大气污染变量描述性统计量

	统计量	2006	2007	2008	2009	2010
二氧化硫排放量（吨）	均值	133319.89	126005.57	114975.14	107417.01	105325.73
	标准差	68671.99	64589.28	61168.40	56822.44	56440.64
	最大值	311715.00	302359.00	282691.00	254378.00	249353.00
	最大值样本	唐山市	唐山市	唐山市	唐山市	唐山市
	最小值	28281.00	24633.00	15479.00	29300.00	29000.00
	最小值样本	开封市	开封市	开封市	濮阳市	濮阳市
	统计量	2011	2012	2013	2014	2015
	均值	121185.96	115852.30	109549.54	105396.85	97734.00
	标准差	72991.80	67249.71	62735.39	57602.35	52309.07
	最大值	336543.00	317731.00	292252.00	272207.00	248633.00
	最大值样本	唐山市	唐山市	唐山市	唐山市	唐山市
	最小值	27800.00	27100.00	25600.00	23200.00	25200.00
	最小值样本	濮阳市	濮阳市	濮阳市	濮阳市	濮阳市
综合能源消费量（吨标准煤）	统计量	2006	2007	2008	2009	2010
	均值	20240830.08	22265193.52	23276285.57	24442193.21	26484085.99
	标准差	15739121.79	17239895.36	17977808.37	18913647.66	20651058.79
	最大值	66480354.34	74207737.01	78579499.99	82884205.89	90165839.02
	最大值样本	唐山市	唐山市	唐山市	唐山市	唐山市
	最小值	3757164.79	4289421.76	4806267.06	4936812.62	5288473.51
	最小值样本	鹤壁市	鹤壁市	鹤壁市	鹤壁市	鹤壁市
	统计量	2011	2012	2013	2014	2015
	均值	28081537.74	29434419.71	30372134.74	28577538.26	29197944.40
	标准差	21530876.57	22469517.55	22755958.39	20617346.67	20471973.19
	最大值	95597764.77	99059780.46	101467138.1	81450600.00	82601300.00
	最大值样本	唐山市	唐山市	唐山市	天津市	天津市
	最小值	6501663.76	6490385.16	7130017.13	7299853.43	7313839.95
	最小值样本	鹤壁市	鹤壁市	鹤壁市	鹤壁市	鹤壁市

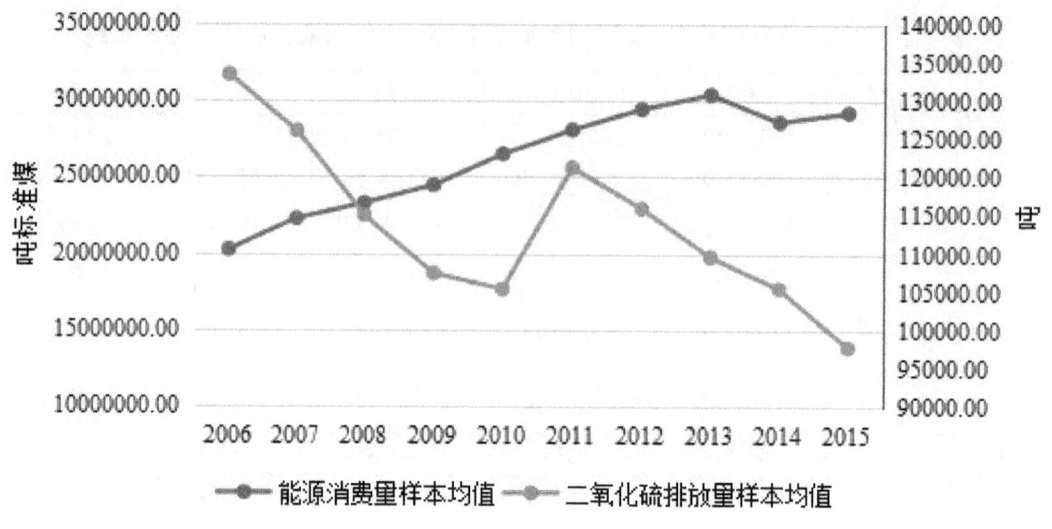

图 4-2　2006-2015 年样本城市均值变化趋势

根据表 4-1 和图 4-2，在研究期内，京津冀及周边地区城市平均能源消费量逐年增加，但在 2014 年出现短暂回落。同时，2006～2013 年间能源消费量最高的城市为唐山市，2014 年为天津市，2015 年仍为唐山市；2006～2015 年间，能源消费量最低的城市始终为鹤壁市。

京津冀及周边地区城市平均二氧化硫排放量在样本期间内波动较大，在 2006～2010 年始终保持逐年减少的趋势，说明京津冀及周边地区城市的空气质量有一定改善。进入"十二五"规划期以后，2011 年城市二氧化硫排放量显著提高，此后逐年下降，2015 年降至研究期内的最低点。2006～2015 年，唐山市始终为二氧化硫排放量最高的城市，与其较高的能源消费水平相吻合。而二氧化硫排放最低的城市为开封（2006～2008）、濮阳市（2009～2015）。

综上所述，2006～2015 年，除过短暂波动，京津冀及周边地区城市能源消费基本保持增长趋势，二氧化硫排放保持降低趋势，表明随着城镇化进程的加速，能耗水平呈现增加态势，但与此同时，大气污染治理有所成效，污染排放下降。此外，唐山市的高能耗高污染发展模式在"2+26"城市中比较显著，一定程度上说明当地的能源管理与污染治理存在提升空间。

4.2.3　结果讨论

4.2.3.1　Morans'I 指数分析

采用 Arcgis10.3 和 GeoDa095i 软件计算得出 2006～2015 年"2+26"城市能源消费和大气污染的全局 Morans'I 指数和局域 Morans'I 散点图，对其在空间上是否存在自相关进行检验，结果见表 4-2，图 4-3。

表 4-2　2006～2015 年 "2+26" 城市能源消费、大气污染 Morans'I 指数值

年份	大气污染 Morans'I	能源消费 Morans'I
2006	0.270201	0.250612
2007	0.265287	0.241583
2008	0.277026	0.263806
2009	0.278526	0.29922
2010	0.268583	0.335751
2011	0.157083	0.445903
2012	0.164168	0.461833
2013	0.164346	0.483542
2014	0.247659	0.525993
2015	0.184569	0.567988

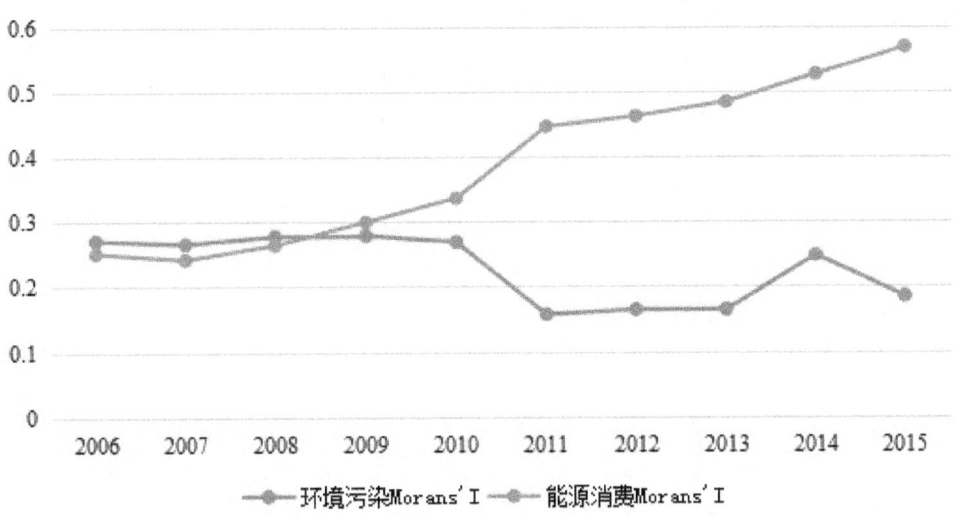

图 4-3　2006～2015 年 "2+26" 城市能源消费、大气污染 Morans'I 指数值变化趋势

2006～2015 年 "2+26" 城市的 Morans'I 统计值均在 0.15 以上，数值较高。对 Morans'I 数值进行假设检验，P 值均在 0.05 的水平上显著。这表明城市能源消费与大气污染呈现一定程度的空间自相关，即能源消费和大气污染程度高的城市倾向于与其他具有较高能源消费与大气污染水平的城市相邻。

在时间尺度上，在"十一五"规划期间，京津冀及周边地区城市能源消费与大气污染的聚集程度没有明显的变化趋势，其中能源消费的聚集程度缓慢增加，大气污染的聚集程度略降。结合政策角度分析，这一阶段"京津冀一体化"正处于初始阶段，城市间的空间关系受政策影响可能性较小，主要取决于传统的城市

发展模式，如能源富集度高的城市天然毗邻，呈现一定的空间聚集，大气污染传输也遵从自然传输规律。因此，这一阶段城市空间关系变化较小。

2011年研究范围内城市能源消费的聚集程度呈现明显提高，同时城市大气污染的聚集程度呈现明显下降，这表明京津冀及周边地区城市能源消费联系更加紧密，大气污染的空间传输和联系下降。2011年过后，城市能源消费的聚集程度逐年缓慢增加，城市大气污染的聚集程度趋向于稳定，但在2014年出现明显波动，此后回落至之前的水平。能源消费的空间关系更近的可能原因是随着"十二五"时期京津冀协同发展规范性文件的出台，相邻城市出现一定的产业趋同现象，同时城市间的能源交换与传输进一步加深，例如北京周边的城市承接了北京的部分产业转移，能源消费水平逐渐与北京市趋同。此外，大气污染水平的聚集程度有一定降低，其可能原因是治理大气污染、维护空气质量逐渐成为城市发展的重要组成部分，不同城市的污染重视程度及污染治理水平差异较大，因此造成大气污染空间相关性下降。与京津冀及周边地区大气污染防治政策的出台频率变得显著密集同步，2013年样本区域大气污染空间相关性有一定提升，此后回落至之前的水平。

4.2.3.2 区域大气污染空间自相关分析

通过对期初年份2006年、转折年份2010和2011年，期末年份2015年的城市间大气污染空间关系进一步分析，以验证"2+26"城市大气污染是否存在空间自相关性。

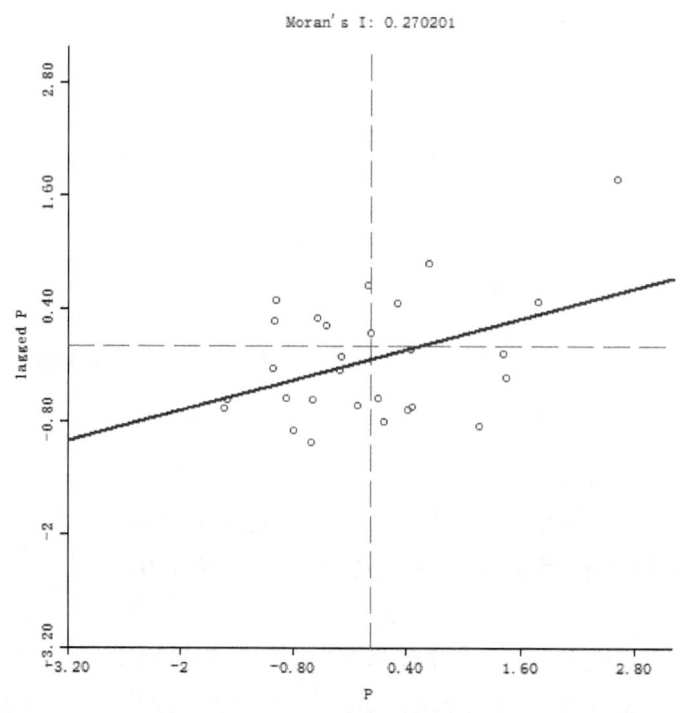

图4-4 2006年"2+26"城市大气污染Morans'I散点图

图 4-4 表示 2006 年 "2+26" 城市大气污染的全域空间分布情况，Morans'I 指数表示直线的斜率，该数值代表研究区域整体上的空间自相关程度。对每个城市而言，四个象限分别识别四种临近地区间的空间关系。

第一象限呈现高—高（H-H）的正自相关聚集，表示这些大气污染程度高的城市倾向于与其他大气污染程度高的城市相邻。第二象限呈现低—高（L-H）的负自相关聚集，表示这些大气污染程度低的城市倾向于与其他大气污染程度高的城市相邻。第三象限表现为低—低（L-L）的空间正自相关聚集，表示这些大气污染程度低的城市倾向于与其他大气污染程度低的城市相邻。第四象限表现为高-低（H-L）的空间自相关，即这些大气污染程度高的城市倾向于与其他大气污染程度低的城市相邻。

对 2006 年城市大气污染的 LISA 聚集图和显著性水平图进行整理，得到各城市的空间相关关系及各自的显著性水平，见表 4-3，将空间相关关系及各城市的大气污染水平标注在地图中，见图 4-5。

表 4-3　2006 年 "2+26" 城市大气污染空间相关关系

象限	空间相关关系	城市
第一象限	H-H 正自相关	唐山市*[1]、北京市、天津市、邢台市
第二象限	L-H 负自相关	衡水市、济南市、沧州市、廊坊市
第三象限	L-L 正自相关	聊城市、晋城市、焦作市*、鹤壁市、濮阳市*、新乡市*、菏泽市*、保定市、安阳市、开封市
第四象限	H-L 负自相关	淄博市、长治市、德州市、郑州市、济宁市、邯郸市*、石家庄市
横跨象限	无自相关	太原市、阳泉市、滨州市

[1] * 表示在 LISA 显著性水平图中 P 值 <=0.05;** 表示在 LISA 显著性水平图中 P 值 <=0.01; *** 表示在 LISA 显著性水平图中 P 值 <=0.001.

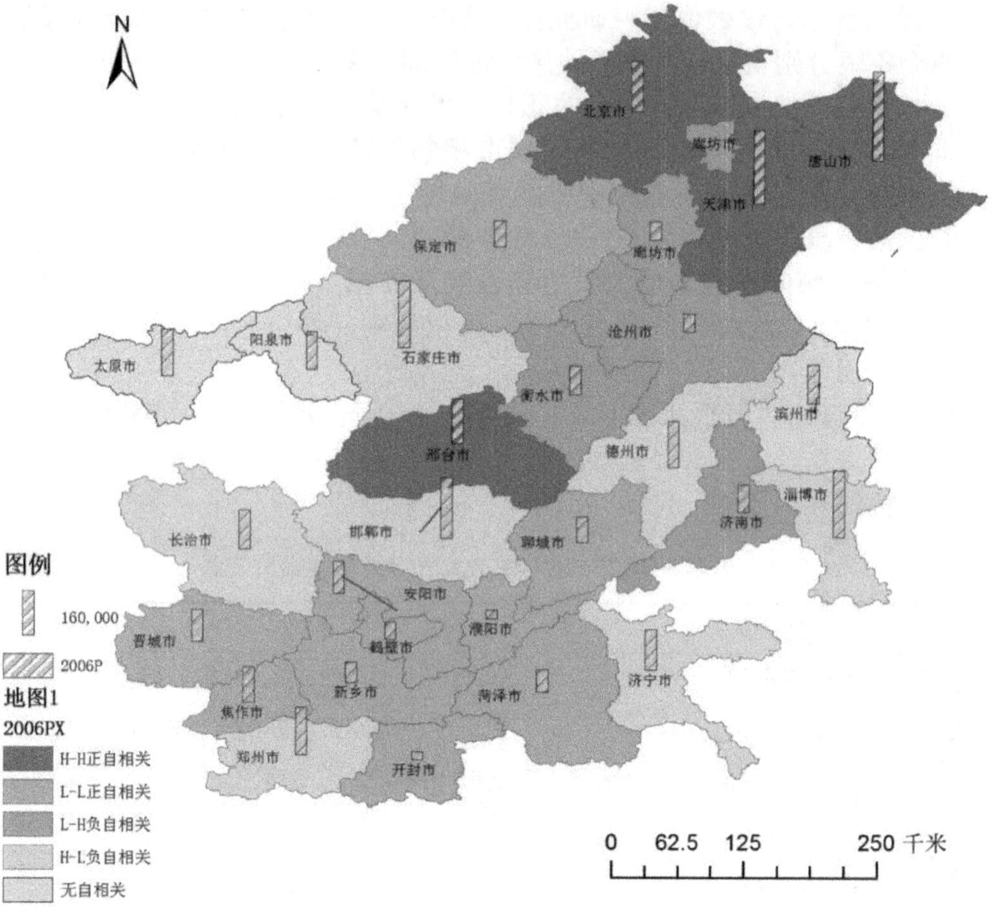

图 4-5　2006 年 "2+26" 城市大气污染水平及空间相关关系图

由表 4-3、图 4-5 可知，2006 年共有 4 个城市表现大气污染水平高—高聚集；10 个城市表现低 - 低聚集；4 个城市表现低 - 高负相关关系，表示这些低污染水平的城市的周边城市污染水平较高；10 个城市表现高 - 低负相关关系，表示这些高污染水平的城市周边为低污染水平城市。

大气污染水平较高的城市基本聚集在京津唐地区，山西南部、河南中部大部分城市主要呈现低大气污染水平的聚集。此外，在京津唐以南的城市，如保定、廊坊、沧州、衡水等城市，大气污染水平较低，且没有形成聚集。围绕低污染聚集城市的四周城市，如长治、邯郸、德州、济宁、郑州等城市，污染水平较高，与周边城市的污染水平形成反向对比。

第四章 大气污染与能源消费对区域经济的驱动

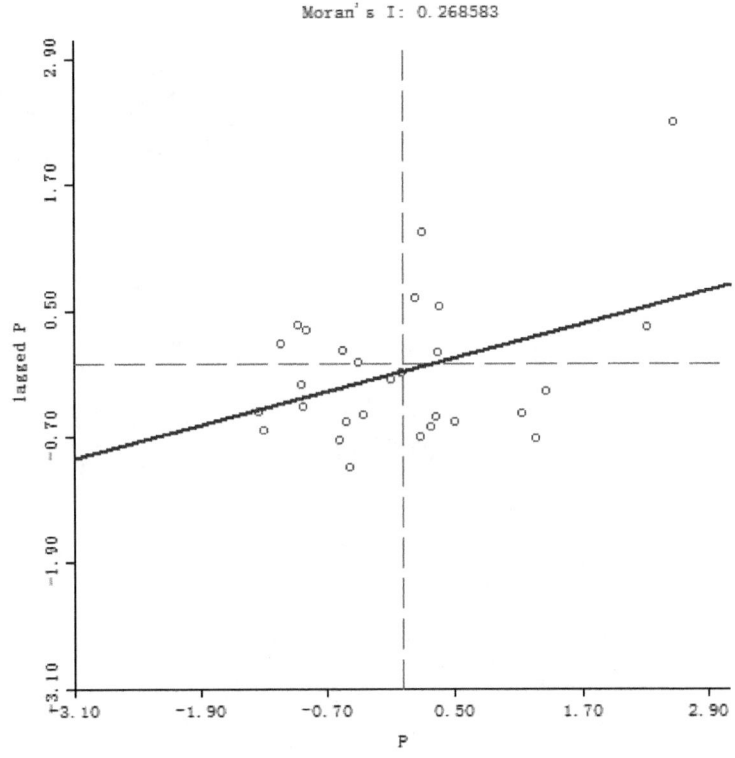

图 4-6　2010 年 "2+26" 城市大气污染 Morans'I 散点图

图 4-6 表示 2010 年 "2+26" 城市大气污染的全域空间分布情况。对 2010 年城市大气污染的 LISA 聚集图和显著性水平图进行整理，得到各城市的空间相关关系及各自的显著性水平，见表 4-4，将空间相关关系及各城市的大气污染水平标注在地图中，见图 4-7。

表 4-4　2010 年 "2+26" 城市大气污染空间相关关系

象限	空间相关关系	城市
第一象限	H-H 正自相关	北京市、唐山市*②、阳泉市、天津市、邢台市、太原市
第二象限	L-H 负自相关	滨州市、沧州市、廊坊市、衡水市
第三象限	L-L 正自相关	安阳市、鹤壁市、新乡市、濮阳市*、开封市*、焦作市、聊城市、菏泽市、保定市
第四象限	H-L 负自相关	长治市、济宁市、德州市*、郑州市、淄博市、石家庄市、邯郸市*
横跨象限	无自相关	济南市、晋城市

① *表示在 LISA 显著性水平图中 P 值 <=0.05;** 表示在 LISA 显著性水平图中 P 值 <=0.01; *** 表示在 LISA 显著性水平图中 P 值 <=0.001.

基于区域视角的大气污染控制经济分析

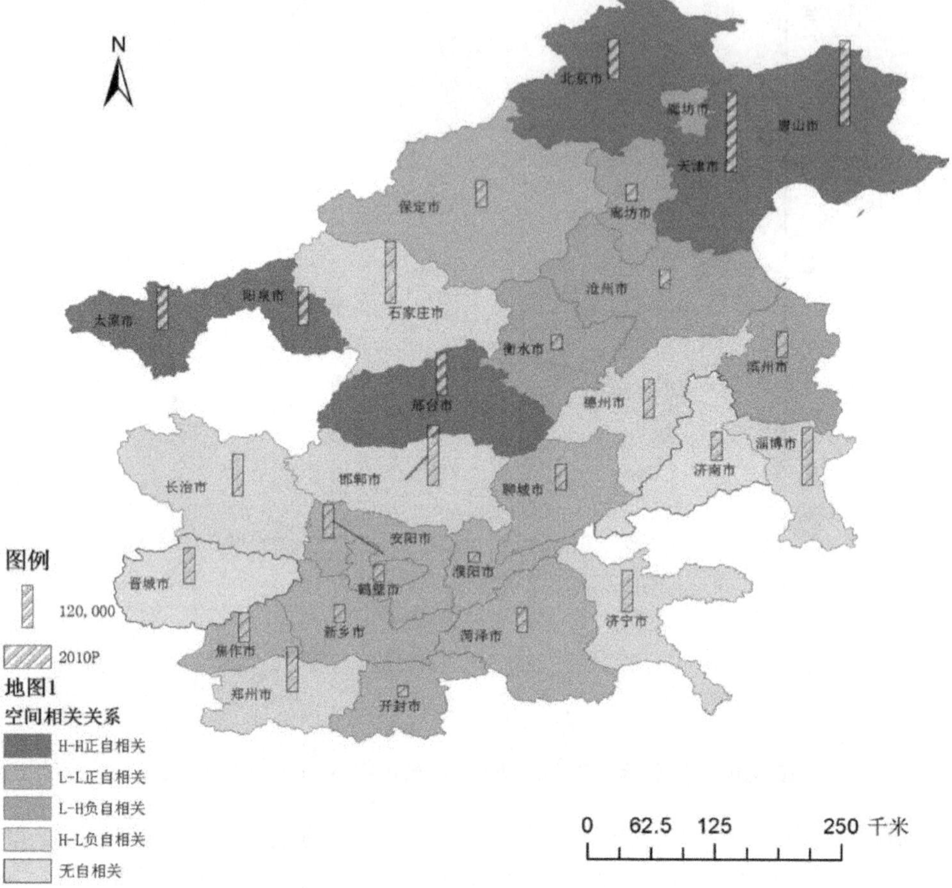

图 4-7 2010 年 "2+26" 城市大气污染水平及空间相关关系图

由表 4-4、图 4-7,2010 年共有 6 个城市表现大气污染水平高 - 高聚集,相比 2006 年新增太原、阳泉及邢台等三市;9 个城市表现低 - 低聚集,晋城市由低 - 低自相关变为无自相关关系;4 个城市表现低 - 高负相关关系;7 个城市表现高 - 低负相关关系。

大气污染水平较高的城市除了在京津唐聚集外,太原、阳泉、邢台等中部城市也形成了一定的高—高聚集形式,而低污染水平的聚集区域相比 2006 年有所缩小。表明在 2006~2010 年期间,京津冀及周边地区的大气污染水平有明显上升,高污染聚集城市增多且有一定南移,低污染聚集城市减少。

第四章 大气污染与能源消费对区域经济的驱动

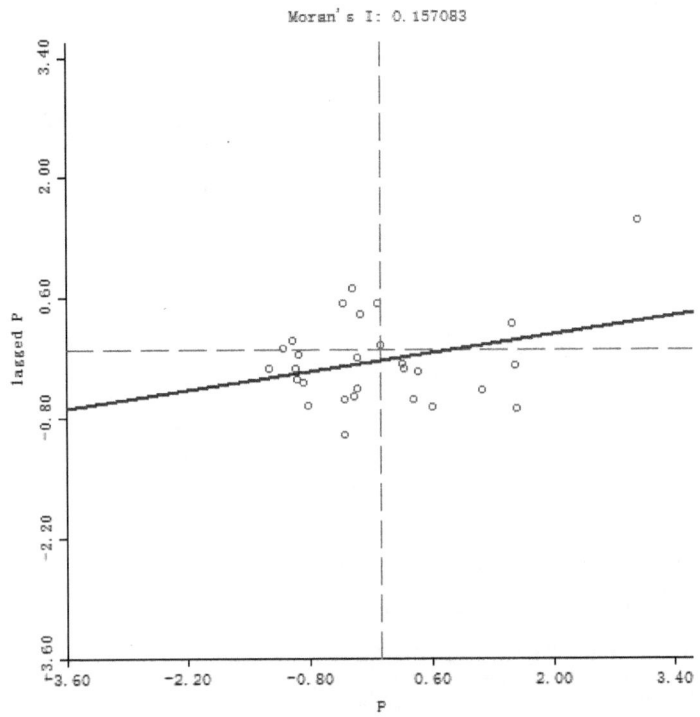

图 4-8　2011 年"2+26"城市大气污染 Morans'I 散点图

图 4-8 表征 2011 年"2+26"城市大气污染的全域空间分布情况。对 2011 年城市大气污染的 LISA 聚集图和显著性水平图进行整理,得到各城市的空间相关关系及各自的显著性水平,见表 4-5,将空间相关关系及各城市的大气污染水平标注在地图中,见图 4-9。

表 4-5　2011 年"2+26"城市大气污染空间相关关系[①]

象限	空间相关关系	城市
第一象限	H-H 正自相关	唐山市、天津市
第二象限	L-H 负自相关	北京市、阳泉市、滨州市、廊坊市
第三象限	L-L 正自相关	晋城市、鹤壁市、濮阳市、新乡市、焦作市、德州市、聊城市、菏泽市、开封市*、保定市、沧州市
第四象限	H-L 负自相关	太原市、安阳市、长治市、济宁市、郑州市、石家庄市、淄博市、邯郸市*
横跨象限	无自相关	济南市、邢台市、衡水市

---

① * 表示在 LISA 显著性水平图中 P 值 <=0.05;** 表示在 LISA 显著性水平图中 P 值 <=0.01; *** 表示在 LISA 显著性水平图中 P 值 <=0.001。

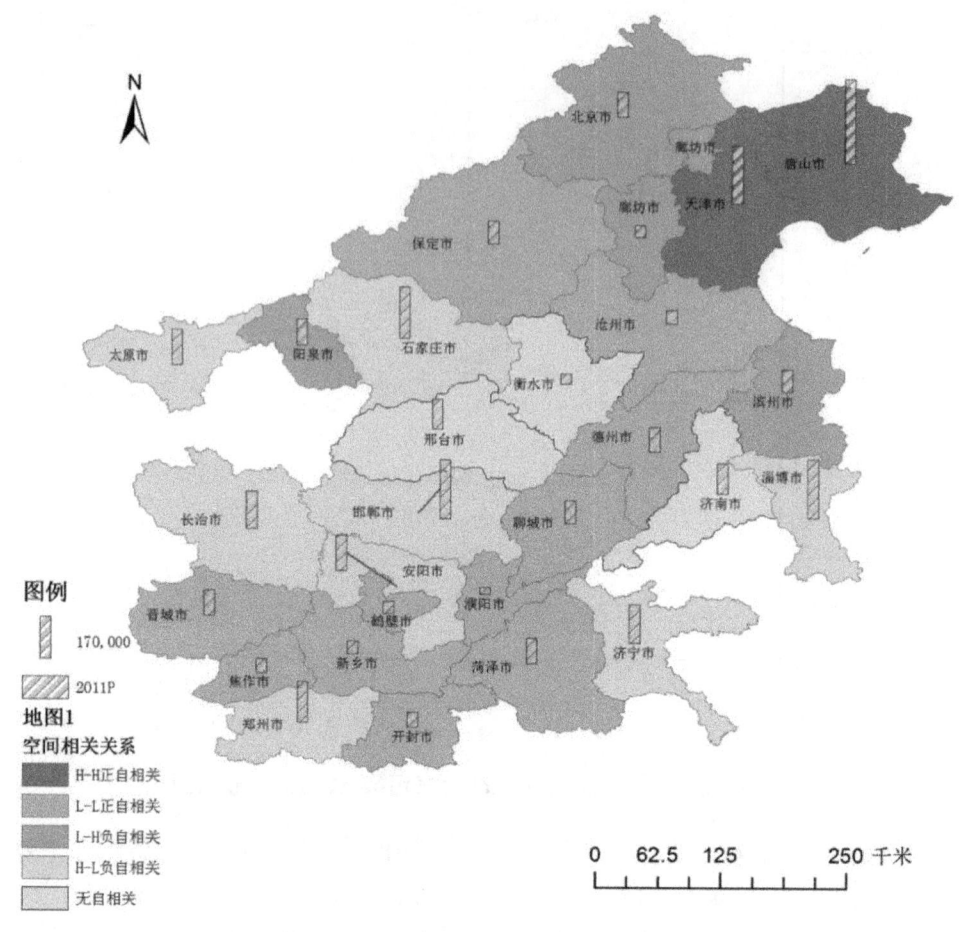

图4-9　2011年"2+26"城市大气污染水平及空间相关关系图

由表4-5、图4-9可知，2011年共有2个城市表现大气污染水平高-高聚集，相比2010年减少北京、太原、阳泉及邢台市；11个城市表现为低-低聚集，新增沧州、德州及晋城等三市，究其原因在于这些城市大气污染排放明显减少；4个城市表现低—高负相关关系；8个城市表现高-低负相关关系。

2010~2011年间，城市大气污染程度空间聚集程度有明显改变，Morans'I指数相比2006~2010年明显降低，说明该地区空间自相关程度下降。高污染聚集地区仅有天津市和唐山市，低污染聚集区域向东北方向扩大，呈现带状分布。北京市和德州市的大气污染缓解程度最明显，也由此带动了区域所有城市的空间分布改变。

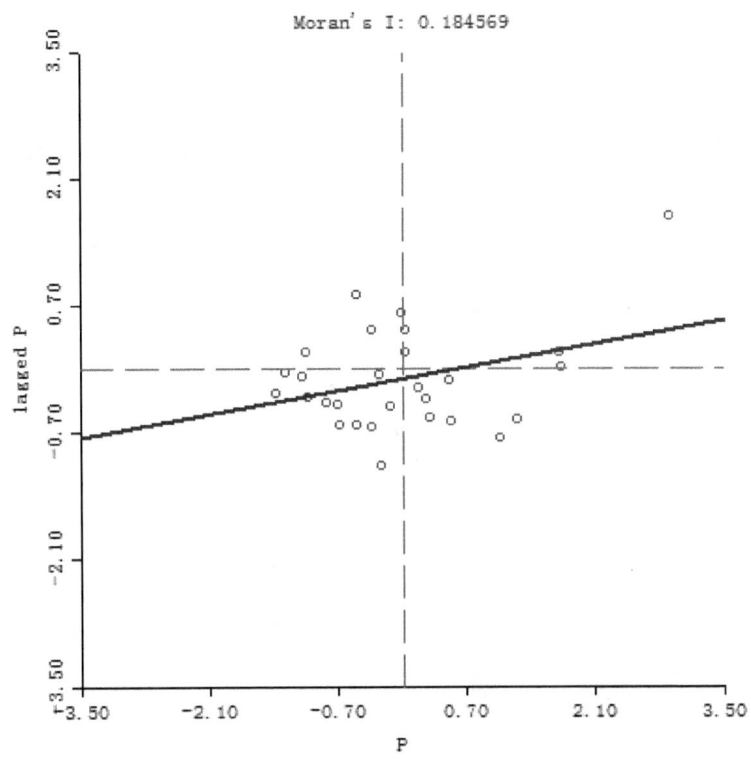

图 4-10 2015 年 "2+26" 城市大气污染 Morans'I 散点图

图 4-10 表示 2015 年 "2+26" 城市大气污染的全域空间分布情况。对 2015 年 "2+26" 城市大气污染的 LISA 聚集图和显著性水平图进行整理，得到各城市的空间相关关系及各自的显著性水平，见表 4-6，将空间相关关系及各城市大气污染水平标注在地图中，见图 4-11。

表 4-6 2015 年 "2+26" 城市大气污染空间相关关系 [①]

象限	空间相关关系	城市
第一象限	H-H 正自相关	天津市、唐山市
第二象限	L-H 负自相关	北京市、阳泉市、廊坊市
第三象限	L-L 正自相关	沧州市、晋城市、濮阳市、鹤壁市、新乡市、焦作市、德州市、聊城市、保定市、菏泽市、开封市*
第四象限	H-L 负自相关	太原市、济宁市、安阳市、长治市、郑州市、邯郸市*、石家庄市
横跨象限	无自相关	滨州市、邢台市、济南市、衡水市、淄博市

① * 表示在 LISA 显著性水平图中 P 值 <=0.05;** 表示在 LISA 显著性水平图中 P 值 <=0.01; *** 表示在 LISA 显著性水平图中 P 值 <=0.001.

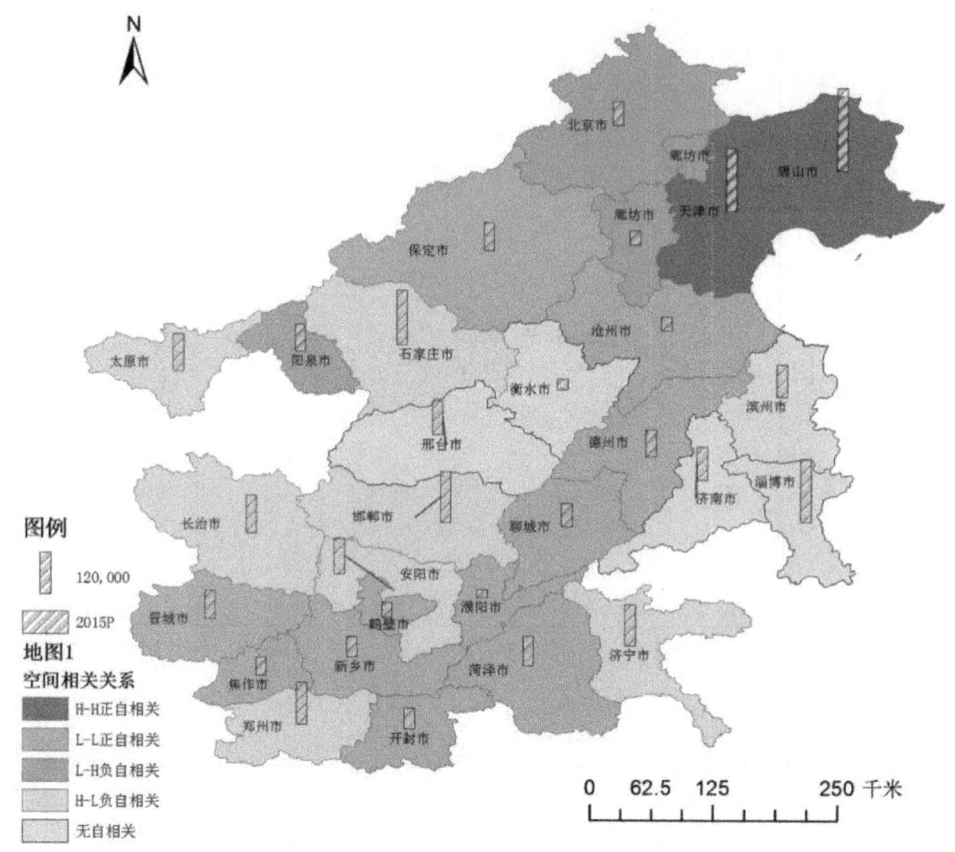

图 4~11 2015年"2+26"城市大气污染水平及空间相关关系图

由表4-6、图4-11可知,2015年共有2个城市表现大气污染水平高—高聚集;11个城市表现低—低聚集,与2011年一致;3个城市表现低—高负相关关系,比2011年减少了滨州市;7个城市表现高-低负相关关系;无空间自相关特点的城市增多。

2015年,城市大气污染高-高聚集仍然存在于天津市和唐山市周边,低水平大气污染的聚集主要分布在河北南部,山东西部及河南中部城市,整体呈现U型分布。

通过比较期初和期末的分布变化,可以得出:

(1) 从空间分布上看,高污染聚集区域缩小,且主要分布在唐山和天津地区,预示该区域将是未来京津冀大气污染联防联控的主要地区。大气污染联防联控效果已经初步显现,北京不再呈现高污染聚集状态。低污染聚集区进一步扩大,在空间上形成了连接,呈现带状分布。此外,中部城市的污染水平呈现高-低负相关,例如邯郸、长治、石家庄、太原等城市大气污染水平较高,而位于其东部的聊城、德州、濮阳等城市污染水平较低。

（2）从时间尺度上看，2006～2010年的空间大气污染分布没有明显改善，2010年以后，随着北京、德州等城市大气污染水平的明显改善，京津冀及周边地区城市的空间关系发生了改变。由此可见"十二五"规划期的大气环境改善相比之前有显著效果。

因此，未来京津冀及周边地区的大气污染防治工作主要应集中于天津、唐山构成的高污染聚集区，以及长治、邯郸、石家庄、太原、安阳构成的高污染区域。在污染实际治理过程中，应考虑到城市间的污染传导联系，对高污染聚集城市进行集中治理，加强其跨行政区联防联控的力度，能一定程度上提高污染治理效率。

4.2.3.3 能源消费空间自相关分析

通过对期初年份2006年，转折年份2010和2011年，期末年份2015年的城市间能源消费空间进一步分析，以验证"2+26"城市能源消费是否存在空间自相关性。

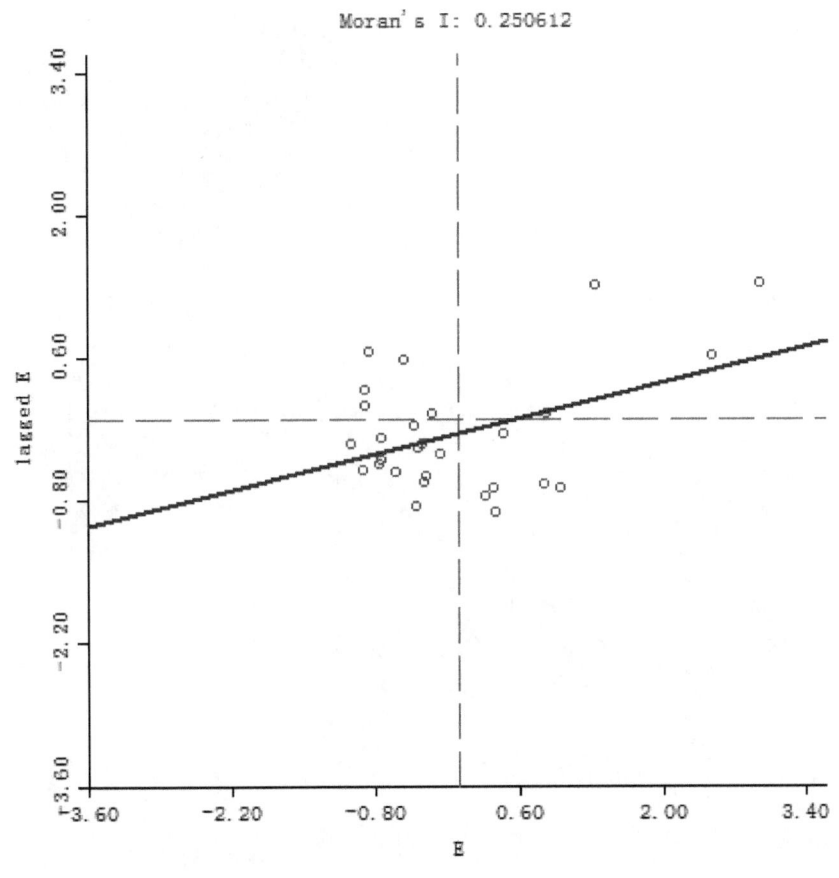

图4-12　2006年能源消费Morans'I散点图

图4-12表示2006年"2+26"城市能源消费的全域空间分布情况。对2006年

城市能源消费的 LISA 聚集图和显著性水平图进行整理，得到各城市的空间相关关系及各自的显著性水平，见表 4-7，将空间相关关系及各城市的能源消费水平标注在地图中，见图 4-13。

表 4-7 2006 年 "2+26" 城市能源消费空间相关关系

象限	空间相关关系	城市
第一象限	H-H 正自相关	唐山市*、北京市、天津市**、淄博市
第二象限	L-H 负自相关	廊坊市、滨州市、阳泉市、衡水市、邢台市
第三象限	L-L 正自相关	沧州市、晋城市、鹤壁市、德州市、聊城市、菏泽市、濮阳市、开封市、安阳市、新乡市*、长治市、焦作市*、保定市
第四象限	H-L 负自相关	济南市、郑州市、济宁市、太原市、邯郸市、石家庄市

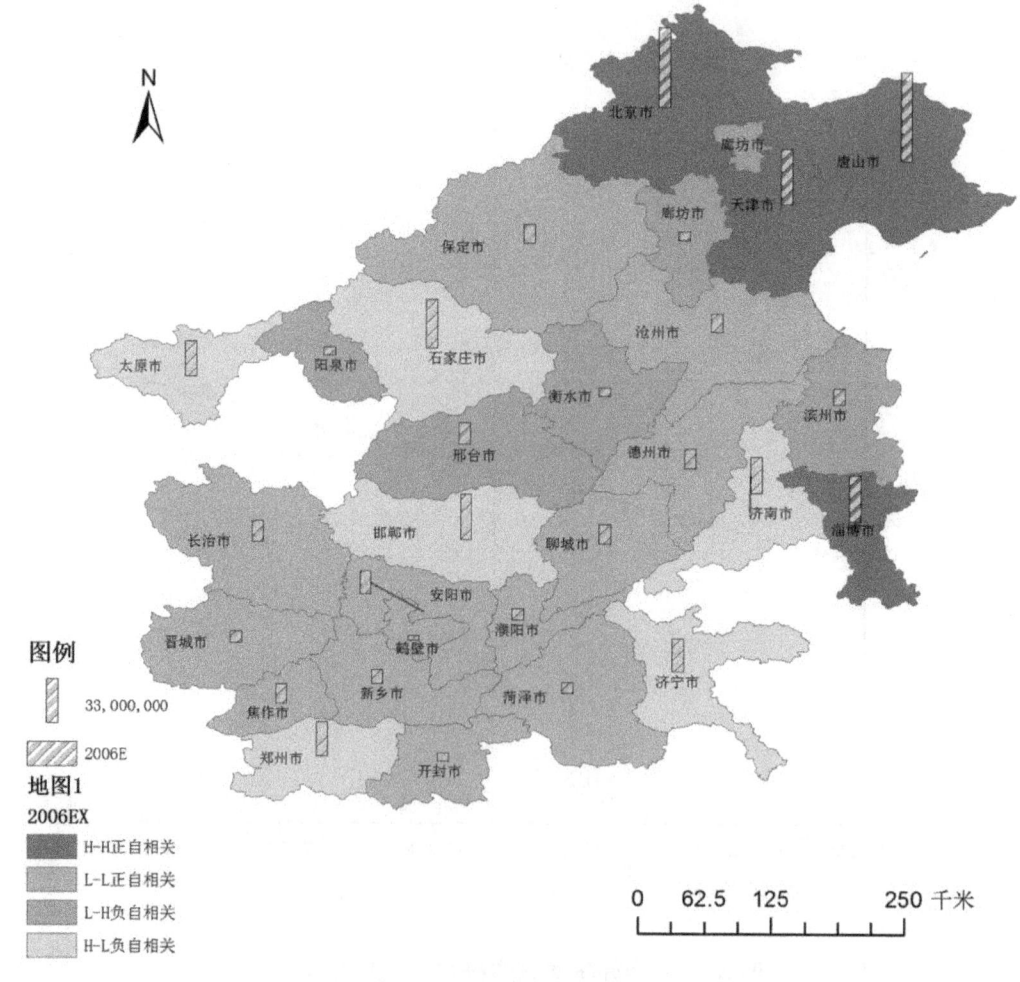

图 4-13 2006 年 "2+26" 城市能源消费水平及空间相关关系图

由表 4-7、图 4-13，2006 年，共有 4 个城市表现能源消费水平高—高聚集，主要集中在京津唐地区以及淄博市；13 个城市表现能源消费低—低聚集，呈现带状分布；5 个城市表现低—高负相关关系；6 个城市表现高—低负相关关系。

与城市大气污染空间分布格局相似，2006 年北京、天津及唐山市能源消费水平极高且呈现聚集形态，石家庄、邯郸、太原、郑州、济宁、济南等城市的能源消费同样较高，但其周边城市，如阳泉、衡水、邢台等城市能源消费较低。由此可以推断，这一时期能源消费较高的城市正处于高速发展期，其经济发展水平在各自的省份区域内都属于领先位置。

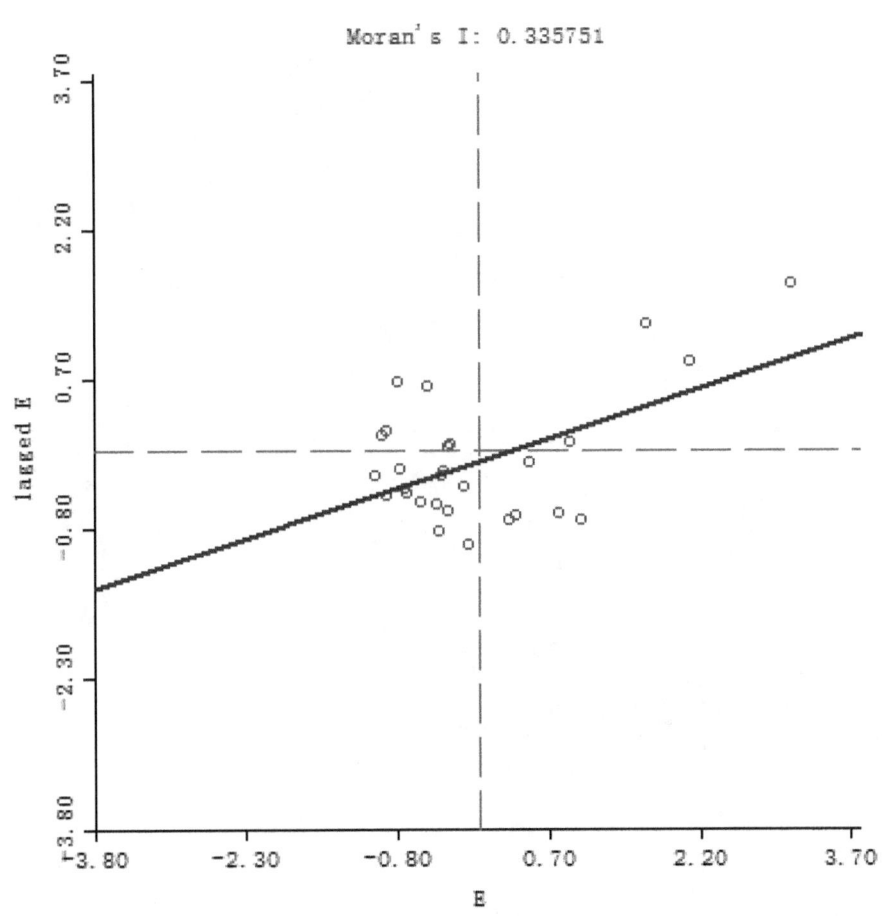

图 4-14　2010 年"2+26"能源消费 Morans'I 散点图

图 4-14 表示 2010 年"2+26"城市能源消费的全域空间分布情况。对 2010 年城市能源消费的 LISA 聚集图和显著性水平图进行整理，得到各城市的空间相关关系及各自的显著性水平，见表 4-8，将空间相关关系及各城市的能源消费水平标注在地图中，见图 4-15。

表 4-8 2010 年"2+26"城市能源消费空间相关关系

象限	空间相关关系	城市
第一象限	H-H 正自相关	北京市、天津市**、唐山市*、淄博市
第二象限	L-H 负自相关	廊坊市、滨州市、衡水市、阳泉市、邢台市、沧州市
第三象限	L-L 正自相关	晋城市、鹤壁市、德州市、聊城市、菏泽市、濮阳市、开封市、太原市、保定市、焦作市*、长治市、新乡市*、安阳市
第四象限	H-L 负自相关	济宁市、郑州市*、济南市、邯郸市、石家庄市

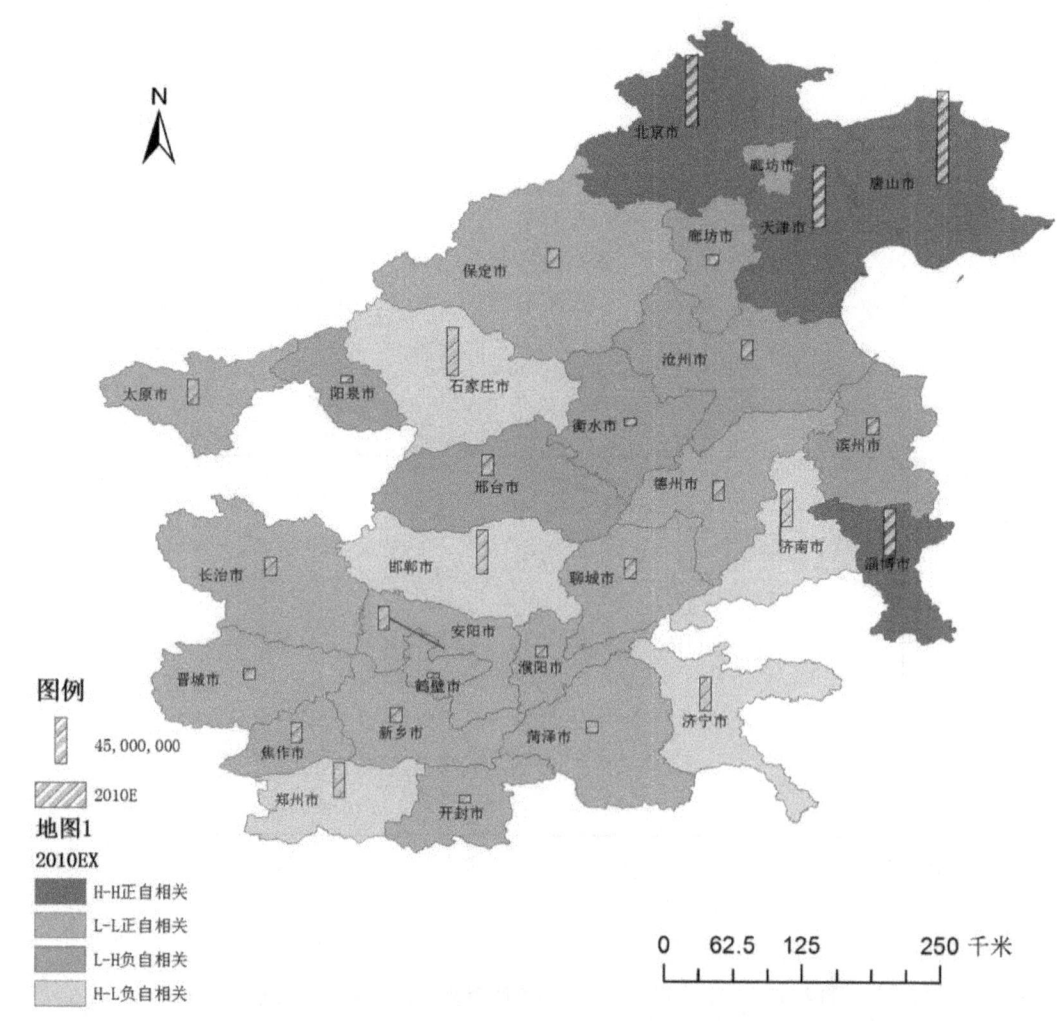

图 4~15 2010 年"2+26"城市能源消费水平及空间相关关系图

由表 4-8、图 4-15,2010 年共有 4 个城市表现能源消费水平高-高聚集,这一情况与 2006 年一致;13 个城市表现能源消费低—低聚集,与 2006 年相比,太原市及周边城市呈现低能耗聚集,沧州市周边城市能耗增加,因此不再表现为低—低聚集,而是变为低—高负相关;6 个城市表现低—高负相关关系;5 个城市表现高—低负相关关系。

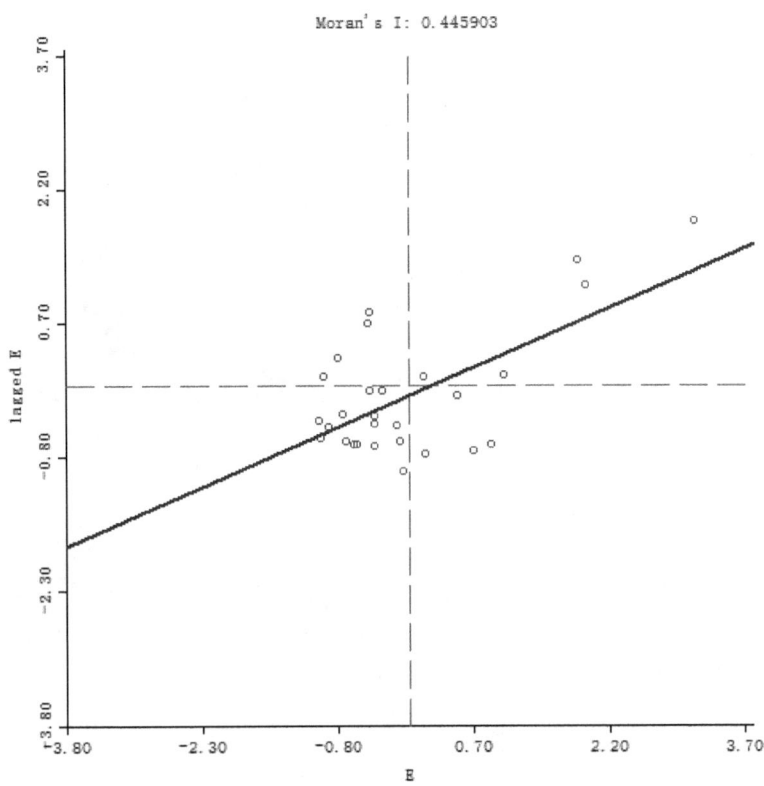

图 4-16　2011 年"2+26"城市能源消费 Morans'I 散点图

图 4-16 表示 2011 年"2+26"城市能源消费的全域空间分布情况。对 2011 年城市能源消费的 LISA 聚集图和显著性水平图进行整理，得到各城市的空间相关关系及各自的显著性水平，见表 4-9，将空间相关关系及各城市的能源消费水平标注在地图中，见图 4-17。

表 4-9　2011 年"2+26"城市能源消费空间相关关系

象限	空间相关关系	城市
第一象限	H-H 正自相关	北京市、天津市**、唐山市、沧州市、淄博市
第二象限	L-H 负自相关	廊坊市、衡水市、滨州市、阳泉市
第三象限	L-L 正自相关	聊城市、安阳市、晋城市、鹤壁市、濮阳市、开封市*、济宁市、保定市、太原市、菏泽市、焦作市**、长治市*、新乡市**
第四象限	H-L 负自相关	济南市、郑州市*、邯郸市**、石家庄市
横跨象限	无自相关	邢台市、德州市

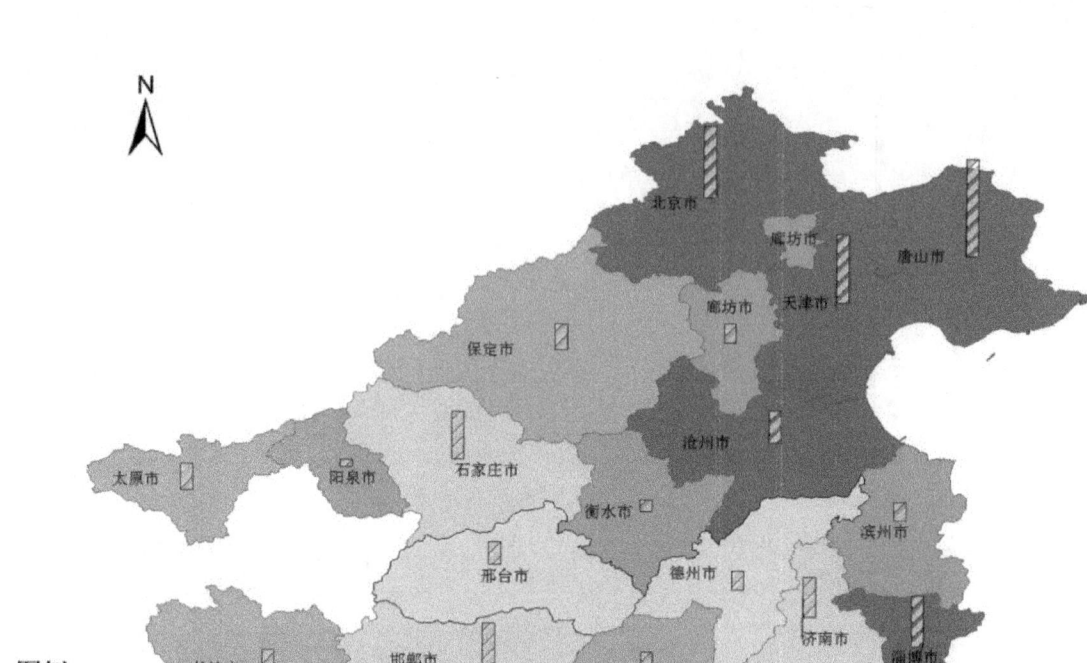

图 4-17 2011 年 "2+26" 城市能源消费水平及空间相关关系图

由表 4-9、图 4-17，2010 年共有 5 个城市表现能源消费水平高—高聚集，随着沧州市能耗水平的进一步提升，相比 2006 年呈现低水平聚集，2010 年沧州市并入高能耗聚集区域；13 个城市表现能耗水平低—低聚集；4 个城市表现低—高负相关关系；4 个城市表现高—低负相关关系。

根据 Morans'I 指数，2011 年城市能源消费空间自相关程度有明显提升。可能由于"十二五"期间，随着京津冀协同发展规范性文件的出台，相邻城市出现一定的能耗趋同现象，北京、天津、唐山等城市的发展带动了沧州市的能耗水平显著提升。

第四章　大气污染与能源消费对区域经济的驱动

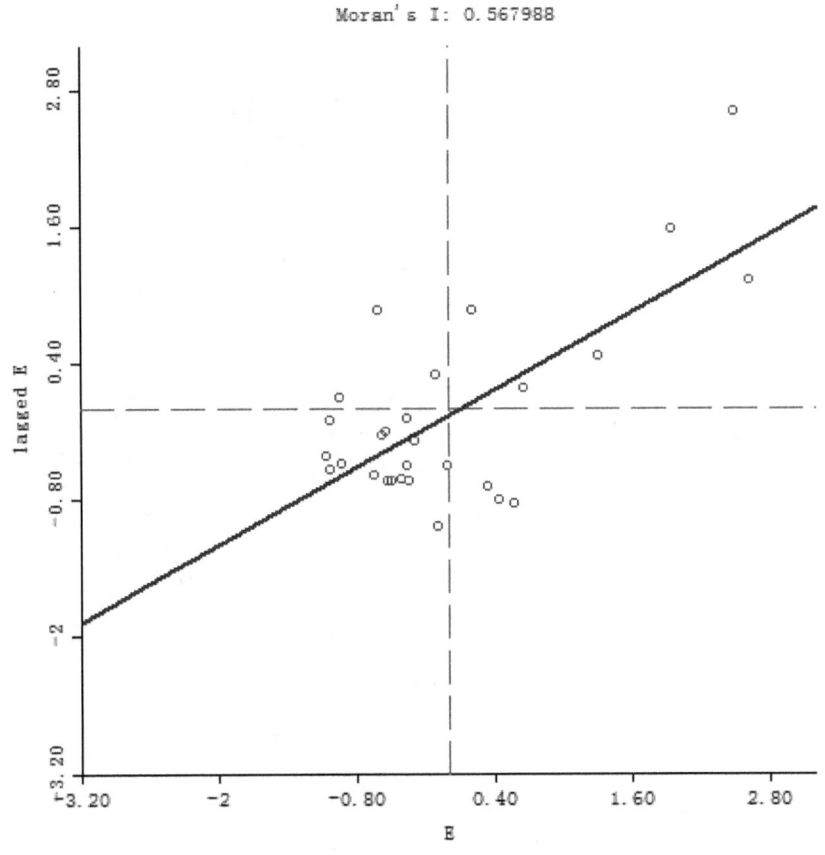

图 4-18　2015 年"2+26"城市能源消费 Morans'I 散点图

图 3-18 表示 2015 年"2+26"城市能源消费的全域空间分布情况。对 2015 年城市能源消费的 LISA 聚集图和显著性水平图进行整理，得到各城市的空间相关关系及各自的显著性水平，见表 4-10，将空间相关关系及各城市的能源消费水平标注在地图中，见图 4-19。

表 4-10　2015 年"2+26"城市能源消费空间相关关系

象限	空间相关关系	城市
第一象限	H-H 正自相关	北京市*、天津市**、唐山市*、淄博市、济南市、滨州市
第二象限	L-H 负自相关	沧州市、廊坊市、衡水市
第三象限	L-L 正自相关	太原市、长治市*、安阳市、菏泽市、焦作市*、聊城市、保定市、邢台市、新乡市**、晋城市、濮阳市*、开封市、鹤壁市、阳泉市、德州市
第四象限	H-L 负自相关	郑州市*、邯郸市*、石家庄市*
横跨象限	无自相关	济宁市

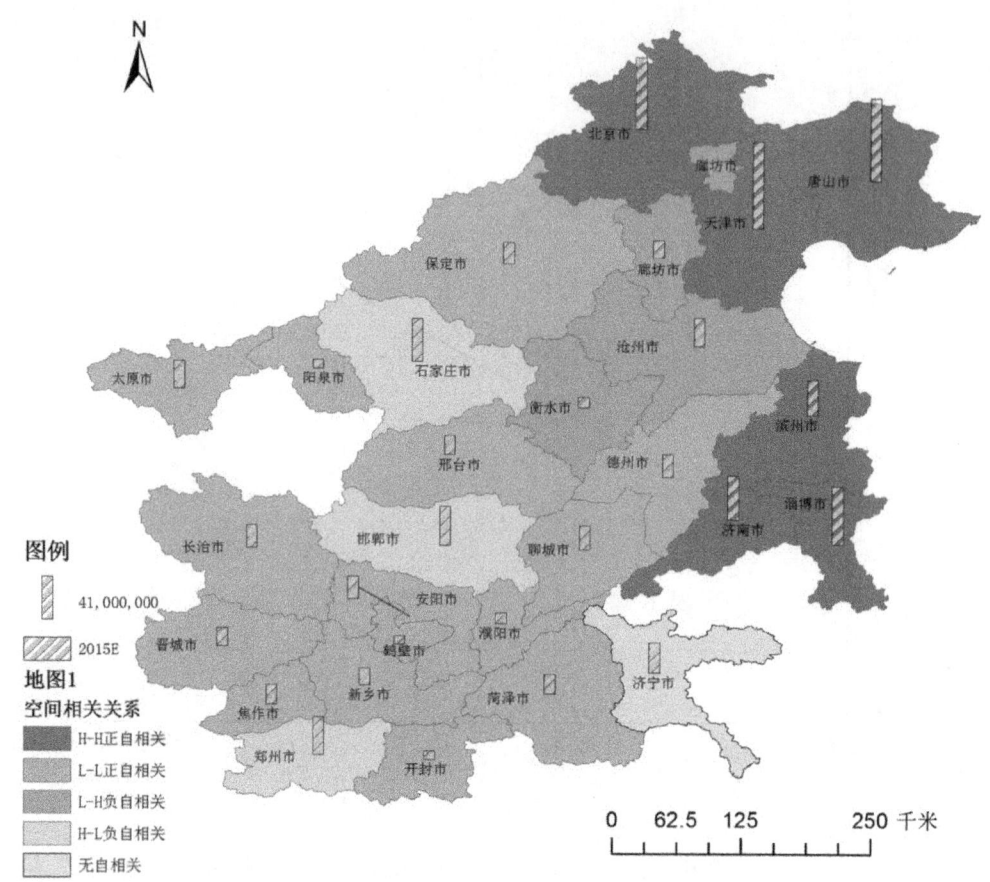

图4-19　2015年"2+26"城市能源消费水平及空间相关关系图

由表4-10、图4-19可知，2015年共有6个城市表现能源消费水平高—高聚集，高能耗聚集区域进一步扩大，除京津唐区域外，滨州、济南、淄博市也形成了一定的城市聚集群；15个城市表现能耗水平低—低聚集，聚集程度进一步扩大，除邯郸、石家庄和郑州能耗水平较高以外，南部城市整体呈现低能耗聚集形式；3个城市表现低—高负相关关系；3个城市表现高—低负相关关系。

2015年城市能源消费空间自相关程度进一步加强，说明这一阶段城市间的能源交换与辐射程度进一步增强，高能耗城市趋向于与高能耗城市相邻，反之亦然。同时，2015年城市能源消费的空间分布产生了一定变化，低能耗聚集范围明显扩大。且从地理位置来看，北部及东部能耗较高，南部能耗较低。

比较期初和期末的能源消费空间聚集程度及空间分布，可得出：

（1）在研究期内，能源消费的空间相关性提升，能源消费的空间联系加强，且2006~2010年间变化空间自相关性与空间分布变化较小，2011~2015年变化较大。

（2）在研究区域内，与大气污染的空间关系基本一致，京津唐的能耗水平较高。值得注意的是，北京市的能耗水平在研究期内始终呈现高水平聚集形式，但其大气污染水平自 2010 年后逐渐降低，至研究期末时呈现低污染-高耗能状态，一定程度上可能由于唐山、天津等城市承接了北京的部分高污染企业。

因此，京津冀及周边地区的协同发展不应以单极发展为主，而应该充分利用城市及周边地区的资源优势，实现优势互补，共同发展。

以上的空间自相关指标仅提供是否具有空间效应的初步检验，深入检验需要进一步建立正式的空间计量模型。

4.3 区域经济增长的驱动力剖析

4.3.1 方法构建

4.3.1.1 空间面板模型选择

通过 Morans'I 指数检验后，证实在研究城市经济增长的影响因素时应考虑到城市间各要素的空间相关性，否则会导致估计量有偏或不一致，因此，应建立空间计量模型进行分析。

空间计量经济学放松了观测值之间相互独立这一计量经济学经典假设。将空间自相关性纳入模型构建后，计量模型的解释变量里可以包含被解释变量的空间滞后项，解释变量的空间滞后项，以及空间误差项的空间滞后项。

Anselin（1988）将空间计量经济学模型分为空间自回归模型和空间误差模型，以区分被解释变量中包含的空间效应和误差项中包含的空间效应。

空间自回归模型（Spatial Autoregressive Model，SAR）也称空间滞后模型。空间滞后模型是指在模型中引入被解释变量的空间滞后项。空间自回归模型假定被解释变量受空间上邻近观测点的观测值的影响，即一个观测点被解释变量的值与相邻观测点的该值相关。

空间误差模型（Spatial Error Model，SEM）是指在模型中引入误差项的空间滞后项，目的是对空间不同地区异质性的解释。空间误差模型假定误差项存在空间自相关，因此经典计量经济学假设无法得到满足。在空间误差模型中，空间效应实质上度量了相邻观测点的扰动影响。

空间面板自回归模型的一般标准形式为：

$$Y_t = \delta W Y_t + \tau Y_{t-1} + X_t \beta + \psi_t \tag{4-2}$$

空间面板误差模型的一般标准形式为：

$$Y_t = \tau Y_{t-1} + X_t \beta + \mu + \psi_t \tag{4-3}$$

$$\psi_t = \delta W \psi_t + \varepsilon_t \tag{4-4}$$

其中，X_t、Y_t分别是自变量与因变量，Y_t表示由每个空间观测点的因变量取值在 t 时期（其中 t=1,2,…,T）的观测值组成的向量。τ、β为变量系数，δ为空间自相关系数。μ、ψ_t、ε_t是扰动项。W为 N×N 空间权重矩阵。

在上述一般模型中，如果$\tau=0$、$\psi_{it}=0$，则该模型为静态非空间面板模型，如果$\tau=0$、$\psi_{it}\neq 0$，则该模型为静态空间面板模型，如果$\tau\neq 0$、$\psi_{it}\neq 0$，则该模型为动态空间面板模型。

随着空间计量经济学的发展，越来越多的学者开始关注动态空间面板数据模型。动态空间面板数据模型是由静态面板数据模型发展而来的，这类模型具有时间和空间相关性，大多用来研究待估参数的渐近性质（Elhorst, 2003；Kapoor, 2003；Baltagi et al., 2013），以及根据时间序列进行预测等（Baltagi et al., 2004）。

动态空间面板模型的估计方法主要通过对传统极大似然估计法的改良实现。Elhorst（2005）提出用无条件极大似然估计方法估计动态空间面板模型。Hsiao 等（2002）证明，采用这种估计方法，当 N 时，T 取任意值均可得到和的一致估计量。因此，该方法得到的极大似然估计值是渐进有效的，具体估计过程如下：

在$\tau\neq 0, \psi_{it}\neq 0$时，对上述模型方程进行一阶差分，有：

$$\Delta Y_t = \tau^m \Delta Y_{t-m} + B^{-1}\Delta\varepsilon_t + \tau B^{-1}\Delta\varepsilon_{t-1} + L\ldots\ldots + \tau^{m-1}B^{-1}\Delta\varepsilon_{t-(m-1)} + \sum_{j=0}\tau^j \Delta X_{t-j}\beta = \tau^m \Delta Y_{t-m} + \Delta e_t + X^* (4-5) \tag{4-5}$$

假设ΔY_1对于而言，所有空间观测点的期望相同，则$E(\Delta Y_1) = \pi_0 I_N$，其中$I_N$为 N×1 单位向量，$\pi_0$为待估计参数。

因此，当X_t固定时，有$E(\Delta X_t) = 0$，进而$E(\Delta Y_1) = \tau^m \Delta Y_{t-m}$，因为$X^*$无法观测，因此$Var(\Delta Y_1)$不确定，从而关于$\Delta Y_1$的可能性方程也是不确定的。

根据 Nerlove 和 Balestra（1995）提出的X^*的估计方法，用解释变量 X 的协方差矩阵$\sum X_t$替代方差X_{t-j}（其中 j=0, …, m-1），由于该矩阵可以通过所选取的样本数据确定，因此能够计算出确定的方差。即：

$$X_{tk} = \tau_{X_k} X_{t-1, k} + \gamma_t, \quad \gamma_t \sim N(0 \quad \sigma^2_{\gamma X_k} I_N) \tag{4-6}$$

构建式（4-5）的回归方程：

$$Var(\Delta Y_1) = Var(\Delta e_1) + Var(X^*) = \sigma^2 v_b B^{-1} B^{'-1} +$$

$$\left(\frac{1-\tau^m}{1-\tau}\right)^2 {}'\sum\nolimits_{\Delta X} \times I_\square \equiv {}^2 B^{-1}\left[v\, I + \left(\frac{1-\tau^m}{1-\tau}\right)^2 \frac{\beta'\sum\nolimits_{\Delta X}\beta}{2} \times BB'\right] B'^{-1} \quad (4\text{-}7)$$

Δe 的协方差矩阵可记为：

$$Var(\Delta e) = \sigma^2 \left[\left(I_T \otimes B^{-1}\right) H_{V_{NB}} \left(I_T \otimes B'^{-1}\right)\right] \quad (4\text{-}8)$$

从而可得对数似然函数如下：

$$LogL = -\frac{NT}{2}log(2\pi\sigma^2) + T\sum\nolimits_{i=1}^{N} log(1-\delta\omega_i) - \frac{1}{2}\sum\nolimits_{i=1}^{N} log$$

$$\left(1 - T + T \times \frac{2}{1+\tau}\left(1+\tau^{2m-1}\right) + T\left(\frac{1-\tau^m}{1-\tau}\right)^2 \frac{\beta'\sum\nolimits_{\Delta X}\beta}{\sigma^2}(1-\delta\omega_i)^2\right) - \frac{1}{2\sigma^2}\Delta e^* H_{V_{NB}}^{-1} \Delta e^*$$

$$(4\text{-}9)$$

Nerlove 和 Balestra（1995）研究得出，如果随机变量有确定的方差和协方差，并且是由平稳过程产生的，则所计算的极大似然估计具有一致性。

针对空间滞后模型与空间误差模型的选择，目前国内文献研究主要包含以下三种情况：

① 选择其中一种模型，或同时构建两种模型并估计，再比较两者的统计检验结果后进行选择（王火根等，2007；骆永民，2008）；

② 考虑空间误差模型和空间滞后模型构建的原理，根据研究区域现实情况，直接选取其中一种模型进行估计（陈晓玲等，2006；吴玉鸣，2012）；

③ 根据统计检验结果，即横截面数据的 LM_{LAG}、LM_{ERR} 检验，比较两者自相关的显著程度来选取模型进行估计（夏帆，2007；黄苹，2008）。

针对以上三种情况，现有文献使用最多的方法是进行拉格朗日乘数检验（LM 检验），即测算 Burridge（1980）提出的检验统计量 LM_{ERR}，以及 Anselin（1988）提出的检验统计量 LM_{LAG}。通过比较两个统计量的显著程度，拉格朗日乘数检验可以得出在区域内占主导地位的空间自相关项。

LM 检验的具体步骤为：首先进行 LM_{ERR} 检验和 LM_{LAG} 检验，如果两者都显著，说明存在空间自相关，其次进行 robust LM_{ERR} 和 robust LM_{LAG} 统计量检验。如果 robust LM_{ERR} 和 LM_{ERR} 的显著性水平分别大于 robust LM_{LAG} 和 LM_{LAG}，则说明空间误差项更加显著，应构建空间误差模型，反之应构建空间滞后模型。在选定模型的同时，还应该结合具体的研究问题，以提高模型估计的有效性（季民河等，2011）。

此外，空间面板模型可分为固定效应模型和随机效应模型。对每个空间单元而言，都存在一个可变截距。固定效应模型是指用一个亚变量来度量该可变截距，该模型消除了由个体固有差异所导致的异方差。随机效应模型中的该可变截距是一组随机变量，且与随机误差项相互独立，满足同方差假定。

目前文献对于固定效应与随机效应的选择，普遍使用以下两种方法：

① 从随机效应和固定效应的理论出发，如果所选择的样本是全部母体，样本的均值和方差无法事先测量，则使用固定效应模型更为合适。如果样本是从母体中随机抽样而选取的，则每个观测点的个体效应有确定的均值和方差，采用随机效应模型更适合（Hsiao,1986；Wooldridge, 2001）。

② 从统计角度出发，如果个体效应与自变量不相关，则该效应为随机效应，应构建随机效应模型；如果个体效应与解释变量相关，应构建固定效应模型。这种检验个体效应是否与模型中观测到的解释变量相关的检验方法称之为 Hausman 检验（Hausman,1978）。Baltagi et al（2007）将 Hausman 检验推广到空间面板数据应用中。

由于目前国内关于经济增长空间效应的实证研究普遍选取的范围是省域范围，所选取的样本一般是整体，故大部分研究都使用固定效应模型进行实证分析，采用随机效应模型的研究较少。类似的国外文献研究同样较少，有 Kapoor（2003）构建了空间随机效应模型，并在其中论证了随机效应模型优于固定效应模型的情况。

综合上述分类，空间面板模型可以分为：① 具有固定效应的空间自相关模型；② 具有固定效应的空间误差模型；③ 具有随机效应的空间自相关模型；④ 具有随机效应的空间误差模型。空间面板模型的选择步骤为：

① 构建拉格朗日乘数统计量，即 LM_{LAG}、LM_{ERR}、Robust LM_{LAG}、Robust LM_{ERR} 进行空间相关性检验，如果 LM 检验拒绝了非空间模型，则说明存在空间相关性，应该采用空间模型；

② 比较 LM_{LAG}、LM_{ERR}、Robust LM_{LAG}、Robust LM_{ERR} 统计量的显著程度，如果空间滞后项显著程度大于空间误差项显著程度，则采用空间自相关模型，反之则采用空间误差模型。

③ 使用空间 Hausman 检验，检验个体效应与模型中观测到的解释变量是否相关，如果拒绝随机效应的原假设，则选择固定效应模型，反之选择随机效应模型（刘晓红等，2017）。

4.3.1.2 投入产出模型

在经济学中常用生产函数表示投入与产出之间的映射关系（胡秋阳，2019），一个地区的生产函数关系可以用柯布—道格拉斯（Cobb-Douglas）函数表示。

$$Y = AK^{\alpha}L^{\beta} \tag{4-10}$$

其中，α、β 分别是是资本份额与劳动份额的弹性系数；Y 表示经济总产出；A 为全要素生产率；K 为资本存量的投入。

该生产函数在解释经济产出时只考虑了两个投入要素,即资本和劳动力。随着现代社会经济的发展,能源投入和环境污染对生产过程的影响日渐增大,因此本研究将能源消费和大气污染也作为投入要素来研究。

Nerlove(1965)对传统 C-D 生产函数进行改进,构建美国电力工业生产函数模型,本研究借鉴这一思路,将一个城市的投入产出函数改进为:

$$Y = AK^{\alpha}L^{\beta}E^{\theta}P^{\nu} \tag{4-11}$$

其中,Y 表示经济产出,用 GDP 表征;A 为全要素生产率;K 为资本投入,用资本存量表征;L 为劳动力投入,用劳动力人数表征;P 表示大气污染造成的环境投入,用二氧化硫排放量表征;E 表示能源投入,用能源消费量表征。α, β, θ, γ 表示各自的弹性系数。

对式(4-11)进行对数化处理,表示如下:

$$InY_{it} = A_i + \alpha_i InK_{it}\ \beta_i InL_{it} + \theta_i InE_{it} + \gamma_i InP_{it} \tag{4-12}$$

其中,i 代表城市,t 代表时间。

通过空间相关性检验之后,根据一般理论模型的形式,引入一阶空间滞后变量,对式(4-12)变形从而得到新的空间计量模型如下:

空间面板自回归模型形式:

$$InY_{it} = C + \tau InY_{it-1} + \delta WInY_{it} + \alpha_i InK_{it}\ \beta_i InL_{it} + \theta_i InE_{it} + \gamma_i InP_{it} + \psi_t \tag{4-13}$$

空间面板误差模型形式:

$$InY_{it} = C + \tau InY_{it-1} + \alpha_i InK_{it} + \beta_i InL_{it} + \gamma_i InP_{it} + \theta_i InE_{it} + \mu + \emptyset_t \tag{4-14}$$

$$\emptyset_t = \delta W\Psi_t + \varepsilon_t \tag{4-15}$$

其中 $InK_{it}, InL_{it}, InP_{it}, InE_{it}$,是自变量;$InY_{it}$ 是因变量,$\tau, \delta, \alpha_i, \beta_i, \gamma_i, \theta_i$ 为变量系数。$\tau = 0$,$\psi_{it} \neq 0$ 时为静态空间面板数据模型,$\tau \neq 0$,$\emptyset_{it} \neq 0$ 时为动态空间面板数据模型。

4.3.1.3 空间权重矩阵构建

度量城市间的地理距离是构建空间计量模型的前提。相比于时间滞后,空间滞后更为复杂,需要借用空间权重来衡量个体的空间滞后。记区域 i 与区域 j 之间的空间距离为 ω_{ij},则将"空间权重矩阵 W"定义如下:

$$W = \begin{bmatrix} \omega_{11} & \cdots & \omega_{1n} \\ \vdots & \ddots & \vdots \\ \omega_{n1} & \cdots & \omega_{nn} \end{bmatrix} \tag{4-9}$$

空间权重矩阵 W 为对称矩阵，主对角线上的元素 $\omega_{11} = \ldots = \omega_{nn} = 0$

在以往文献研究中，空间权重矩阵的设置方法主要为：相邻元素记为 1，不相邻元素记为 0（吴玉鸣等，2008）。这种权重矩阵的设定一定程度上反映了城市间的相互联系与影响，但并不准确。由于京津冀及周边地区正是基于大气污染传输通道所建立，污染转移和能源消费受空间因素作用不光体现在与之接壤的城市，接近但不接壤的城市之间也可能存在空间上的相互影响。因此简单地用地理邻接矩阵表示城市之间的影响关系与实际情况存在一定偏差，用地理距离表示城市间的空间关系则进一步修正了这个问题。

基于此，分别建立地理邻接空间权重矩阵和地理距离空间权重矩阵，并对两种空间权重矩阵下的空间计量模型结果进行参数比照，可以完善研究结果。

因此，构建空间权重矩阵如下：

（1）空间邻接矩阵（W1）

$$\omega_{ij} = f(x) = \begin{cases} 1, & i \text{ 和 } j \text{ 空间邻接} \\ 0, & i \text{ 和 } j \text{ 空间不邻接} (i \neq j) \end{cases} \quad (4\text{-}11)$$

其中，ω_{ij} 为矩阵 W1 的元素，采用 queen 共边或共点邻接，即共点或共边的城市均记为相邻。

（2）地理距离空间权重矩阵（W2）

$$\omega_{ij} = 1/d \quad (4\text{-}11)$$

其中，ω_{ij} 为矩阵 W2 的元素，d 表示 i 城市中心与 j 城市市中心最近公路里程。以往研究的距离取值包括直线距离、铁路距离、最短公路里程等（李富有等，2014）。在本研究中，主要考虑城市间经济产出及能源消耗的交换与转移，若采用直线距离会低估空间传输成本。同时，大气污染的跨区域传输也受到地理地形因素的影响，例如山丘阻断等。因此本研究采用城市市中心最近公路里程数来表征城市间的地理距离。在这种情况下，通过地图经纬度数据测算的直线距离不再适用，故采取智能地图测算市中心最近公路里程。

4.3.2 指标与数据来源

4.3.2.1 资本存量测算

本研究对城市固定资本存量的估算主要参考柯善咨和向娟（2012）对 1996~2009 年间 268 个地级市资本存量的估算方法，同时也借鉴了单豪杰

(2008)、张军（2004）的部分研究成果。

目前关于资本存量的估算，国际上比较通用的方法是运用永续盘存法进行估计。该方法最早由 Goldsmith（1951）提出，其核心假设是资本相对效率成几何模式衰减。计算公式为：

$$K_t = \sum_{t=0}^{\infty} \omega_\tau I_{t-\tau} \tag{4-12}$$

其中，ω_τ 是 τ 年前投资所占比例，$I_{t-\tau}$ 是 τ 年前的不变价格投资额。

柯善咨和向娟（2012）估算了 1996~2002 年，全国各省市基本建设项目和更新改造项目的加权平均建设周期，从而将固定资产投资的建设周期设为 3 年，本研究参考这一结果，即 t 年新增的固定资产投资额为：

$$I'_t = (I_t + I_{t-1} + I_{t-2})/3 \tag{4-13}$$

因永续盘存法假设：资本品效率是按照几何模式递减的。以 m_τ 代表役龄 τ 年的资本品损失效率，那么 t 年以前资本品的总折旧量为：

$$\sum_{\tau=1}^{\infty} m_\tau I'_{t-\tau} \tag{4-14}$$

t 年净增的固定资产存量，等于 t 年新增的固定资产量减去重置资本：

$$K_t = K_{t-1} + I'_t - \sum_{\tau=1}^{\infty} m_\tau I'_{t-\tau} \tag{4-15}$$

由于 t 时期重置资本等于前一期资本的折旧，则有：

$$\sum_{\tau=1}^{\infty} m_\tau I'_{t-\tau} = \delta K_{t-1} \tag{4-16}$$

其中 δ 表示折旧率。

将式（4-13），（4-16）代入（4-15）后可得，t 时期的资本存量表达式如下：

$$K_t = K_{t-1}(1-\delta) + (I_t + I_{t-1} + I_{t-2})/3 \tag{4-17}$$

由此可知，估算城市资本存量的参数分别为：不变价固定资产投资额、折旧率和初始资本存量 K_0。具体步骤如下：

首先，采用 2004~2015 年城市固定资本存量数据，将固定资产投资建设周期设为 3 年，计算新增固定资产投资 I'_t。同时，为计算实际投资额，需要根据价格指数对历年数据进行平减，以保证不同时期数据的可比性。根据现有文献的估算方法，本研究使用建筑安装工程、设备工具器具购置及其他费用三大类资本品价格指数的加权平均值作为固定资产的价格指数，权重为各类资本品的投资额比重。由于市级层面没有公布三大类资本品的价格指数，因此对部分城市采用省级数据代替。最后以 2005 年为基期，对历年的价格指数进行转换，并计算历年不变价新增固定资产投资。

其次，在对各市历年折旧率的估算中，仍然采用三类资本品的投资额比重计算加权折旧率。由于假定资本折旧呈现几何模式衰减，根据各类资本品的折旧年限即可推算出各自的折旧率。在实际计算中，将其他费用按比重摊入前两类资本品，将建筑安装工程的折旧年限设为38年，机器设备的折旧年限设为16年。设固定资产的残值率为5%，根据 $\omega_\tau = (1-\delta)^\tau, \tau = 0,1,2,\ldots$，由此可得建筑安装工程和机器设备的折旧率分别为7.6%和17.1%，最后计算各市历年折旧率。

最后，借鉴Reinsdorf等（2005）提出的方法估计初始资本存量，即：

$$K_0 = I'_0 \left(\frac{1+g}{g+\delta} \right) \tag{4-18}$$

其中 I'_0，是初始年份的不变价格新增固定资产投资，g为的平均增长率，δ为资本平均折旧率。

根据式4-17计算得到2006~2015年京津冀及周边地区城市的资本存量数据。

4.3.2.2 数据描述性统计

劳动力数据采用2006~2015年"城镇单位从业人员期末人数"（国家统计局城市社会经济调查司，2017）。经济产出数据采用2006~2015年的"地区生产总值（2005年=100）"由2005~2015年"地区生产总值（上年=100）"和"GDP指数"折算得到（国家统计局城市社会经济调查司，2017）。计算每个城市2006~2015年间的变量均值，并整理该均值的统计量，见表4-11。

表 4-11 "2+26"城市变量历年均值的描述性统计分析

变量	劳动力投入L 从业人员期末人数	资本投入K 固定资本存量	能源投入E 综合能源消费量	污染投入P 二氧化硫排放总量	经济产出Y 实际GDP（2005年=100）
单位	人	万元	吨标准煤	吨	万元
平均值	845809.34	39312449.77	26237216.32	113676.1971	25279157.22
标准差	1214837.94	38828059.14	19578061.06	60715.03349	33285004.28
最小值	190033.9	6769665.544	5781389.916	27900	3516887.083
最大值	6573214.9	165689564	84948854.43	286786.2	171832839.5

对研究样本2006~2015年历年的劳动力投入、资本投入及经济产出的变化趋势进行分析，得出样本历年的变量统计量，见表4-12、图4-20。

表 4-12 2006～2015 年 "2+26" 城市劳动力、资本及经济产出变量描述性统计量

	统计量	2006	2007	2008	2009	2010
地区生产总值（万元）	均值	14552229.79	16723500.24	18702883.62	20873126.59	23555351.46
	标准差	20309406.54	23282677.31	25588817.45	28415539.58	31614356.05
	最大值	108555565.61	124296122.63	135607069.79	149438990.91	164831206.97
	最大值样本	北京市	北京市	北京市	北京市	北京市
	最小值	2192044.80	2494352.95	2731316.48	2925239.95	3340624.03
	最小值样本	鹤壁市	阳泉市	阳泉市	阳泉市	阳泉市
	统计量	2011	2012	2013	2014	2015
	均值	26292320.59	29017992.76	31749116.49	34338791.18	36986259.50
	标准差	34561251.05	37587625.25	40829777.51	44013764.45	47296217.63
	最大值	178182534.73	191902589.91	206679089.33	221766662.85	237068562.59
	最大值样本	北京市	北京市	北京市	北京市	北京市
	最小值	2192044.80	2494352.95	2731316.48	2925239.95	3340624.03
	最小值样本	阳泉市	阳泉市	阳泉市	阳泉市	阳泉市
城镇单位从业人员期末人数（人）	统计量	2006	2007	2008	2009	2010
	均值	689278.57	711521.43	722117.86	749585.71	775135.71
	标准差	944337.16	1003043.66	1048851.42	1134410.29	1183484.57
	最大值	5137900.00	5443800.00	5702600.00	6193500.00	6466300.00
	最大值样本	北京市	北京市	北京市	北京市	北京市
	最小值	157200.00	160600.00	161400.00	171100.00	178100.00
	最小值样本	鹤壁市	鹤壁市	鹤壁市	鹤壁市	鹤壁市
	统计量	2011	2012	2013	2014	2015
	均值	689278.57	711521.43	722117.86	749585.71	775135.71
	标准差	944337.16	1003043.66	1048851.42	1134410.29	1183484.57
	最大值	5137900.00	5443800.00	5702600.00	6193500.00	6466300.00
	最大值样本	北京市	北京市	北京市	北京市	北京市
	最小值	185800.00	192000.00	224000.00	235423.00	234716.00
	最小值样本	鹤壁市	鹤壁市	鹤壁市	鹤壁市	鹤壁市

续前表

	统计量	2006	2007	2008	2009	2010
资本存量（万元）	均值	4099087.615	9791369.78	15512348.96	22777823.84	31203788.31
	标准差	4584331.198	10537386.78	16294992.37	23283430.71	31210454.75
	最大值	24195420.59	54762098.56	82788733.7	114152347	145503499.8
	最大值样本	北京市	北京市	北京市	北京市	北京市
	最小值	509550.5435	1344171.821	2241850.492	3498959.181	5060839.131
	最小值样本	阳泉市	阳泉市	阳泉市	阳泉市	阳泉市
	统计量	2006	2007	2008	2009	2010
	均值	40053600.02	49693688.19	60406652.74	72687875.51	86898262.69
	标准差	40001190.31	49608419.49	60205715.94	71728919.37	84480192.67
	最大值	177979081.3	210874432.5	256998621.4	316314585.7	382947725.8
	最大值样本	北京市	北京市	天津市	天津市	天津市
	最小值	6783655.251	8559584.211	10640012.21	13047024.98	16011007.61
	最小值样本	阳泉市	阳泉市	阳泉市	阳泉市	阳泉市

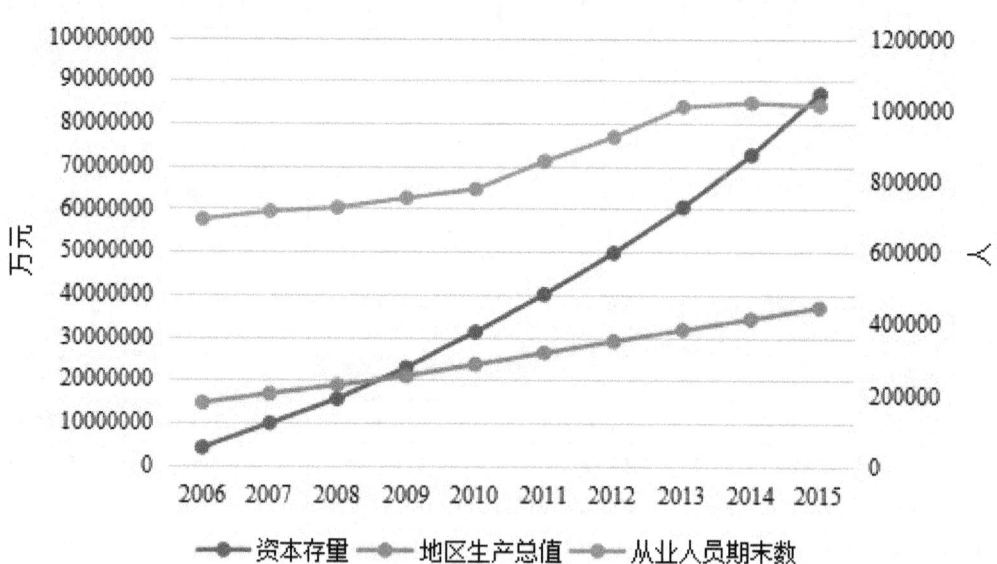

图 4-20 2006～2015 年资本存量、生产总值及从业人员数均值变化趋势

由表 4-12、图 4-20 可得，2006～2015 年间，"2+26"城市平均地区生产总值逐年匀速增长，并在 2012 年实现比 2006 年的平均地区生产总值翻一番。北京市的地区生产总值始终最高，2006 年鹤壁市的生产总值最低，此后地区生产总值最

低的城市为阳泉市，最高城市与最低城市之间的极差较大，说明研究区城市经济发展水平存在一定差异。

劳动力人数在样本研究期内保持较慢增长的趋势，其中2010-2013年增长幅度较大，2013年以后进入平稳阶段。2006-2015年间，北京市的从业人员期末人数在各城市中最多，符合其经济体量最大、发展程度最高的特点；鹤壁市的劳动力人数最少，与其地区生产总值较低相一致。

资本存量的增长趋势为"J型指数增长"，以2005年为基期，2006年的平均资本存量仅为410亿元，研究期末的城市平均资本存量累计达8690亿元，是十年前的20倍。与城市发展水平相一致，北京市的资本存量最高，阳泉市的资本存量最低。此外，观察数据的标准差以及最值间的极差可得，资本存量数据离散程度较大，这可能是由我国物质生产增长迅速所造成的。

综上，2006-2015年，"2+26"城市的劳动力投入、资本投入及经济产出均保持增长趋势，其中资本存量的增长最快，劳动力投入的增长速度最慢。此外，结合大气污染排放和能源消费情况，阳泉市的资本存量在所有城市中最低，鹤壁市的能源消费和劳动力投入在所有城市中最低，两城市的经济产出在所有城市中最低，一定程度上反映出当地资源投入的不足与经济发展水平的相对滞后。

4.3.3 区域经济增长驱动力集聚与演进

4.3.3.1 模型检验结果

（1）平稳性检验

Holtz-Eakin et al.（1988）提出，面板数据模型在回归前需检验数据的平稳性。李子奈与叶阿忠（2012）指出，某些非平稳的时间序列数据时常展现出相似的时间变化趋势，但这些时间序列之间本身不一定有直接的相关性，如果对这类数据进行回归，尽管拟合优度较高，但结果没有实际意义，并将这种情况称为伪回归。

为避免空间面板模型的伪回归，确保估计结果的有效性，须首先完成面板数据的平稳性检验。Levin et al.（2002）提出了检验面板单位根的LLC检验。如果在检验中拒绝了原假设，说明不存在单位根，则该序列是平稳的，反之则说明不平稳。

对2006~2010年"2+26"城市的面板数据LLC检验结果见表4-13。

表4-13 变量单位根检验结果

变量					
LLC t* 检验统计量	-11.3632	-19.3806	-4.9480	-2.3334	-4.1591
p-value	0.0000	0.0000	0.0000	0.0098	0.0000

根据表4-13，各变量均在1%的显著性水平上拒绝原假设，具有平稳性，因

此不必进行变量之间的协整检验，直接使用各解释变量进行回归分析。

（2）空间面板自相关检验

对空间相关性和两个拉格朗日乘数及其稳健形式的显著性检验结果见表4-14。

表4-14 考虑固定效应和随机效应的 LM 检验结果

统计量	考虑随机效应		考虑固定效应	
	检验值	P-Value	检验值	P-Value
LM Error (Burridge)	0.5111	0.4747	0.9823	0.3216
LM Error (Robust)	6.1263	0.0133	9.3055	0.0023
LM Lag (Anselin)	504.8929	0.0000	536.0008	0.0000
LM Lag (Robust)	510.5081	0.0000	544.3240	0.0000

根据表4-4，在对空间计量模型的选择上，按照 Anselin（2006）提出的判断规则，由于空间滞后项检验的显著程度大于空间误差项检验的显著程度，即空间滞后项的空间自相关性比空间误差项的空间自相关性更显著，因此本研究构建空间面板自回归模型进行实证分析。此外，根据季民河等（2011）的观点，空间滞后模型更适合从经济意义上解释产出增长问题，因此选择空间滞后模型更有说服力。

（3）Hausman 检验

判断使用随机效应模型或固定效应模型，应进行 Hausman 检验。为此，需要储存未使用稳健标准误的随机效应与固定效应估计结果。使用空间 Hausman 检验统计量在随机效应和固定效应之间进行选择，结果显示估计值为50.36，Prob>chi2=0.0000，故拒绝随机效应模型，使用固定效应模型。

此外，从模型选择意义上来看，虽然样本选取并非全国所有地级市，但研究重点主要为京津冀及周边地区城市的经济发展动力，并不适用于推广到全国所有城市，且样本选取不是随机取样，因此从适用性上看选取固定效应模型更符合研究目的。

4.3.3.2 经济增长驱动因素分析

如前所述，构建考虑固定效应的空间自回归模型进行回归分析。借鉴 Anselin（1988）的研究，采用极大似然法估计空间自回归模型参数。在实际操作中，使用 STATA15.0 的 xsmle 命令进行估计。

为更好地比较模型的适用性与拟合效果，分别建立无固定效应的空间自回归模型（模型1、模型5）、仅有空间固定效应的空间自回归模型（模型2、模型6）、仅有时间固定效应的空间自回归模型(模型3、模型7)、既有空间又有时间固定效应的空间自回归模型(模型4、模型8)。同时分别构建地理邻接空间权重矩阵(W1)和地理距离空间权重矩阵(W2)对上述模型一一进行回归,得出空间计量结果,见表4-15和表4-16。

表4-15 地理邻接矩阵(W1)空间面板自回归模型估计结果

变量	模型1 没有固定效应		模型2 仅有空间固定效应		模型3 仅有时间固定效应		模型4 空间和时间固定效应	
	估计参数	P>|z|	估计参数	P>|z|	估计参数	P>|z|	估计参数	P>|z|
c	0.6200	0.487						
K	0.0764	0.001	0.0665	0.002	0.5298	0.000	0.0593	0.356
L	0.1941	0.001	0.1606	0.002	0.3421	0.000	0.0961	0.051
P	0.0091	0.755	0.0088	0.761	-0.1652	0.001	0.0290	0.346
E	0.0884	0.063	0.0848	0.062	0.3524	0.000	0.0958	0.036
	0.6334	0.000	0.6804	0.000	0.0766	0.027	0.2489	0.060
adj-R^2	0.7743		0.7408		0.8786		0.9153	
Sigma^2	0.0012		0.0011		0.0182		0.0009	
LogL	407.4430		534.6645		163.6533		577.5687	

表4-16 地理距离矩阵(W2)空间面板自回归模型估计结果

变量	模型5 没有固定效应		模型6 仅有空间固定效应		模型7 仅有时间固定效应		模型8 空间和时间固定效应	
	估计参数	P>|z|	估计参数	P>|z|	估计参数	P>|z|	估计参数	P>|z|
c	-0.4773	0.556						
K	0.0459	0.016	0.3970	0.024	0.5052	0.000	0.4991	0.058
L	0.1443	0.003	0.1194	0.004	0.3560	0.000	0.1068	0.031
P	0.0280	0.280	0.0278	0.279	-0.1647	0.000	0.0334	0.281
E	0.0931	0.042	0.0893	0.044	0.3713	0.000	0.0975	0.035
	0.7547	0.000	0.7862	0.000	0.2347	0.054	0.3441	0.047
adj-R^2	0.6572		0.6063		0.8945		0.9046	
Sigma^2	.0011		0.0010		.0184		0.0010	
LogL	430.8212		559.9691		162.8672		572.6917	

由上表可以得出：

① 根据两种权重矩阵下四种不同固定效应的空间面板自回归模型的统计检验结果，空间相关性系数 ρ 均为正值且显著。表明京津冀及周边地区相邻城市之间的要素投入与经济产出之间具有明显的正向相似性和聚集效应。城市经济发展受其他与之相邻的城市经济发展正向影响，这种影响通过资本、人力、污染和能耗来传达。

② 在同一种空间权重下，四种模型回归结果有所不同。同时考虑空间和时间固定效应的模型（模型4和模型8）拟合优度更高。由于该模型既考虑了城市间的固有差异影响，同时又考虑了不同时期个体固定差异的影响，避免了由时间和空间差异性产生的结果偏差，其结果较为可靠。

③ 比较不同空间权重下的不同计量模型，可以发现模型拟合优度几乎没有差异。地理距离权重下的双固定效应计量模型（模型8）的系数显著性水平最高，意味着周围城市经济产出提高1个百分点，则本市经济产出提高0.34个百分点。

④ 在同时考虑空间和时间固定效应的计量模型中，劳动力和能源投入对经济增长产生正向显著影响，且模型8中投资拉动效果同样显著。劳动力投入的弹性系数在两种空间权重下分别为0.10、0.11，能源消费的弹性系数在两种空间权重下依次为0.10、0.10，资本投入的弹性系数在地理距离空间权重下为0.50。表明在去除空间个体差异和时间个体差异后，样本城市的经济发展的主要动力为劳动力投入、能源投入及资本投入。

⑤ 忽略不同城市间空间固有的差异性，在仅考虑时间固定效应的四个模型（模型3和模型7）中，四项投入要素的系数均显著，且大气污染投入要素的拉动作用为负，弹性系数在四种空间权重下依次为-0.17、-0.16。所表征的政策含义是大气污染的环境红利已经消失，无法对经济发展产生正向拉动，已经抑制了经济的进一步发展。

综上，资本、劳动力、能源、污染四种投入要素均会对城市经济增长产生影响。其中，资本、劳动力、能源投入要素的拉动作用为正，大气污染的拉动作用为负，并且城市经济增长受其周边城市经济增长的影响显著。

4.3.3.3　经济增长驱动力动态演进

空间杜宾模型假设本区域的被解释变量依赖于其邻居的自变量。空间杜宾模型可以同时反映周边城市自变量和因变量的影响，更进一步，动态空间杜宾模型是近年来空间计量经济学的新发展，即同时考虑研究样本的被解释变量时间滞后值和自变量空间滞后值对被解释变量的影响。

如前所述，采用无条件极大似然法对动态空间面板杜宾模型进行参数估计，同时考虑时间和空间固定效应，回归结果见表4-17。

表 4-17 两种空间权重下的动态空间面板杜宾模型估计结果

变量	W1		W2	
	估计参数	P>|t|	估计参数	P>|t|
c	-0.3789	0.000	-0.4951	0.000
	2.9212	0.000	2.9073	0.000
K	0.1068	0.000	0.1293	0.000
L	0.0464	0.073	0.0210	0.420
P	0.0163	0.142	0.0107	0.347
E	0.0583	0.001	0.0406	0.013
W*K	-0.0016	0.641	-0.2572	0.322
W*L	0.0045	0.544	0.4382	0.258
W*P	0.0160	0.001	0.8255	0.001
W*E	0.0043	0.464	1.4034	0.001
adj-R^2	0.9708		0.9368	
Sigma^2	36.7405		38.6710	
LogL	-249.7768		-253.4075	

比较地理邻接矩阵和地理距离矩阵下的动态空间面板杜宾模型与静态空间自回归模型，可以看出，动态模型拟合得到的 R^2、σ^2、log-likelihood 有明显改进，拟合程度更高，且模型的参数估计显著性水平更高。因此，动态模型更能解释城市间的空间效应和时间效应。对动态空间面板杜宾模型的回归结果解释如下：

① 在动态空间面板杜宾模型中，经济产出的滞后一阶变量的影响均为正向且显著的，表明经济发展的时间滞后效果十分明显，上期的经济产出对当期经济产出正向影响显著。

② 对一个城市而言，在影响城市经济产出的动力因素中，本市的资本投入拉动效果最强（两种权重矩阵下分别为 0.11、0.13），且劳动力投入和能源投入的拉动效果均为正向且显著的。本市的污染投入对经济产出的影响不显著。

③ 考虑自变量的空间滞后影响，即相邻城市资本、劳动力、能源和污染对城市经济产出的影响。可以看出，相邻城市的资本和劳动力要素对本市的经济产出影响不显著。在地理距离矩阵（W2）中，相邻城市的能源消费对本市的经济产出具有正向影响，这种情况可能是相邻城市产业的上下游关系造成的。值得注意的是，本市的经济产出受周边城市大气污染的正向影响，也就是说，在研究区域内，城市的经济发展是以周边地区城市的大气环境质量为代价的。

综上，对一个城市而言，其经济发展的影响因素主要有：前一期的经济发展时滞影响、本市的资本投入、劳动力投入及能源投入，另外还包括相邻城市的大气污染投入和能源投入，且所有的要素影响程度均为正向拉动。

综合空间面板自回归模型与动态空间面板杜宾模型的结果，可以得出：

① 在研究区域内，城市的经济发展在时间和空间上联系都比较紧密。在空间上，相邻城市的经济发展存在一定的经济产出正向辐射，即发达城市能带动周边城市的经济发展，进一步说明了京津冀经济协同发展的必要性。在时间上，经济产出的表现具有一定的时间滞后效应，前一期的经济发展对当期经济发展具有显著正向作用。

② 在经济发展的驱动因素中，资本、劳动力与能源要素对经济发展均具有显著正向影响，一个城市的资本投入越高、劳动力水平越高、能源消费水平越高，则当地的经济发展水平越高。同时，城市的经济发展呈现出以周边地区城市污染为代价的发展模式。可能的原因是大城市的产业升级进行到一定阶段后，高新技术产业会替换原有的低端产业，因此会向周围城市转移部分低端产业和重工业。周边城市在充分享受大城市的经济辐射红利以实现自身经济发展以外，同时也承担了该城市生产、生活污染的转移。

4.4 小　结

本章从区域空间视角出发，围绕京津冀及周边地区，探究大气污染与能源消费对于区域经济发展的影响，识别区域经济发展的主要影响因素，判断能源和环境红利对于区域经济发展的贡献。

研究结果显示，2006～2015年期间，京津冀及周边地区城市的能源消费和大气污染均具有较强的空间聚集特征，表现为高能耗城市与高能耗城市相邻，低能耗城市与低能耗城市相邻；高污染城市与高污染城市相邻，低污染城市与低污染城市相邻等空间态势。

同时，城市的经济发展受周边城市经济发展的显著影响，相邻城市经济产出的提高会带来经济辐射，促进本市经济产出的提高，表征京津冀及周边地区城市间的经济发展具有正向的相互影响，证明了经济发展的协同性。2006～2015年间城市经济发展的主要驱动力为能源、劳动力和资本投入。环境污染的红利已经消失，大气污染对经济发展产生负面影响，以往以污染大气环境、损害空气质量为代价的经济发展模式已经被打破，经济发展与生态环境保护相协调的发展模式成为必须。资本、劳动力、能源投入对经济产出的影响均是显著正向的，且资本的影响程度最高（显示当前我国经济增长仍然以投资驱动为主），其次为能源与劳动力。进一步考虑城市间的要素投入对本市和相邻城市经济发展的影响，可以发现，城市经济发展的动力主要来源于本市的资本和能源投入，以及相邻城市的大气污染红利，即在研究区内，存在城市发展以相邻城市大气环境质量为代价的发展模式。

第五章 大气污染控制对区域生产力的影响

5.1 概　述

区域经济社会发展与能源消耗、环境质量密切相关，区域发展对大气环境具有阶段性影响，同时能源和环境对于区域经济具有重要支撑作用。但是，随着工业化、城镇化进程推进，环境质量出现恶化，环境红利逐渐消失。基于此，我国各级政府不断加强环境规制力度，出台多项环境政策，实施多种环境治理举措，旨在通过控制能源消耗和污染物排放、调整产业结构、促进技术升级、提升生产效率等举措改善区域环境质量。

环境规制与经济发展之间的关系是当前环境经济领域研究的热点（Walter, 1974；宋马林等，2013；余长林等，2015；徐娟等，2019；陶静等，2019；Su et al., 2020）。传统观点认为，环境规制强度的提高将增大企业的环境治理压力，最终阻碍产业竞争力的提升与经济发展。而 Porter 与其合作者（1995）研究认为：严格而适当的环境规制能够激励产业创新，并可以部分甚至全部抵消环境规制的遵循成本，最终提高产业的竞争优势，从而促进经济的发展，这一观点被称之为"波特假说"。对于"波特假说"是否成立的学术讨论自 1998 年开始，一直持续至今（Xepapadeas et al., 1998；Desrochers et al., 2014；原毅军等，2016；Bitat, 2018；Wang et al., 2019）。但当下对于波特假说的争论尚未结束，对该假说在我国是否适用也未形成定论（张华等，2014；刘传江等，2017；龙小宁等 2017）。全要素生产率是指所有投入要素对产出增长贡献的一种能力（经济合作与发展组织，2008）。党的十九大报告做出我国经济已由高速增长阶段转向高质量发展阶段的重大判断，提出"推动经济发展质量变革、效率变革、动力变革，提高全要素生产率"（习近平，2017）。提高全要素生产率已成为实现经济高质量发展的重要动力源泉。在我国依然严峻的大气污染形势下，围绕着区域大气污染防治，相应的规制强度不断加大。然而，高强度的大气规制是否阻碍了我国经济的发展？这成为学界和社会关注的焦点问题之一。鉴于京津冀及周边地区的代表性和辐射性，其大气规制对于产业的影响效应不仅关系着该地区环境和经济的协同发展，也会对国内其他地区的规制完善和经济发展提供范例。本研究选取京津冀及周边"2+26"城市为研究对象，着力探究大气规制对区域全要素生产率的影响，以期为优化区域大气环境规制、促进区域高质量发展提供决策依据。

5.2 区域全要素生产率时空演变分析

5.2.1 方法构建

5.2.1.1 测算方法

Malmquist 指数表征的是全要素生产率相对上一期的变动情况，而非"实际的全要素生产率"，该指数最初是由瑞典经济学家 Sten Malmquist 在 1953 年提出的。Malmquist 首先提出缩放因子概念，然后利用缩放因子之比构造消费数量指数，即最初的 Malmquist 指数。作为一种广泛使用的非参分析方法——数据包络分析（Data Envelopment Analysis, DEA）（朱乔，1994；买亚宗等，2015；Mardani et al.，2017；唐德才等，2019；Halkos et al.，2019；蒋姝睿等，2019），1993 年 Andersen 和 Petersen 提出了对有效单元进一步区分的有效测度方法，后来被称为超效率 DEA 模型。通过这种对 DEA 方法进行改进而建立的 Malmquist 指数（张煜等，2016），可以用来研究多产出多投入的技术形式，能较好地切合面板数据分析和多投入产出分析，且只需要有关的投入产出变量，无需设定生产函数的具体形式和分布，在一定程度上放松了理论约束。表征相邻时期全要素生产率差异的 Malmquist 指数形式如下：

$$M_i\left(x^{t+1}, y^{t+1}; x^t, y^t\right) = \left[\frac{D_{ci}^t\left(x^{t+1}, y^{t+1}\right)}{D_{ci}^t\left(x^t, y^t\right)} \times \frac{D_{ci}^{t+1}\left(x^{t+1}, y^{t+1}\right)}{D_{ci}^{t+1}\left(x^t, y^t\right)}\right]^{1/2} \quad (5-1)$$

其中，x^t, y^t 为 t 时期的输入、输出向量；$D_{ci}^t\left(x^t, y^t\right)$ 为 t 时期生产前沿下，第 i 个决策单元的距离函数值，代表了 t 期实际函数值与前沿面之间的距离。

更重要的是，DEA-Malmquist 指数可以将全要素生产率的变动进行分解，从而为研究技术进步效应和技术效率效应提供了可能，是切合本研究，实现产业技术进步量化的较为理想的分析方法。其分解为技术效率（Effch）和技术进步（Techch）的形式如下：

$$M_i\left(x^{t+1}, y^{t+1}; x^t, y^t\right) = Effch \times Techch = \left[\frac{D_{ci}^{t+1}\left(x^{t+1}, y^{t+1}\right)}{D_{ci}^t\left(x^t, y^t\right)}\right] \times$$

$$\left[\frac{D_{ci}^t\left(x^{t+1}, y^{t+1}\right)}{D_{ci}^{t+1}\left(x^{t+1}, y^{t+1}\right)} \times \frac{D_{ci}^t\left(x^t, y^t\right)}{D_{ci}^{t+1}\left(x^t, y^t\right)}\right]^{1/2} \quad (5-2)$$

其中，*Effch* 为 *t* 期到 *t*+1 期技术效率的变动，衡量了投入一定的情况下，研究对象实现产出最大化的能力；*Techch* 为技术水平变动，表征了研究对象在技术方面的进退情况。

5.2.1.2 指标筛选

本研究选用资本（K）、劳动力（L）、能源（E）作为投入要素，经济发展（D）、工业废气排放（G）、工业废水排放（W）作为产出要素。其中，资本要素的量化指标为永续盘存法计算所得的固定资本存量，劳动力要素的对应指标为各市城镇单位从业人员期末人数，能源要素以各市综合能源消费量来量化，经济发展以 2005 年为基年的各市地区生产总值代表，工业废气排放受到统计数据的限制，以"2+26"城市工业二氧化硫排放量与工业烟粉尘排放量之和近似估计，工业废水排放则直接以各市统计的工业废水排放量作为量化指标，采用如表 5-1 所示的评价指标体系测算全要素生产率的变动情况。

表 5-1 全要素生产率变动的评价指标体系

	变量		对应指标	单位
投入要素		资本（K）	资本存量	亿元
		劳动力（L）	城镇单位从业人员期末人数	人
		能源（E）	综合能源消费量	万吨标准煤
产出要素	期望产出	经济发展（D）	地区生产总值（2005 年 =100）	万元
	非期望产出	废气排放（G）	工业废气排放量	万吨
		废水排放（W）	工业废水排放量	万吨

由于本研究选用 DEA 模型来实现全要素生产率变动的估计，而标准的 DEA 模型一般不包括非期望产出，加之本研究中的非期望产出与期望产出之间存在概念、单位等方面的较大的差异，无法直接从期望产出中扣除，因此采用间接转换的方法，即将非期望产出转换成利用经典 DEA 模型可以求解的数据模式。目前常用的间接转换方法有加法转换 INP 法（Westermann, 1999）、倒数转换 MLT 法（Golany et al., 1989）、方向距离函数法（Chambers et al., 1996）等，在实际操作中各有利弊，本研究选用了其中较为简单易行、且符合实际生产规程的 MLT 方法，将非期望产出进行倒数变换，将取倒数后的非期望产出看作期望产出纳入模型，从而达到"期望产出上升时、非期望产出下降"的研究目的。

5.2.2 指标与数据来源

5.2.2.1 工业废气排放数据

受到数据限制,本研究以工业二氧化硫排放量与工业烟粉尘排放量的和作为量化工业废气排放量的近似指标,数据来源为2007~2017年《中国城市统计年鉴》,其中缺失的滨州市2009年和聊城市2011年的数据,以《山东省统计年鉴》进行补全。所得工业废气排放量近似数据描述如表5-2所示。该指标以"吨"为单位纳入全要素生产率变动测算中的非期望产出。

表5-2 "2+26"城市2006~2016年工业废气排放量描述性统计 (万吨)

	平均值	中位数	最大值	最小值	标准差
北京市	8.09	7.90	15.71	1.81	3.68
天津市	27.76	27.15	50.31	11.18	9.19
石家庄市	23.98	26.03	34.54	13.85	6.43
唐山市	55.90	57.34	78.69	33.67	17.49
邯郸市	29.81	27.42	44.78	18.90	9.57
邢台市	18.10	17.68	27.48	13.25	4.07
保定市	9.16	8.79	13.92	4.20	2.82
沧州市	5.86	3.96	10.33	2.92	2.93
廊坊市	6.55	7.27	8.66	4.22	1.96
衡水市	7.25	6.77	14.35	1.67	3.61
太原市	13.98	14.07	25.81	3.76	5.31
阳泉市	13.58	11.72	24.42	8.61	4.41
长治市	23.51	20.26	34.01	8.43	8.91
晋城市	15.49	14.63	26.76	12.13	3.89
济南市	11.98	9.56	17.61	8.31	3.66
淄博市	25.78	25.40	40.45	20.19	5.64
济宁市	15.75	14.08	27.72	7.37	4.96
德州市	14.27	13.11	27.01	8.86	5.40
聊城市	8.55	8.86	11.50	2.00	2.44
滨州市	13.30	12.30	23.43	8.56	4.98
菏泽市	8.98	7.27	13.06	6.43	2.56
郑州市	19.41	19.10	32.54	6.39	6.93

续前表

	平均值	中位数	最大值	最小值	标准差
开封市	5.87	6.46	12.95	1.20	3.10
安阳市	18.15	17.79	27.47	9.97	5.62
鹤壁市	6.31	6.00	12.96	1.78	2.69
新乡市	7.44	7.36	11.22	3.03	2.27
焦作市	11.30	10.72	21.83	2.96	5.20
濮阳市	3.96	3.90	7.91	0.74	1.65

由上表可见，唐山市工业废气排放量显著高于研究范围内的其他城市，这与唐山市在28个城市中综合能源消费量排名第一的现实情况相符，基于此唐山市应成为未来大气规制制定中重点关注的城市之一。与之形成鲜明对比的是北京市，作为经济发展水平、综合能源消费量均较高的城市，其工业废气排放水平甚至低于各省的省会城市，这可能得益于北京较为合理的产业结构布局以及对大气污染防治工作的关注。

"2+26"城市所表征的各省级行政单位工业废气排放量如图5-1所示，天津市在2006~2015年期间均保持在最高的工业废气排放水平，但在2015~2016年间天津市废气排放量的迅速下降，而河北省成为了研究范围内工业废气排放量最高的省（市）。从整体趋势来看，各省级单位基本均经历了总体下降、过程波动的发展态势，2006~2009年，各行政单位的排放量总体下降，与北京奥运会周期内加强对环境管制的原因有关，而2009~2011年的反弹和迅速上升，则可能与奥运会之后规制的放松、经济发展复苏有关，在2011年，各省（市）的工业废气排放量几乎同步达到峰值，之后又开始下降。

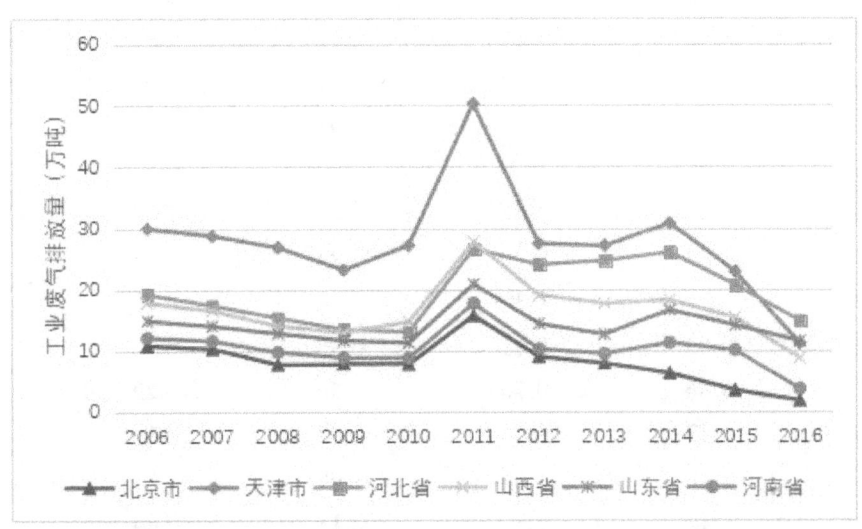

图5-1 京津冀及其周边地区省级行政单位2006~2016年平均工业废气排放量

5.2.2.2 工业废水排放数据

本研究采用的工业废水排放数据来源于《中国城市统计年鉴 2007～2017》，其中 2009 年滨州、2011 年聊城的数据补充自《山东省统计年鉴》，数据的描述性统计结果如表 5-3 所示。该指标在全要素生产率变动的测算过程中，以"吨"为单位纳入非期望产出。

表 5-3　"2+26"城市 2006～2016 年工业废水排放量描述性统计　（亿吨）

	平均值	中位数	最大值	最小值	标准差
北京市	0.90	0.90	1.02	0.82	0.06
天津市	1.98	1.94	2.30	1.80	0.14
石家庄市	2.30	2.40	3.11	1.30	0.49
唐山市	1.92	1.82	2.94	1.19	0.64
邯郸市	0.80	0.72	1.24	0.48	0.25
邢台市	1.15	1.00	1.49	0.87	0.26
保定市	1.38	1.42	1.79	0.74	0.29
沧州市	0.83	0.81	1.17	0.45	0.21
廊坊市	0.56	0.55	0.73	0.45	0.08
衡水市	0.51	0.50	0.66	0.22	0.12
太原市	0.32	0.32	0.41	0.25	0.06
阳泉市	0.08	0.06	0.15	0.05	0.04
长治市	0.56	0.52	0.87	0.34	0.20
晋城市	0.57	0.57	0.64	0.52	0.03
济南市	0.62	0.60	0.86	0.47	0.13
淄博市	1.72	1.66	2.12	1.34	0.24
济宁市	1.47	1.57	1.69	1.07	0.22
德州市	1.27	0.94	1.93	0.77	0.53
聊城市	1.38	1.16	2.30	0.83	0.57
滨州市	1.61	1.56	2.25	1.00	0.38
菏泽市	0.87	0.90	1.24	0.48	0.25
郑州市	1.34	1.31	1.94	0.80	0.29
开封市	0.63	0.55	0.95	0.32	0.25
安阳市	0.86	0.76	1.56	0.22	0.42
鹤壁市	0.42	0.46	0.57	0.26	0.10
新乡市	1.58	1.61	1.99	0.82	0.34
焦作市	1.42	1.39	2.18	0.84	0.39
濮阳市	0.75	0.75	1.07	0.41	0.18

由表 5-3 可知，近十年来，石家庄市、天津市、唐山市、淄博市、滨州市、新乡市工业废水的平均排放量较大，这表明在水污染治理领域这些城市应成为今后治理的重点。在所研究的地域范围内，山西省的工业废水排放量最少，而其他各省则均面临着较大的排放压力。值得关注的是，北京市的工业废水排放量并没有因其为经济发展水平最高的城市而显著偏高，这与工业废气排放情况相似，很可能得益于北京市较为合理的产业结构以及相关严格的环境规制有关。

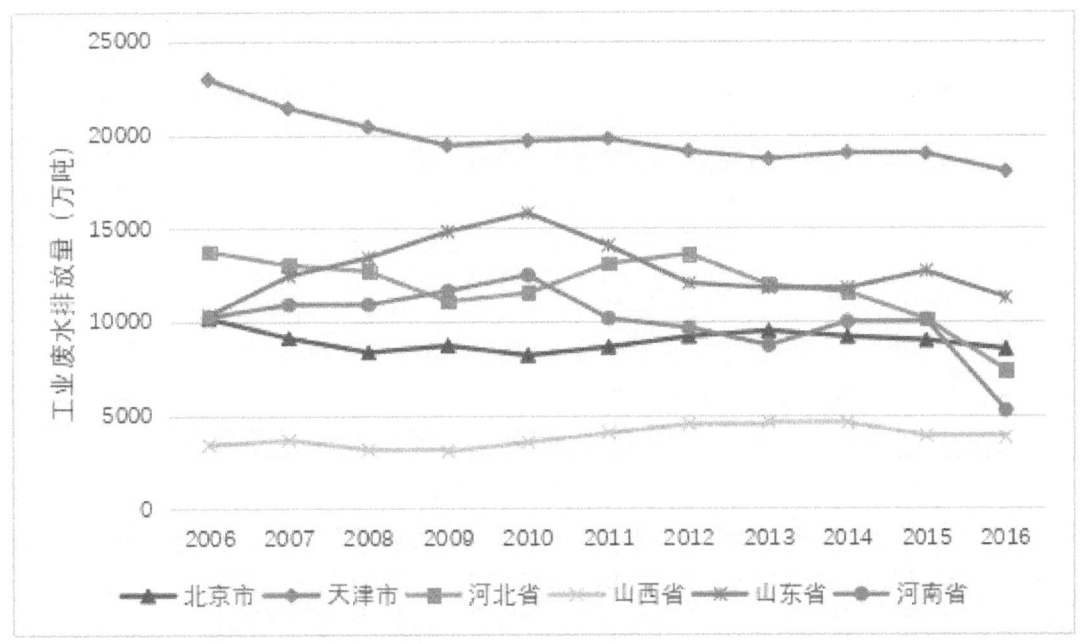

图 5-2　京津冀及其周边地区省级行政单位 2006~2016 年工业废水排放量均值

如图 5-2 所示，以"2+26"城市测算得出的各省（市）工业废水排放量呈现出不同的变动趋势，其中北京市、天津市、河南省、河北省总体上呈现波动下降的趋势，而山东省、山西省总体上则呈现波动上升的态势。天津市在 2006~2016 年间始终保持在废水排放量的第一位，而山西省则始终处于研究范围内最低的排放水平。

此外，本研究其他涉及的数据（资本存量、劳动力、能源与经济发展）均采用第四章相应数据。

5.2.3　区域 TFP 概貌

按照表 5-1 所示的评价指标体系，将投入、产出指标对应的数据导入超效率 DEA 模型计算求得 2007~2016 年"2+26"城市 Malmquist 生产力指数变化情况如表 5-4 所示。

表 5-4 2007-2016 年 "2+26" 城市 Malmquist 生产力指数

	2007	2008	2009	2010	2011	2012	2013	2014	2015	2016
北京市	0.841	0.931	0.936	0.960	0.979	0.992	0.990	0.999	1.024	1.033
天津市	0.803	0.979	0.986	1.040	0.882	1.023	1.029	1.048	1.059	1.073
石家庄市	0.837	1.007	1.024	1.056	1.097	1.035	1.069	1.115	1.064	1.027
唐山市	0.709	0.873	0.888	0.973	1.015	0.984	1.011	1.006	1.034	1.036
邯郸市	0.797	0.982	0.963	1.011	0.855	0.989	0.872	1.043	0.991	1.030
邢台市	0.841	1.002	0.999	1.011	0.821	0.937	0.987	1.065	1.009	0.999
保定市	0.846	0.971	0.907	0.963	0.817	0.936	0.971	1.080	1.063	1.034
沧州市	0.710	0.871	0.932	0.932	0.753	0.967	1.020	1.069	1.033	1.114
廊坊市	1.032	1.056	0.947	0.893	0.644	1.039	1.051	1.134	1.048	0.979
衡水市	0.955	1.001	0.962	0.952	0.713	1.317	0.940	1.002	1.067	1.623
太原市	0.690	0.764	0.772	0.887	0.890	0.938	0.922	0.869	0.960	0.980
阳泉市	0.691	1.132	0.987	0.492	0.826	1.264	0.791	0.884	1.113	0.892
长治市	0.654	0.767	0.749	0.778	0.796	0.837	0.849	0.869	0.827	0.953
晋城市	0.660	0.767	0.727	0.801	0.800	0.943	0.882	0.931	0.876	0.875
济南市	0.748	0.894	0.910	0.908	0.916	0.964	0.971	0.979	0.993	0.976
淄博市	0.849	0.947	0.947	0.940	0.901	0.934	0.916	0.941	0.954	0.971
济宁市	0.817	0.917	0.932	0.900	0.947	0.977	0.955	0.990	1.007	1.026
德州市	0.978	1.150	1.059	1.045	1.085	1.056	0.936	1.020	1.017	1.013
聊城市	0.822	0.890	0.944	0.931	0.880	1.022	1.112	0.779	0.980	0.981
滨州市	0.938	1.026	1.025	0.985	0.962	1.001	0.937	0.970	0.939	0.994
菏泽市	0.971	1.073	1.040	0.999	0.828	1.033	0.984	0.951	0.938	0.966
郑州市	0.761	0.928	0.943	0.969	1.006	1.003	0.973	1.034	1.051	1.030
开封市	0.685	0.969	0.613	0.868	0.732	1.181	0.917	0.959	1.055	2.105
安阳市	0.605	0.743	0.771	0.819	0.879	0.943	0.926	0.954	0.942	1.027
鹤壁市	0.621	0.843	0.859	0.926	0.517	1.813	0.803	0.907	0.973	1.821
新乡市	0.750	0.943	1.020	0.989	0.976	1.145	0.882	1.030	1.033	1.174
焦作市	0.750	0.921	0.905	1.013	1.009	1.101	0.960	1.010	0.998	1.068
濮阳市	0.625	0.827	0.815	0.730	0.612	1.422	0.962	0.916	0.965	2.508

其中，Malmquist 指数大于 1 说明全要素生产率有所上升；相对应的，该指数小于 1 说明全要素生产率有所下降。从时间层面分析，所研究 28 个城市的平均全要素生产率变化率整体呈现出上升的趋势，2007 年仅有廊坊一个城市的全要素生产率变化率大于 1，而到 2016 年已有 17 个城市的全要素生产率实现了增长，占整个研究对象的 60.7%，濮阳市（2.508）和开封市（2.105）的全要素生产率变化率甚至超过了 2.00，表征了"2+26"城市在环境治理与生产力发展之间平衡能力实现了显著提升。值得注意的是，表 3-8 展示的为将环境非期望产出纳入后全要素生产率变动的情况，由表 3-8 中的数据可见，在这种情况下，所有城市的全要素生产率均在 2007~2016 年间出现过负增长，即出现过 Malmquist 指数小于 1 的情况，其中，太原、长治、晋城、济南、淄博 5 个城市甚至在所研究的时间范围内始终处于全要素生产率负增长的状态，表现为其 Malmquist 指数始终小于 1，但这些城市的 Malmquist 指数整体上都呈现增大态势，说明其全要素生产率的负增长趋势随着时间的推移有所趋缓。

除此之外，可以发现 2006~2010 年间，指数主要位于 [0.7, 1.2] 区间，说明各市的 TFP 平均变动并不很明显，而从 2011 年开始，多个城市均出现了全要素生产率正向变动加快的趋势，联系现实中的政策出台情况：2006~2010 年间，京津冀协同发展仍处于起步阶段，初步提出"京津冀城市群"计划，且并未涉及大气污染联合控制领域"十二五"时期，京津冀协同发展的重点开始逐渐向大气污染联防联控转移。但从表 5-4 中所反映的全要素生产率加快增长的趋势来看，2012 年"2+26"城市的 Malmquist 指数并未降低，其中阳泉、晋城、焦作等城市的 Malmquist 指数甚至于 2012 年达到最大值，京津冀地区大气污染控制的加强似乎并没有对这一区域城市的全要素生产率变动产生负面效应。2013~2014 年，所研究 28 城市的全要素生产率变化波动并不大，在现实中，这两年是京津冀及其周边地区大气污染联防联控范围逐步扩大的阶段，《京津冀及周边地区落实大气污染防治行动计划实施细则》《京津冀及周边地区重点行业大气污染限期治理方案》《大气污染防治行动计划》（"大气十条"）相继出台，但可能由于政策存在一定的滞后效应，对全要素生产率产生的影响并没有立即显现出来。2015~2016 年，所研究城市的平均全要素生产率变化率产生了明显的增长，而 2015 年是京津冀地区受到大气规制冲击较大的一年，《中华人民共和国大气污染防治法》于该年修订，提出"国家建立重点区域大气污染联防联控机制"，《京津冀协同发展生态环境保护规划》、《京津冀区域大气污染控制中长期规划》也于 2015 年相继出台和启动编制，而表 5-4 中所显示的全要素生产率增长加快的情况，似乎表明大气规制强度的增加，并不会如想象中一样抑制产业生产力的发展，这一情况也可能是大气规制强度的影响具有较长的滞后周期所造成的，具体原因需要进行更加深入的定量分析。

5.2.4 区域 TFP 变动的时间演变分析

按照公式（5-1），将所研究"2+26"城市 Malmquist 生产力指数变动中的技术效率、技术进步贡献率分解出来，以识别 TFP 变动的主要驱动因素，其历年均值与整体均值如表 5-5 所示，其变化趋势如图 5-3 所示。

表 5-5 "2+26"城市 Malmquist 指数及其分解（按年份）

	技术效率 (effch)	技术进步 (techch)	全要素生产率 (tfpch)
2006～2007	1.010	0.769	0.777
2007～2008	0.994	0.935	0.929
2008～2009	1.012	0.896	0.906
2009～2010	0.995	0.916	0.912
2010～2011	1.036	0.821	0.850
2011～2012	0.986	1.065	1.050
2012～2013	0.989	0.958	0.948
2013～2014	0.994	0.986	0.981
2014～2015	0.987	1.011	0.999
2015～2016	0.984	1.130	1.111
均值	0.999	0.943	0.942

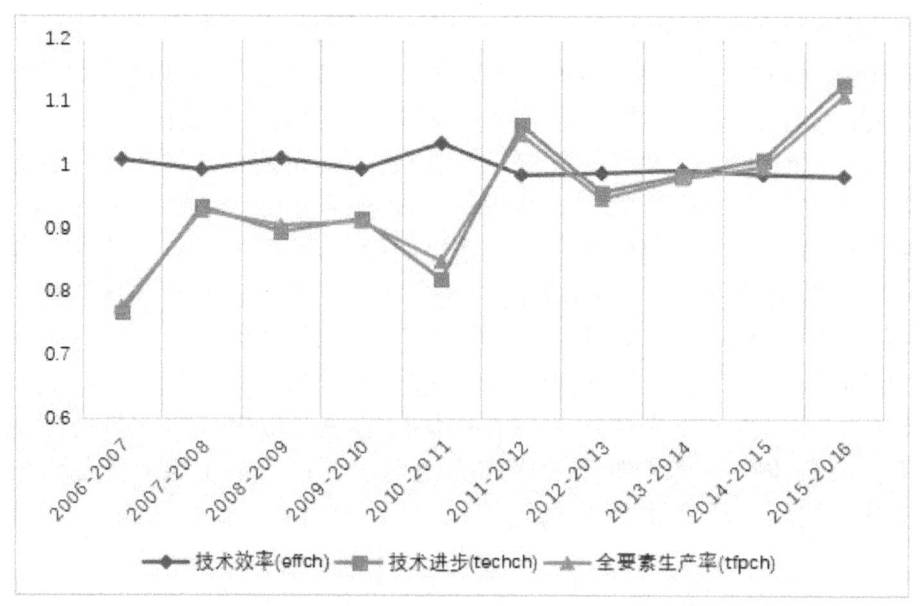

图 5-3 "2+26"城市 Malmquist 指数及其分解因素变化趋势

近十年"2+26"城市的整体全要素生产率略有下降，其变动率为94.2%，其中技术效率的贡献率为99.9%，高于技术进步94.3%的贡献率，说明从整体上看，研究范围内28个城市的TFP变动更多依靠技术效率的驱动。

然而，从图5-4显示的趋势来看，所研究城市的TFP变化率是波动上升的，从2006-2007年的极小值77.7%到2015-2016年的极大值111.1%，整体上增长了33.4个百分点，且高于均值的年份均出现在研究的后半阶段，即2011-2016年，这说明虽然从均值水平上看，28个城市的TFP变动尚未达到大于1的正向增长状态，但TFP变动的发展趋势却是看好的。也就是说，在本研究范围内，前5年的TFP负增长拉低了整体均值，但由于TFP的变动率是稳步增长的，近5年的TFP变化率明显提升了均值水平。

从Malmquist指数分解因子的变化趋势来看，技术进步贡献率的涨落情况与TFP变动率的起伏基本一致，而技术效率始终围绕临界值1上下波动，相较于技术进步和TFP，变动趋势更为稳定，这也是技术效率均值更高的原因。这种趋势特征表明，虽然从整个研究时间尺度上看，技术效率对TFP的增长有更大的贡献，但实际上，"2+26"城市的平均技术效率已经发展到一个较为稳定的水平，受到外界因素的影响相对较弱，而技术进步更能代表TFP变动的态势，并在更加细化的时间尺度内，对TFP的变动起到决定作用，这在一定程度上，与波特假说的思想契合，也是本文接下来选用技术进步进行深入研究的原因之一。

5.2.5 区域TFP变动的空间差异分析

表5-6展示了"2+26"城市各自的TFP变动以及分解情况，图5-4展示了各市TFP的平均变动情况，图中虚线代表各市的总体均值0.942。

表5-6 "2+26"城市Malmquist指数及其分解（按地域）

	技术效率 (effch)	技术进步 (techch)	全要素生产率 (tfpch)
北京市	1.000	0.967	0.967
天津市	1.000	0.989	0.989
石家庄市	1.002	1.028	1.030
唐山市	1.000	0.947	0.947
邯郸市	0.970	0.980	0.951
邢台市	0.976	0.988	0.964
保定市	0.992	0.963	0.955
沧州市	1.000	0.931	0.931
廊坊市	0.967	1.005	0.972
衡水市	1.008	1.022	1.030

续前表

	技术效率 (effch)	技术进步 (techch)	全要素生产率 (tfpch)
太原市	1.022	0.843	0.862
阳泉市	1.000	0.879	0.879
长治市	0.977	0.823	0.804
晋城市	0.988	0.832	0.822
济南市	1.018	0.907	0.923
淄博市	1.002	0.928	0.930
济宁市	1.018	0.928	0.945
德州市	0.998	1.036	1.034
聊城市	1.005	0.925	0.930
滨州市	0.993	0.984	0.977
菏泽市	1.026	0.951	0.976
郑州市	0.999	0.968	0.967
开封市	1.000	0.949	0.949
安阳市	0.992	0.859	0.852
鹤壁市	0.993	0.941	0.934
新乡市	1.015	0.973	0.988
焦作市	1.006	0.963	0.969
濮阳市	1.000	0.945	0.945
均值	0.999	0.943	0.942

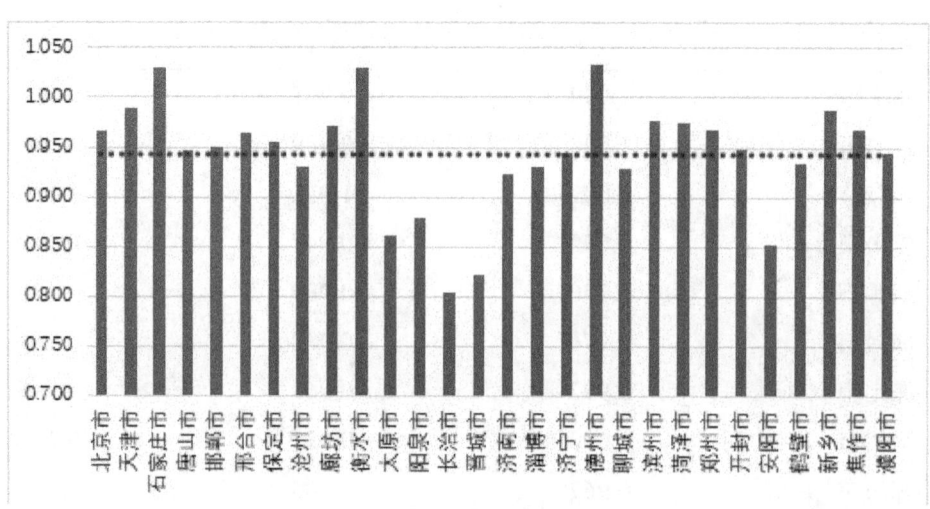

图 5-4　2007～2016 年 "2+26" 城市 Malmquist 指数平均值

由表 5-6 可以看到，所研究城市的 TFP 变动在近十年总体呈现下降态势，TFP 平均变动率为 0.942，小于临界值 1。在城市间进行比较，发现大部分城市的 TFP 呈现下降趋势，仅有石家庄市、衡水市、德州市的 TFP 变动率超过临界值 1，显示为上升态势。从 Malmquist 指数的分解情况看，有 17 个城市的技术效率值达到 1，占所研究城市总体的 60.7%，而技术进步贡献率达到 1 的城市仅有石家庄市、廊坊市、衡水市和德州市 4 座城市，可以发现，总体 TFP 变动率显示为上升的 3 座城市，便在这 4 座城市之中，这在一定程度上验证了技术进步对 TFP 的重要影响。另外，沧州市、太原市、阳泉市、长治市、晋城市、济南市、淄博市、聊城市、安阳市、鹤壁市的 TFP 变化率尚未达到均值，说明在考虑了环境污染排放非期望产出的条件下，这些城市的产业生产力水平较低，需要采取相应的举措平衡本市环境污染与生产力发展的关系。

在各城市内部进行分解因子的比较，发现在所选取的研究对象中，有 22 座城市的技术效率贡献率大于其技术进步的贡献率，占总体的 78.6%，也就是说，研究范围内绝大多数城市的 TFP 增长主要得益于技术效率的贡献，这是因为研究范围内的城市平均技术效率水平较高，且城市与城市之间的差异不大，基本稳定在其均值 0.999 附近上下波动，接近于 1。而这也恰恰说明，所研究区域"2+26"城市的技术效率已发展到一个较高且较为稳定的水平，各市 TFP 变化率差异的产生，主要受到技术进步贡献差异的影响。

综上所述，从整体上看，在所研究的时间尺度、空间范围内，考虑了环境污染的产业综合生产力整体呈现下降态势，从平均意义上看，产业技术效率对综合生产力的提高起到了更大的作用。从纵向演变角度分析，产业技术进步贡献的大小决定了全要素生产率的变动趋势；从横向差异层面分析，研究区域的产业技术效率已经发展到较高且较稳定的水平，技术进步成为拉开各城市间 TFP 差距的主要因素。

5.3 规制强度对全要素生产率变动的影响效应分析

虽然基于超效率 DEA 模型的 Malmquist 指数能够表征所研究效率的变动情况，但仅通过该模型得到的结果并不能反映各变量之间的因果关系。根据 5.2 小节分析的结论，产业技术效率的贡献率呈现出较为稳定的状态，且围绕"1"上下波动，而产业技术进步贡献率与全要素生产率指数的变动几乎同步涨落，对该指数的变化起到决定性的作用，因此本研究以大气规制强度为自变量，并分别以 TFP 变动、产业技术进步贡献变动为因变量，建立向量自回归模型（Vector Auto regression，VAR）模型，并通过脉冲响应函数（(Impulse Response Function，IRF）分析变量之间的长期因果效应。

5.3.1 大气规制强度综合指数测算

有关TFP变动及其分解因素的评价指标体系、数据来源以及计算方法已在上一节给出。至于大气规制强度的量化，目前尚未形成固定的模式和体系，现有的环境规制强度量化思路，主要有根据规制实施的过程衡量和根据规制产生的结果衡量两个角度：前者多关注治理支出，如减排成本占总成本的比重（Ederington et al., 2003）、减排成本占附加值的比重（Taylor, 2008）等，然而该类指标受当地财政收入、经济水平等因素影响较大，在不同城市之间的可比性不高；后者多关注污染排放，如不同污染物的排放密度（Streufert et al., 2003）等，但因污染物的排放与当地的工业发展水平、产业结构等因素关系密切，该类指标也很难反映出各市所感受到的规制压力。由于大气规制强度受到经济、环境等多方面影响，应用单一指标很难进行量化，且由于各污染物之间、各城市之间存在差异，难以直接进行比较。考虑到规制结果相较于规制实施过程，更接近各市对大气规制所做出的反应，本文选择从规制结果角度出发，以实现"2+26"城市大气规制强度可比性为目的，参考傅京燕（2010）、王文普（2013）等人的做法，基于数据的可得性和准确性，以主要大气污染物的去除率为指标，构建衡量大气规制强度的综合指数（ARS指数），该指数与大气规制的强度正相关。以下为具体构造步骤。

（1）对主要大气污染物的去除率进行无量纲化，以增强指标间的可比性。

$$r_{ij}^s = \frac{r_{ij} - Min(r_j)}{Max(r_j) - Min(r_j)} \tag{5-3}$$

其中，r_{ij}代表城市i中大气污染物j去除率的原始值，$Max(r_j)$、$Min(r_j)$分别为大气污染物j在所有城市中当年去除率的最大、最小值。该指标代表了各市去除率在"2+26"城市中的相对水平。

（2）由于所研究城市在经济发展水平等方面的差异，其大气污染物的排放情况也不同，而在同一城市中，不同大气污染物的排放情况也不同，因此应通过赋予权重，对不同城市、不同污染物的指标进行调整，使之能够反映各市大气污染治理力度的变化情况，并在所研究区域内具有可比性。权重系数W_j的计算方法如下。

$$W_j = \frac{E_{ij}}{\sum E_{ij}} \bigg/ \frac{D_i}{\sum D_i} \tag{5-4}$$

其中E_{ij}代表i城市第j种大气污染物的排放量，D_i代表i城市的地区生产总值。所以该权重可以解释为：i城市、j污染物的排放量占研究区域内所有城市、j污染物排放总量的比重，与i城市的生产值占所有城市生产总值比重的比值。

（3）根据（5-3），（5-4）的计算结果，通过公式（5-5）得出各市当年的大气规制强度比较矩阵。

$$ARS_i = \sum_{j=1}^{n} W_j \times r_{ij}^s \tag{5-5}$$

本研究基于数据的可得性，选取工业二氧化硫、工业烟粉尘两种主要的大气污染物作为量化基础，对由此得到的2007~2016年大气规制强度指标量化数据进行如表5-7所示的描述性统计。各市大气规制强度相对值与各市全要素生产率的比较如图5-5所示。

表5-7　2007~2016年"2+26"城市ARS指数描述性统计

	平均值	中位数	最大值	最小值	标准差
北京市	0.125	0.121	0.208	0.043	0.058
天津市	0.627	0.645	0.947	0.383	0.188
石家庄市	1.435	1.427	1.905	0.687	0.345
唐山市	2.403	2.431	3.956	1.306	0.794
邯郸市	2.572	2.467	3.654	1.731	0.547
邢台市	1.407	1.281	2.815	0.171	0.955
保定市	0.790	0.741	1.074	0.637	0.159
沧州市	0.488	0.432	1.057	0.103	0.296
廊坊市	0.526	0.592	0.846	0.034	0.230
衡水市	1.104	1.079	1.963	0.512	0.414
太原市	2.124	2.198	2.964	1.180	0.549
阳泉市	5.282	4.848	8.564	2.868	2.059
长治市	5.519	5.470	8.489	3.058	1.761
晋城市	3.538	3.377	5.425	1.703	1.154
济南市	0.592	0.624	0.742	0.162	0.164
淄博市	1.635	1.551	2.111	1.149	0.353
济宁市	1.318	1.256	1.720	1.081	0.206
德州市	1.419	1.298	2.406	0.802	0.571
聊城市	1.546	1.577	2.271	0.440	0.518
滨州市	2.024	1.542	6.292	0.433	1.785
菏泽市	1.510	1.563	1.798	1.039	0.243
郑州市	0.952	0.963	1.332	0.604	0.237
开封市	0.675	0.617	1.696	0.000	0.621

续前表

	平均值	中位数	最大值	最小值	标准差
安阳市	2.026	1.956	3.478	0.999	0.666
鹤壁市	2.549	2.101	4.638	1.702	1.029
新乡市	1.285	1.289	1.659	0.944	0.226
焦作市	1.403	1.158	2.417	0.653	0.580
濮阳市	0.785	0.829	1.064	0.373	0.210

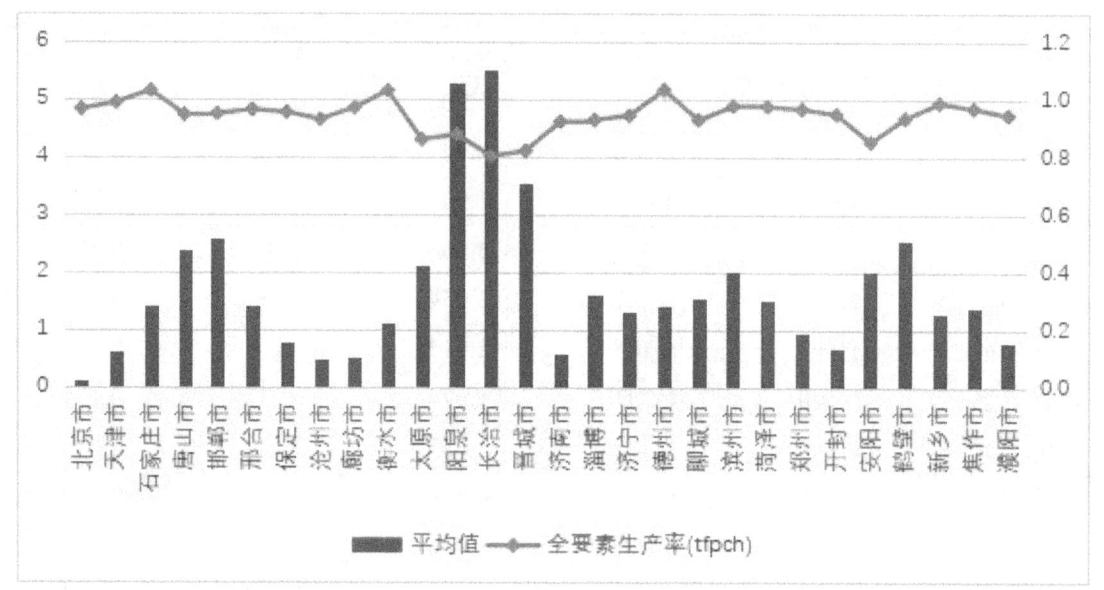

图 5-5 "2+26" 城市 2007~2016 年大气规制平均 ARS 指数值及 TFP 变动情况

值得注意的是，本研究选取的量化指标来自于规制结果角度，所以指标的量化结果代表的并不是规制出台的力度，而是规制出台后产生的效果。根据 ARS 指数的测算过程，某一城市的主要大气污染物去除率越高（是否为主要污染物依据该污染物排放情况与当地经济情况构建的权重表示），则 ARS 指数越高，代表着该地大气规制产生的效果越好，也说明有关单位感受到来自大气规制的压力越大。由表 5-7 与图 5-5 显示的结果可以发现，在所研究的区域内，北京市是感受到压力最小的城市，这是由于北京市的调整系数显著低于其他城市而造成的，在较为发达的经济水平和较为合理的产业结构下，其大气污染物的排放量已经远远低于研究范围内的其他城市。面对大气规制，其他城市所感受到的压力实际上要高于北京市，北京市因此被赋予了较低的权重。与之相对的，长治市是压力最大的城市，这不仅仅是因为其较高的污染物去除力度，还因为该市的污染物排放相对于该市的经济发展来说，具有过高的水平，因而被赋予了较高的权重。

通过各市大气规制强度与全要素生产率的比较，可以发现，平均全要素生产率发展最慢的城市长治市，也是大气规制强度最高的城市。平均生产力发展最快的城市德州市，大气规制强度也是较低的，来自大气规制的压力似乎对城市的生产力发展产生了负面影响。但以上研究均是基于静态数据的，并没有考虑到大气规制强度影响产生的滞后性，这也是本研究建立 VAR 模型，将 TFP 变动和大气规制强度的滞后效应均考虑在内，以此进行动态层面因果关系分析的原因。

5.3.2 条件检验

在拟合 VAR 模型之前，需要对即将建立的模型进行定阶，即评估滞后期 P 的最优选择，目前常用的滞后期确定方法有似然比检验（Likelihood Ratio，LR），有限预测误差准则（Final Prediction Error，FPE），赤池信息准则（Akaike Information Criterion，AIC），施瓦茨准则（Schwarz Criterion，SC）以及 Hannan-Quinn 准则（Hannan-Quinn Criterion，HQ）等，为了使选择的结果更加接近最优，本章综合以上滞后期数选择方法，以各市在上述选取准则下"被选择"最多的滞后期数作为建模所用的 p，受到时间序列长度的限制，以 2 阶作为备选的最高阶滞后期数。

在完成滞后期数选择后，还需对将建立的模型进行平稳性检验，序列平稳是避免出现伪回归，保证 VAR 模型和 IRF 方法有意义的必要前提。本研究采用单位根方法，对"2+26"城市的时间序列数据分别进行平稳性检验。对于个别在最优滞后阶数下数据不平稳的城市，为保证模型有意义，选取次优滞后阶数。

表 5-8、表 5-8 分别展示了"2+26"城市"大气规制强度-TFP 变动"、"大气规制强度-产业技术进步贡献"两组变量的最优滞后阶数选择结果。

表 5-8 "2+26"城市大气规制强度与 TFP 变动 VAR 模型滞后期

城市	滞后阶数 p
北京市	1
天津市	1
石家庄市	1
唐山市	2
邯郸市	1
邢台市	1
保定市	2
沧州市	1
廊坊市	1
衡水市	1
太原市	2

续前表

城市	滞后阶数 p
阳泉市	2
长治市	2
晋城市	2
济南市	1
淄博市	1
济宁市	2
德州市	2
聊城市	2
滨州市	1
菏泽市	1
郑州市	2
开封市	1
安阳市	2
鹤壁市	2
新乡市	1
焦作市	1
濮阳市	1

表 5-9 "2+26" 城市大气规制强度与产业技术进步贡献 VAR 模型滞后期

城市	滞后阶数 p
北京市	1
天津市	1
石家庄市	2
唐山市	2
邯郸市	1
邢台市	1
保定市	2
沧州市	1
廊坊市	1
衡水市	1

续前表

城市	滞后阶数 p
太原市	2
阳泉市	2
长治市	2
晋城市	2
济南市	2
淄博市	1
济宁市	2
德州市	1
聊城市	1
滨州市	1
菏泽市	1
郑州市	1
开封市	1
安阳市	1
鹤壁市	2
新乡市	1
焦作市	1
濮阳市	1

图 5-6 和图 5-7 展示了各市在所选滞后期数下的模型平稳性检验结果。

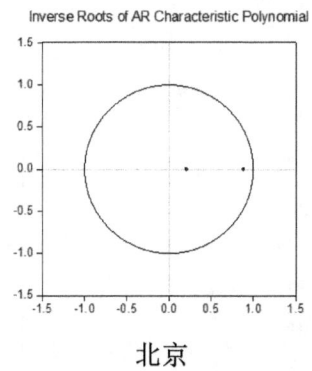
北京

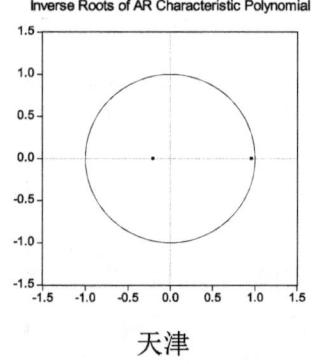
天津

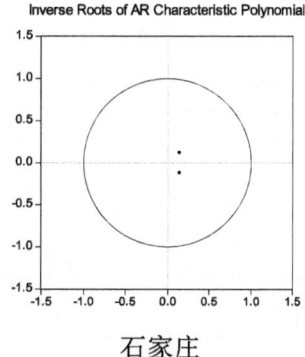
石家庄

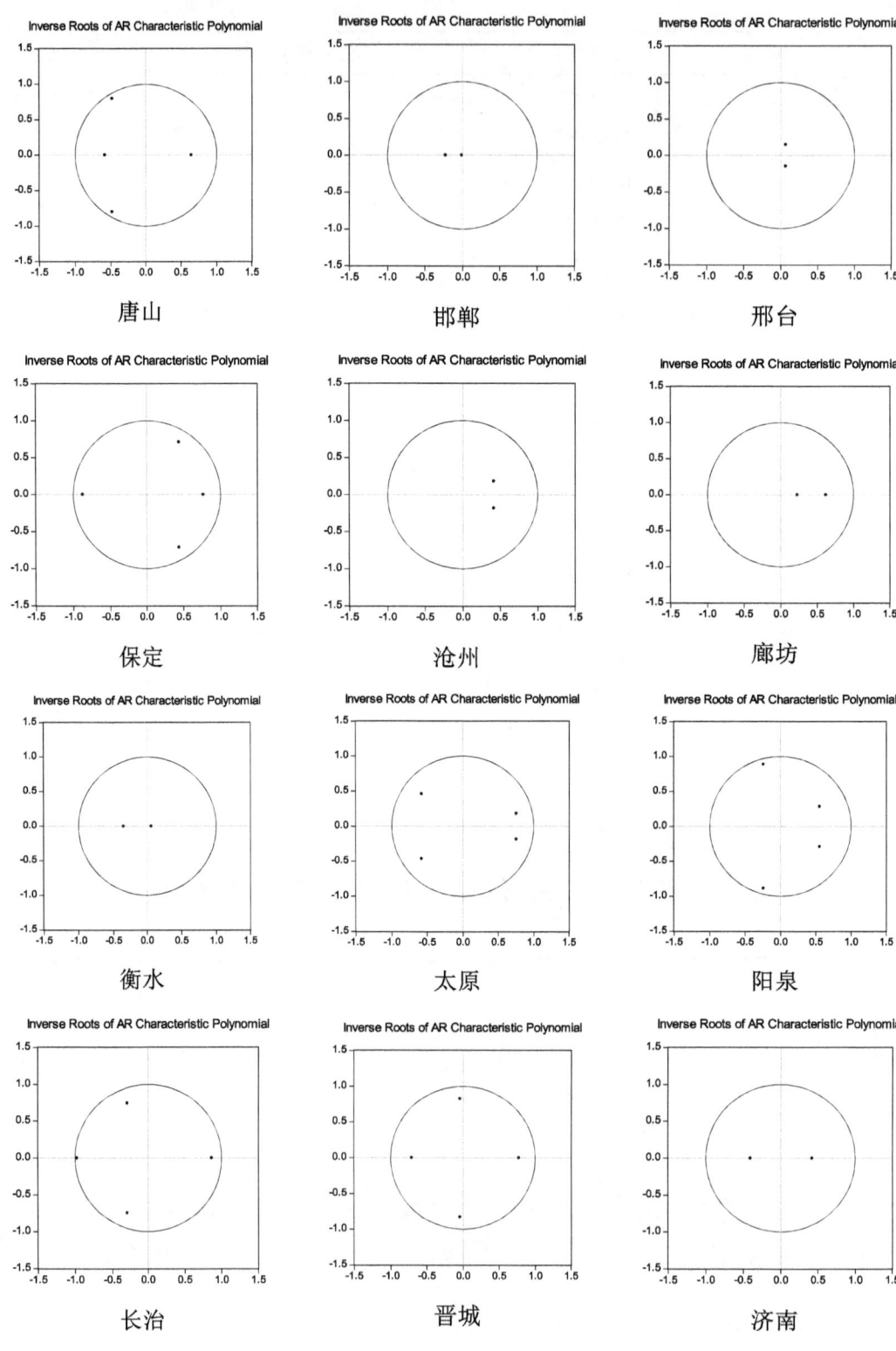

第五章 大气污染控制对区域生产力的影响

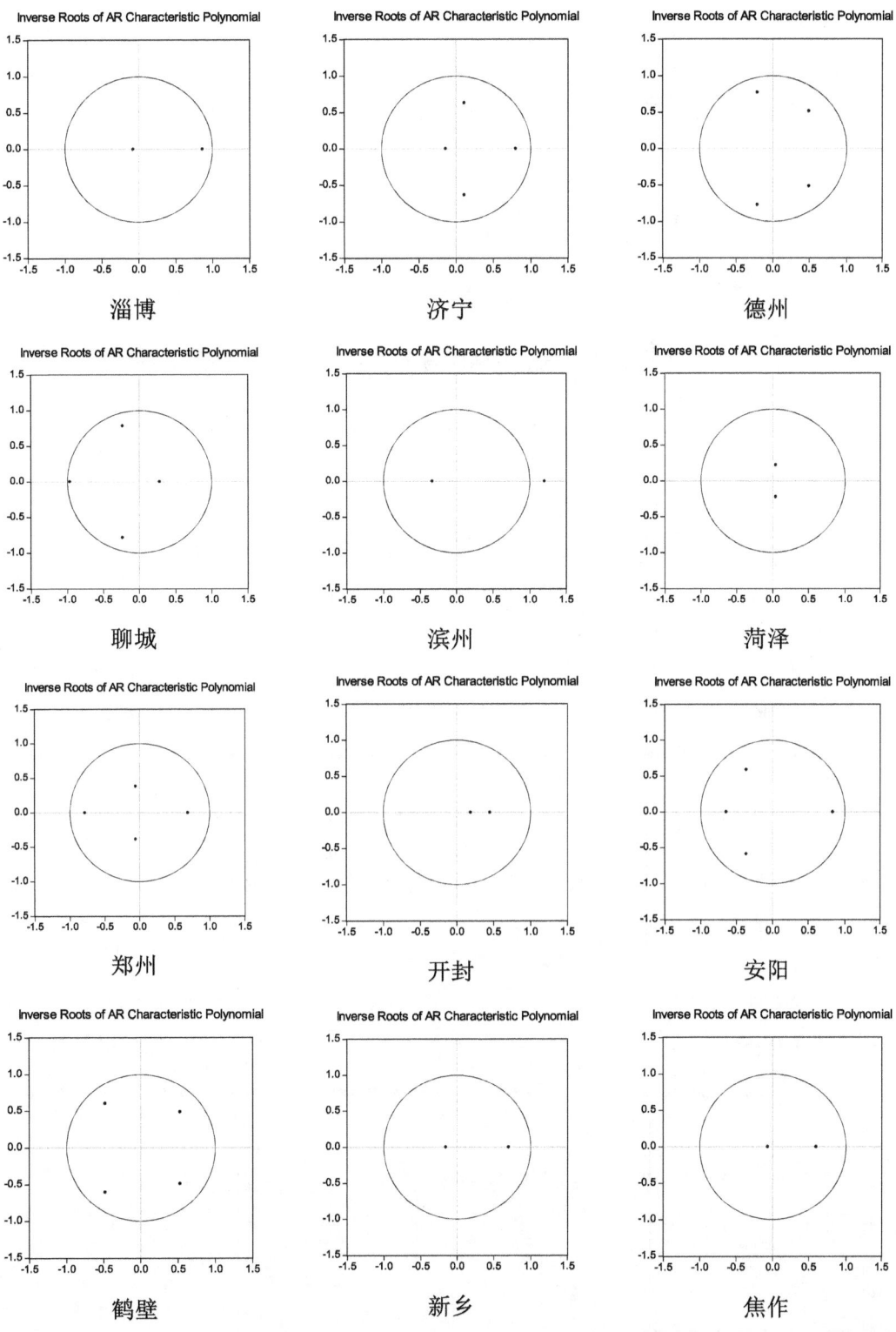

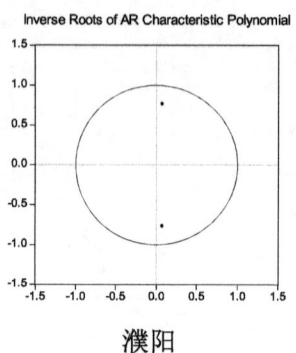

濮阳

图 5-6 "2+26"城市大气规制强度与 TFP 变动 VAR 模型平稳性检验

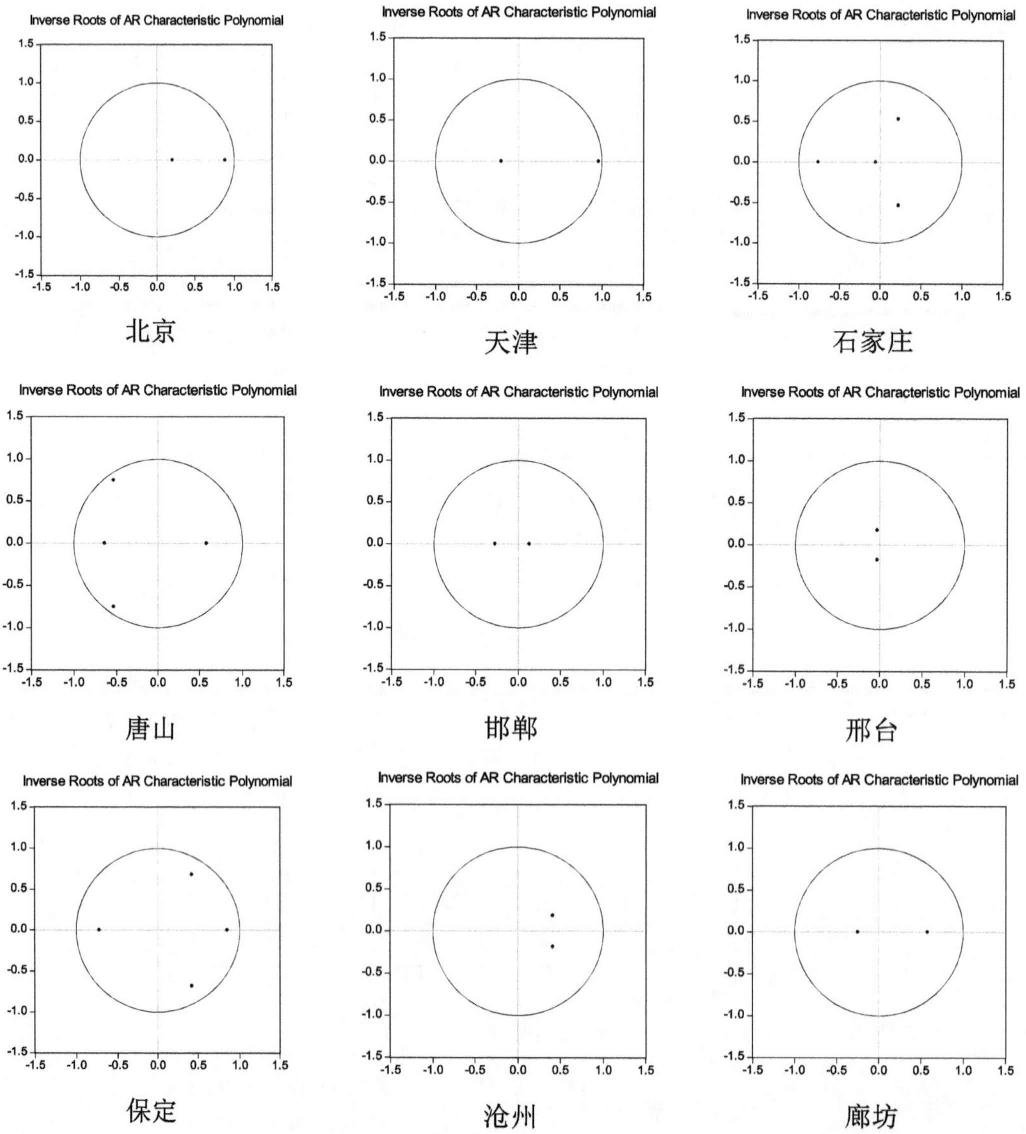

北京　　　　　　　天津　　　　　　　石家庄

唐山　　　　　　　邯郸　　　　　　　邢台

保定　　　　　　　沧州　　　　　　　廊坊

第五章 大气污染控制对区域生产力的影响

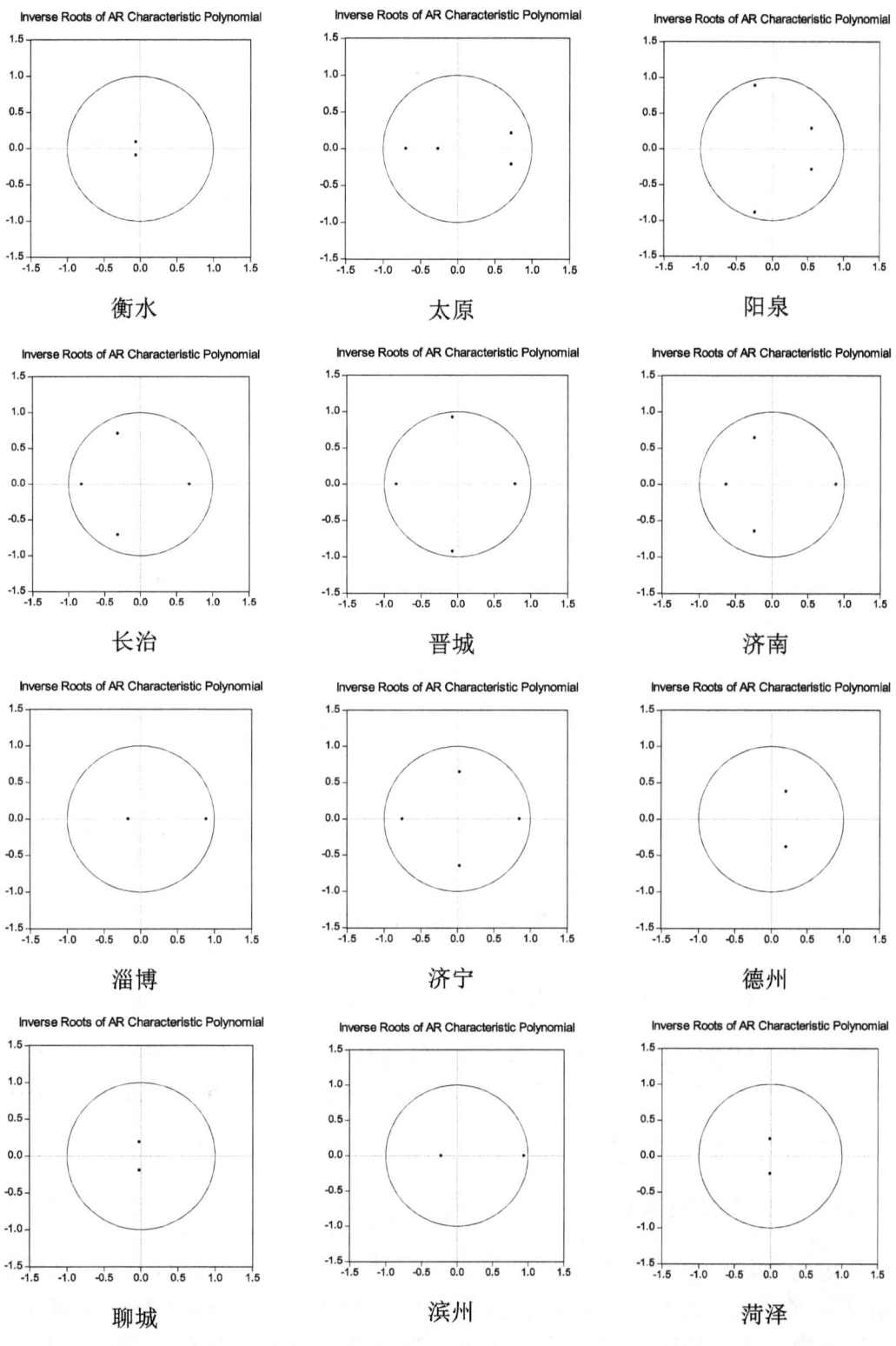

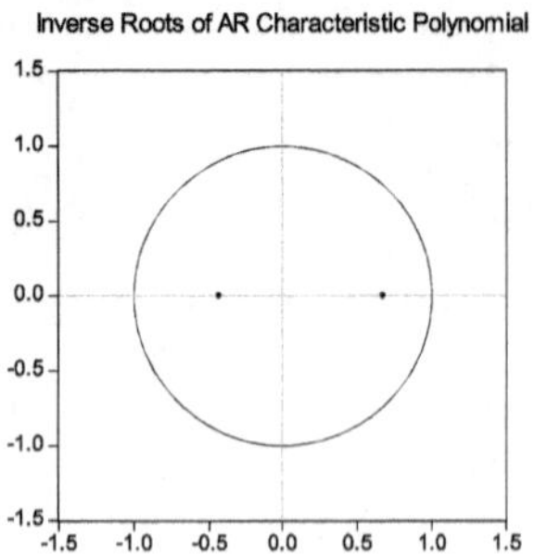

郑州 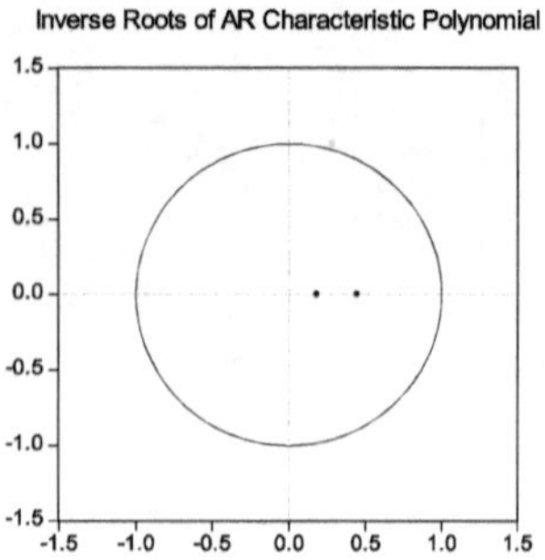　　　　　　　　开封 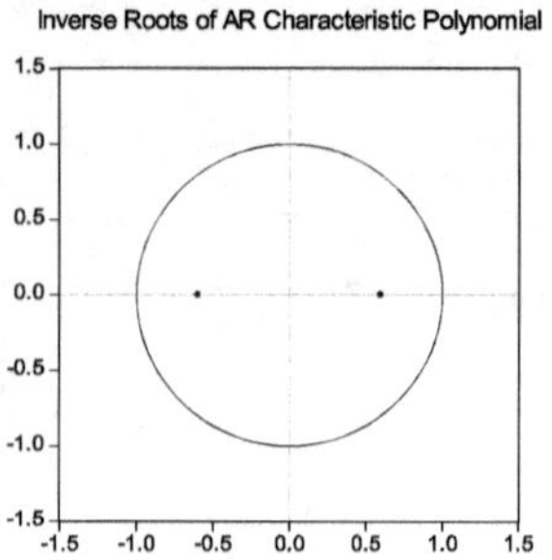　　　　　　　　安阳

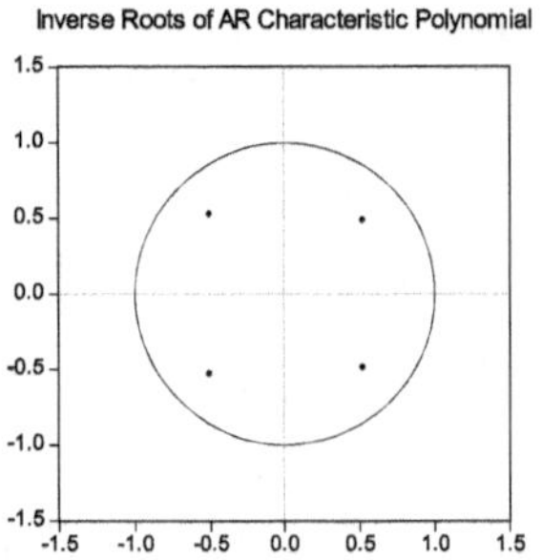

鹤壁 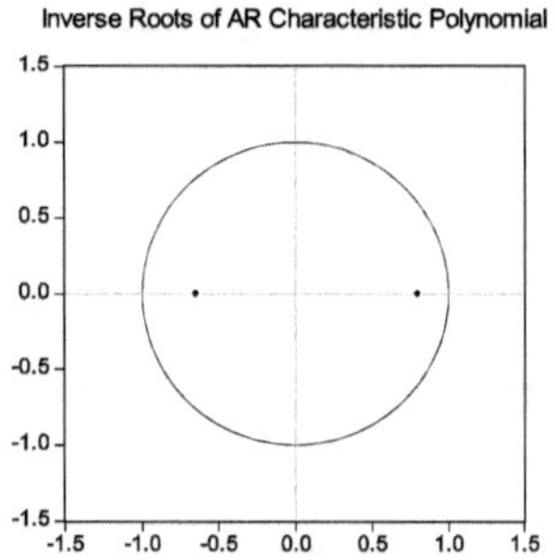　　　　　　　　新乡 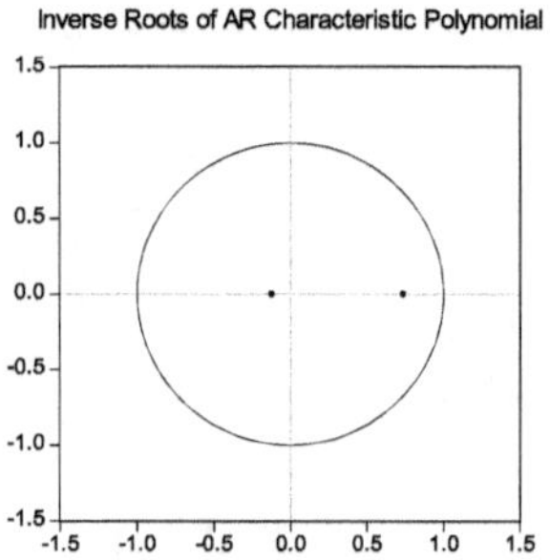　　　　　　　　焦作

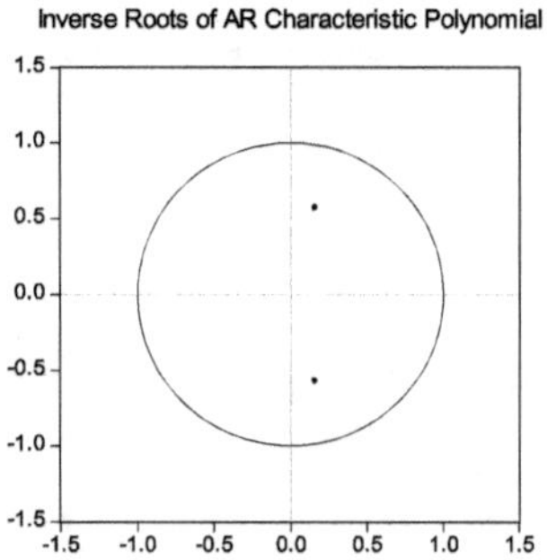

濮阳

图 5-7　各市大气规制强度与技术进步贡献 VAR 模型平稳性检验

通过展示的结果可以发现，在所选择的滞后阶数下，除滨州外，其他城市的变量均无单位根在单位圆之外，这表明序列是平稳的，满足建立 VAR 模型进行脉冲响应函数分析的要求。

5.3.3　VAR 模型构建

考虑到因环境问题的滞后性特征，为解决这一滞后性问题，VAR 模型被引入到本研究中（吴继贵等，2016；张同斌等，2016；石磊等，2018；杨晓叶等，2018；姜照华等，2019）。根据各市的滞后期数选择情况，以大气规制强度（变量 *ARS*）为自变量，参考公式（5-5）分别建立以全要素生产率变动（变量 *TFP*）为因变量、以技术进步贡献（变量 TECH）为因变量的 VAR 模型，并对各市所建模型进行参数估计，结果分别如表 5-10、表 5-11 所示。

表 5-10 "2+26" 城市 TFP-ARS 变量 VAR 模型

城市	VAR 建模结果
北京市	$ARS\_BJ = 0.67*ARS\_BJ_{(-1)} - 0.40*TFP\_BJ_{(-1)} + 0.41$ $TFP\_BJ = -0.25*ARS\_BJ_{(-1)} + 0.43*TFP\_BJ_{(-1)} + 0.61$
天津市	$ARS\_TJ = 0.77*ARS\_TJ_{(-1)} - 0.69*TFP\_TJ_{(-1)} + 0.80$ $TFP\_TJ = -0.26*ARS\_TJ_{(-1)} - 0.02*TFP\_TJ_{(-1)} + 1.20$
石家庄市	$ARS\_SJZ = 0.06*ARS\_SJZ_{(-1)} + 0.75*TFP\_SJZ_{(-1)} + 0.56$ $TFP\_SJZ = -0.03*ARS\_SJZ_{(-1)} + 0.22*TFP\_SJZ_{(-1)} + 0.87$
唐山市	$ARS\_TS = -1.00*ARS\_TS_{(-1)} - 0.86*ARS\_TS_{(-2)} - 11.38*TFP\_TS_{(-1)} + 3.33*TFP\_TS_{(-2)} + 14.72$ $TFP\_TS = 0.0028*ARS\_TS_{(-1)} + 0.0036*ARS\_TS_{(-2)} + 0.10*TFP\_TS_{(-1)} + 0.37*TFP\_TS_{(-2)} + 0.54$
邯郸市	$ARS\_HD = 0.07*ARS\_HD_{(-1)} + 2.61*TFP\_HD_{(-1)} - 0.0020$ $TFP\_HD = -0.01*ARS\_HD_{(-1)} - 0.30*TFP\_HD_{(-1)} + 1.28$
邢台市	$ARS\_XT = 0.09*ARS\_XT_{(-1)} - 2.66*TFP\_XT_{(-1)} + 3.80$ $TFP\_XT = 0.01*ARS\_XT_{(-1)} + 0.05*TFP\_XT_{(-1)} + 0.92$
保定市	$ARS\_BD = 0.56*ARS\_BD_{(-1)} - 0.97*ARS\_BD_{(-2)} - 1.61*TFP\_BD_{(-1)} + 0.25*TFP\_BD_{(-2)} + 2.46$ $TFP\_BD = -0.47*ARS\_BD_{(-1)} + 0.33*ARS\_BD_{(-2)} + 0.21*TFP\_BD_{(-1)} + 0.40*TFP\_BD_{(-2)} + 0.50$
沧州市	$ARS\_CZ = 0.38*ARS\_CZ_{(-1)} - 1.26*TFP\_CZ_{(-1)} + 1.51$ $TFP\_CZ = 0.03*ARS\_CZ_{(-1)} + 0.45*TFP\_CZ_{(-1)} + 0.54$
廊坊市	$ARS\_LF = 0.59*ARS\_LF_{(-1)} - 0.12*TFP\_LF_{(-1)} + 0.26$ $TFP\_LF = -0.11*ARS\_LF_{(-1)} + 0.26*TFP\_LF_{(-1)} + 0.78$
衡水市	$ARS\_HS = 0.02*ARS\_HS_{(-1)} - 0.07*TFP\_HS_{(-1)} + 1.05$ $TFP\_HS = -0.23*ARS\_HS_{(-1)} - 0.32*TFP\_HS_{(-1)} + 1.64$
太原市	$ARS\_TY = 0.01*ARS\_TY_{(-1)} + 0.56*ARS\_TY_{(-2)} - 6.85*TFP\_TY_{(-1)} - 0.03*TFP\_TY_{(-2)} + 6.77$ $TFP\_TY = 0.08*ARS\_TY_{(-1)} - 0.05*ARS\_TY_{(-2)} + 0.35*TFP\_TY_{(-1)} + 0.59*TFP\_TY_{(-2)} + 0.03$
阳泉市	$ARS\_YQ = 1.19*ARS\_YQ_{(-1)} - 0.38*ARS\_YQ_{(-2)} + 2.75*TFP\_YQ_{(-1)} + 0.01*TFP\_YQ_{(-2)} - 1.91$ $TFP\_YQ = -0.04*ARS\_YQ_{(-1)} - 0.02*ARS\_YQ_{(-2)} - 0.56*TFP\_YQ_{(-1)} - 0.87*TFP\_YQ_{(-2)} + 2.56$
长治市	$ARS\_CZH = -0.49*ARS\_CZH_{(-1)} - 0.55*ARS\_CZH_{(-2)} - 8.00*TFP\_CZH_{(-1)} - 10.94*TFP\_CZH_{(-2)} + 26.28$ $TFP\_CZH = -0.01*ARS\_CZH_{(-1)} - 0.01*ARS\_CZH_{(-2)} - 0.21*TFP\_CZH_{(-1)} + 0.73*TFP\_CZH_{(-2)} + 0.53$

续前表

城市	VAR 建模结果
晋城市	$ARS\_JC = -0.09*ARS\_JC_{(-1)} - 0.61*ARS\_JC_{(-2)} + 4.44*TFP\_JC_{(-1)} - 11.04*TFP\_JC_{(-2)} + 11.16$ $TFP\_JC = -0.0024*ARS\_JC_{(-1)} - 0.01*ARS\_JC_{(-2)} + 0.08*TFP\_JC_{(-1)} + 0.49*TFP\_JC_{(-2)} + 0.42$
济南市	$ARS\_JN = -0.43*ARS\_JN_{(-1)} + 0.27*TFP\_JN_{(-1)} + 0.60$ $TFP\_JN = -0.07*ARS\_JN_{(-1)} + 0.45*TFP\_JN_{(-1)} + 0.58$
淄博市	$ARS\_ZB = 0.69*ARS\_ZB_{(-1)} - 4.49*TFP\_ZB_{(-1)} + 4.66$ $TFP\_ZB = -0.03*ARS\_ZB_{(-1)} + 0.09*TFP\_ZB_{(-1)} + 0.90$
济宁市	$ARS\_JNI = 0.69*ARS\_JNI_{(-1)} - 0.45*ARS\_JNI_{(-2)} + 2.16*TFP\_JNI_{(-1)} - 3.30*TFP\_JNI_{(-2)} + 2.02$ $TFP\_JNI = -0.10*ARS\_JNI_{(-1)} + 0.03*ARS\_JNI_{(-2)} + 0.20*TFP\_JNI_{(-1)} + 0.35*TFP\_JNI_{(-2)} + 0.54$
德州市	$ARS\_DZ = 0.75*ARS\_DZ_{(-1)} - 0.61*ARS\_DZ_{(-2)} + 4.47*TFP\_DZ_{(-1)} + 0.11*TFP\_DZ_{(-2)} - 3.55$ $TFP\_DZ = 0.07*ARS\_DZ_{(-1)} + 0.02*ARS\_DZ_{(-2)} - 0.17*TFP\_DZ_{(-1)} - 0.55*TFP\_DZ_{(-2)} + 1.64$
聊城市	$ARS\_LC = -1.07*ARS\_LC_{(-1)} + 0.01*ARS\_LC_{(-2)} - 5.65*TFP\_LC_{(-1)} - 4.25*TFP\_LC_{(-2)} + 12.43$ $TFP\_LC = 0.06*ARS\_LC_{(-1)} - 0.04*ARS\_LC_{(-2)} - 0.08*TFP\_LC_{(-1)} - 0.28*TFP\_LC_{(-2)} + 1.25$
菏泽市	$ARS\_HZ = 0.19*ARS\_HZ_{(-1)} + 0.48*TFP\_HZ_{(-1)} + 0.80$ $TFP\_HZ = -0.15*ARS\_HZ_{(-1)} - 0.11*TFP\_HZ_{(-1)} + 1.31$
郑州市	$ARS\_ZZ = -0.53*ARS\_ZZ_{(-1)} + 0.44*ARS\_ZZ_{(-2)} + 1.80*TFP\_ZZ_{(-1)} - 2.55*TFP\_ZZ_{(-2)} + 1.59$ $TFP\_ZZ = -0.10*ARS\_ZZ_{(-1)} - 0.02*ARS\_ZZ_{(-2)} + 0.32*TFP\_ZZ_{(-1)} - 0.05*TFP\_ZZ_{(-2)} + 0.85$
开封市	$ARS\_KF = 0.45*ARS\_KF_{(-1)} + 0.0025*TFP\_KF_{(-1)} + 0.40$ $TFP\_KF = 0.26*ARS\_KF_{(-1)} + 0.19*TFP\_KF_{(-1)} + 0.69$
安阳市	$ARS\_AY = -0.88*ARS\_AY_{(-1)} - 0.52*ARS\_AY_{(-2)} + 4.03*TFP\_AY_{(-1)} - 1.00*TFP\_AY_{(-2)} + 2.29$ $TFP\_AY = -0.01*ARS\_AY_{(-1)} - 0.02*ARS\_AY_{(-2)} + 0.34*TFP\_AY_{(-1)} + 0.44*TFP\_AY_{(-2)} + 0.30$
鹤壁市	$ARS\_HB = 1.05*ARS\_HB_{(-1)} - 0.57*ARS\_HB_{(-2)} - 0.18*TFP\_HB_{(-1)} - 0.30*TFP\_HB_{(-2)} + 1.61$ $TFP\_HB = -0.25*ARS\_HB_{(-1)} - 0.06*ARS\_HB_{(-2)} - 0.95*TFP\_HB_{(-1)} - 0.57*TFP\_HB_{(-2)} + 3.32$
新乡市	$ARS\_XX = 0.55*ARS\_XX_{(-1)} - 1.22*TFP\_XX_{(-1)} + 1.75$ $TFP\_XX = -0.09*ARS\_XX_{(-1)} - 0.01*TFP\_XX_{(-1)} + 1.14$
焦作市	$ARS\_JZ = 0.33*ARS\_JZ_{(-1)} - 4.11*TFP\_JZ_{(-1)} + 4.84$ $TFP\_JZ = -0.03*ARS\_JZ_{(-1)} + 0.20*TFP\_JZ_{(-1)} + 0.85$

续前表

城市	VAR 建模结果
濮阳市	$ARS\_PY = -0.39*ARS\_PY_{(-1)} - 0.57*TFP\_PY_{(-1)} + 1.59$ $TFP\_PY = 1.41*ARS\_PY_{(-1)} + 0.53*TFP\_PY_{(-1)} - 0.55$

表 5-11 "2+26" 城市 TECH-ARS 变量 VAR 模型

城市	VAR 建模结果
北京市	$ARS\_BJ = 0.67ARS\_BJ_{(-1)} - 0.40*TECH\_BJ_{(-1)} + 0.41$ $TECH\_BJ = -0.25*ARS\_BJ_{(-1)} + 0.43*TECH\_BJ_{(-1)} + 0.61$
天津市	$ARS\_TJ = 0.77*ARS\_TJ_{(-1)} - 0.69*TECH\_TJ_{(-1)} + 0.80$ $TECH\_TJ = -0.26*ARS\_TJ_{(-1)} - 0.02*TECH\_TJ_{(-1)} + 1.20$
石家庄市	$ARS\_SJZ = -0.09*ARS\_SJZ_{(-1)} - 0.83*ARS\_SJZ_{(-2)} - 6.93*TECH\_SJZ_{(-1)} + 1.70*TECH\_SJZ_{(-2)} + 8.32$ $TECH\_SJZ = -0.12*ARS\_SJZ_{(-1)} - 0.02*ARS\_SJZ_{(-2)} - 0.27*TECH\_SJZ_{(-1)} + 0.03*TECH\_SJZ_{(-2)} + 1.51$
唐山市	$ARS\_TS = -1.05*ARS\_TS_{(-1)} - 0.82*ARS\_TS_{(-2)} + 0.99*TECH\_TS_{(-1)} - 3.44*TECH\_TS_{(-2)} + 9.00$ $TECH\_TS = -0.01*ARS\_TS_{(-1)} - 0.0032*ARS\_TS_{(-2)} - 0.07*TECH\_TS_{(-1)} + 0.37*TECH\_TS_{(-2)} + 0.74$
邯郸市	$ARS\_HD = -0.09*ARS\_HD_{(-1)} + 1.99*TECH\_HD_{(-1)} + 0.92$ $TECH\_HD = 0.02*ARS\_HD_{(-1)} - 0.05*TECH\_HD_{(-1)} + 1.00$
邢台市	$ARS\_XT = 0.05*ARS\_XT_{(-1)} - 2.99*TECH\_XT_{(-1)} + 4.24$ $TECH\_XT = 0.01*ARS\_XT_{(-1)} - 0.10*TECH\_XT_{(-1)} + 1.09$
保定市	$ARS\_BD = 0.72*ARS\_BD_{(-1)} - 0.69*ARS\_BD_{(-2)} - 1.18*TECH\_BD_{(-1)} + 0.69*TECH\_BD_{(-2)} + 1.28$ $TECH\_BD = -0.24*ARS\_BD_{(-1)} + 0.11*ARS\_BD_{(-2)} + 0.26*TECH\_BD_{(-1)} + 0.46*TECH\_BD_{(-2)} + 0.39$
沧州市	$ARS\_CZ = 0.38*ARS\_CZ_{(-1)} - 1.26*TECH\_CZ_{(-1)} + 1.51$ $TECH\_CZ = 0.03*ARS\_CZ_{(-1)} + 0.45*TECH\_CZ_{(-1)} + 0.54$
廊坊市	$ARS\_LF = 0.57*ARS\_LF_{(-1)} - 0.06*TECH\_LF_{(-1)} + 0.22$ $TECH\_LF = -0.18*ARS\_LF_{(-1)} - 0.23*TECH\_LF_{(-1)} + 1.35$
衡水市	$ARS\_HS = 0.03*ARS\_HS_{(-1)} + 0.08*TECH\_HS_{(-1)} + 0.90$ $TECH\_HS = -0.21*ARS\_HS_{(-1)} - 0.15*TECH\_HS_{(-1)} + 1.459$
太原市	$ARS\_TY = 0.18*ARS\_TY_{(-1)} + 0.41*ARS\_TY_{(-2)} - 11.06*TECH\_TY_{(-1)} + 3.87*TECH\_TY_{(-2)} + 7.11$ $TECH\_TY = 0.01*ARS\_TY_{(-1)} + 0.01*ARS\_TY_{(-2)} + 0.30*TECH\_TY_{(-1)} + 0.35*TECH\_TY_{(-2)} + 0.31$
阳泉市	$ARS\_YQ = 1.19*ARS\_YQ_{(-1)} - 0.38*ARS\_YQ_{(-2)} + 2.75*TECH\_YQ_{(-1)} + 0.01*TECH\_YQ_{(-2)} - 1.91$ $TECH\_YQ = -0.04*ARS\_YQ_{(-1)} - 0.02*ARS\_YQ_{(-2)} - 0.56*TECH\_YQ_{(-1)} - 0.87*TECH\_YQ_{(-2)} + 2.56$

续前表

城市	VAR 建模结果
长治市	$ARS\_CZH = -0.57*ARS\_CZH_{(-1)} - 0.54*ARS\_CZH_{(-2)} - 3.66*TECH\_CZH_{(-1)} - 10.26*TECH\_CZH_{(-2)} + 23.19$ $TECH\_CZH = -0.01*ARS\_CZH_{(-1)} - 0.01*ARS\_CZH_{(-2)} - 0.20*TECH\_CZH_{(-1)} + 0.50*TECH\_CZH_{(-2)} + 0.73$
晋城市	$ARS\_JC = -0.08*ARS\_JC_{(-1)} - 0.38*ARS\_JC_{(-2)} + 6.31*TECH\_JC_{(-1)} - 10.36*TECH\_JC_{(-2)} + 8.04$ $TECH\_JC = -0.03*ARS\_JC_{(-1)} - 0.04*ARS\_JC_{(-2)} - 0.11*TECH\_JC_{(-1)} + 0.37*TECH\_JC_{(-2)} + 0.92$
济南市	$ARS\_JN = -0.63*ARS\_JN_{(-1)} - 0.52*ARS\_JN_{(-2)} - 1.58*TECH\_JN_{(-1)} + 1.35*TECH\_JN_{(-2)} + 1.52$ $TECH\_JN = -0.03*ARS\_JN_{(-1)} + 0.03*ARS\_JN_{(-2)} + 0.42*TECH\_JN_{(-1)} + 0.42*TECH\_JN_{(-2)} + 0.17$
淄博市	$ARS\_ZB = 0.69*ARS\_ZB_{(-1)} - 5.04*TECH\_ZB_{(-1)} + 5.16$ $TECH\_ZB = -0.03*ARS\_ZB_{(-1)} + 0.03*TECH\_ZB_{(-1)} + 0.96$
济宁市	$ARS\_JNI = 0.10*ARS\_JNI_{(-1)} - 0.51*ARS\_JNI_{(-2)} - 1.99*TECH\_JNI_{(-1)} - 1.01*TECH\_JNI_{(-2)} + 4.67$ $TECH\_JNI = -0.08*ARS\_JNI_{(-1)} + 0.02*ARS\_JNI_{(-2)} + 0.06*TECH\_JNI_{(-1)} + 0.57*TECH\_JNI_{(-2)} + 0.45$
德州市	$ARS\_DZ = 0.27*ARS\_DZ_{(-1)} + 3.90*TECH\_DZ_{(-1)} - 2.95$ $TECH\_DZ = -0.04*ARS\_DZ_{(-1)} + 0.14*TECH\_DZ_{(-1)} + 0.95$
聊城市	$ARS\_LC = -0.04*ARS\_LC_{(-1)} - 0.91*TECH\_LC_{(-1)} + 2.50$ $TECH\_LC = 0.04*ARS\_LC_{(-1)} + 0.0020*TECH\_LC_{(-1)} + 0.88$
滨州市	$ARS\_BZ = 0.93*ARS\_BZ_{(-1)} - 1.66*TECH\_BZ_{(-1)} + 2.39$ $TECH\_BZ = -0.01*ARS\_BZ_{(-1)} - 0.21*TECH\_BZ_{(-1)} + 1.22$
菏泽市	$ARS\_HZ = 0.20*ARS\_HZ_{(-1)} + 0.41*TECH\_HZ_{(-1)} + 0.87$ $TECH\_HZ = -0.24*ARS\_HZ_{(-1)} - 0.22*TECH\_HZ_{(-1)} + 1.52$
郑州市	$ARS\_ZZ = 0.06*ARS\_ZZ_{(-1)} - 2.13*TECH\_ZZ_{(-1)} + 2.91$ $TECH\_ZZ = -0.14*ARS\_ZZ_{(-1)} + 0.18*TECH\_ZZ_{(-1)} + 0.96$
开封市	$ARS\_KF = 0.45*ARS\_KF_{(-1)} - 0.01*TECH\_KF_{(-1)} + 0.41$ $TECH\_KF = 0.26*ARS\_KF_{(-1)} + 0.17*TECH\_KF_{(-1)} + 0.70$
安阳市	$ARS\_AY = -0.59*ARS\_AY_{(-1)} + 2.31*TECH\_AY_{(-1)} + 1.31$ $TECH\_AY = 0.0021*ARS\_AY_{(-1)} + 0.59*TECH\_AY_{(-1)} + 0.39$
鹤壁市	$ARS\_HB = 1.08*ARS\_HB_{(-1)} - 0.59*ARS\_HB_{(-2)} + 0.01*TECH\_HB_{(-1)} - 0.33*TECH\_HB_{(-2)} + 1.41$ $TECH\_HB = -0.25*ARS\_HB_{(-1)} - 0.11*ARS\_HB_{(-2)} - 1.05*TECH\_HB_{(-1)} - 0.53*TECH\_HB_{(-2)} + 3.53$
新乡市	$ARS\_XX = 0.33*ARS\_XX_{(-1)} - 1.04*TECH\_XX_{(-1)} + 1.85$ $TECH\_XX = -0.44*ARS\_XX_{(-1)} - 0.18*TECH\_XX_{(-1)} + 1.75$

续前表

城市	VAR 建模结果
焦作市	$ARS\_JZ = 0.59*ARS\_JZ_{(-1)} - 1.96*TECH\_JZ_{(-1)} + 2.40$ $TECH\_JZ = -0.06*ARS\_JZ_{(-1)} + 0.03*TECH\_JZ_{(-1)} + 1.04$
濮阳市	$ARS\_PY = -0.33*ARS\_PY_{(-1)} - 0.49*TECH\_PY_{(-1)} + 1.47$ $TECH\_PY = 1.16*ARS\_PY_{(-1)} + 0.64*TECH\_PY_{(-1)} - 0.47$

由于所建 VAR 模型加入内生滞后变量而产生了多重共线性，因此无法通过解释所估计的系数本身得出结论，需要在所建模型的基础上进行深入的因果性分析。

IRF 是着重研究动态系统内变量之间关系的因果性分析法，随着 VAR 模型的不断发展而被推广运用（张竟成等，2017；Zong et al., 2018；刘晓君等，2019；蒋珂等，2020）。VAR 模型于 1980 年由 Christopher A. Sims 提出。在滞后阶数为 p 的情况下，VAR(p) 可以用下式表示：

$$y_t = v + A_1 Y_{t-1} + \cdots + A_p y_{t-p} + u_t \tag{5-6}$$

式中 A_1-A_p 是变量系数，v 是常数，u_t 是随机误差。

VAR 模型中的变量需对自身和其他变量的 p 阶滞后变量进行回归，得出的回归方程便构成了最后的模型，该模型能够考虑到变量的动态特点。但是，从 VAR 模型不能直观看出变量之间的因果关系，要达到这一目的比较有效的方法便是 IRF。该方法是通过研究其他变量冲击某特定变量时特定变量的反映，通过分析在反应期数推进下，这一反应的变化，找出所研究变量之间的因果关系。

全要素生产率除受自身滞后效应的影响外，也受大气规制滞后效应的影响，这种动态性的关系可以用 VAR 模型很好地拟合。探究"2+26"城市的大气规制对技术进步、技术效率在全要素生产率变动中的潜在贡献比会产生何种影响，可以转化为探究该贡献比对来自大气规制强度冲击的响应，IRF 是适合该研究的较为准确有效的方法。

5.3.4 大气规制强度对区域全要素生产率变动指数的影响

将代表大气规制强度的变量 ARS 作为新息影响的产生变量，以变量 TFP 作为被冲击变量，通过输出的脉冲响应函数 IRF 图，分析 ARS 对 TFP 产生的影响效应。"2+26"城市在所建 VAR 模型下的 IRF 图如图所示。图中横轴代表变量 ARS 一个标准差新息变动对变量 TFP、变量 TECH 的影响期数，纵轴代表影响幅度。实线表示随着预测期数的增加，生产力变量对大气规制变量一个标准差新息的脉冲响应，虚线表示在相应脉冲响应图像两侧上下两倍标准差的置信带。

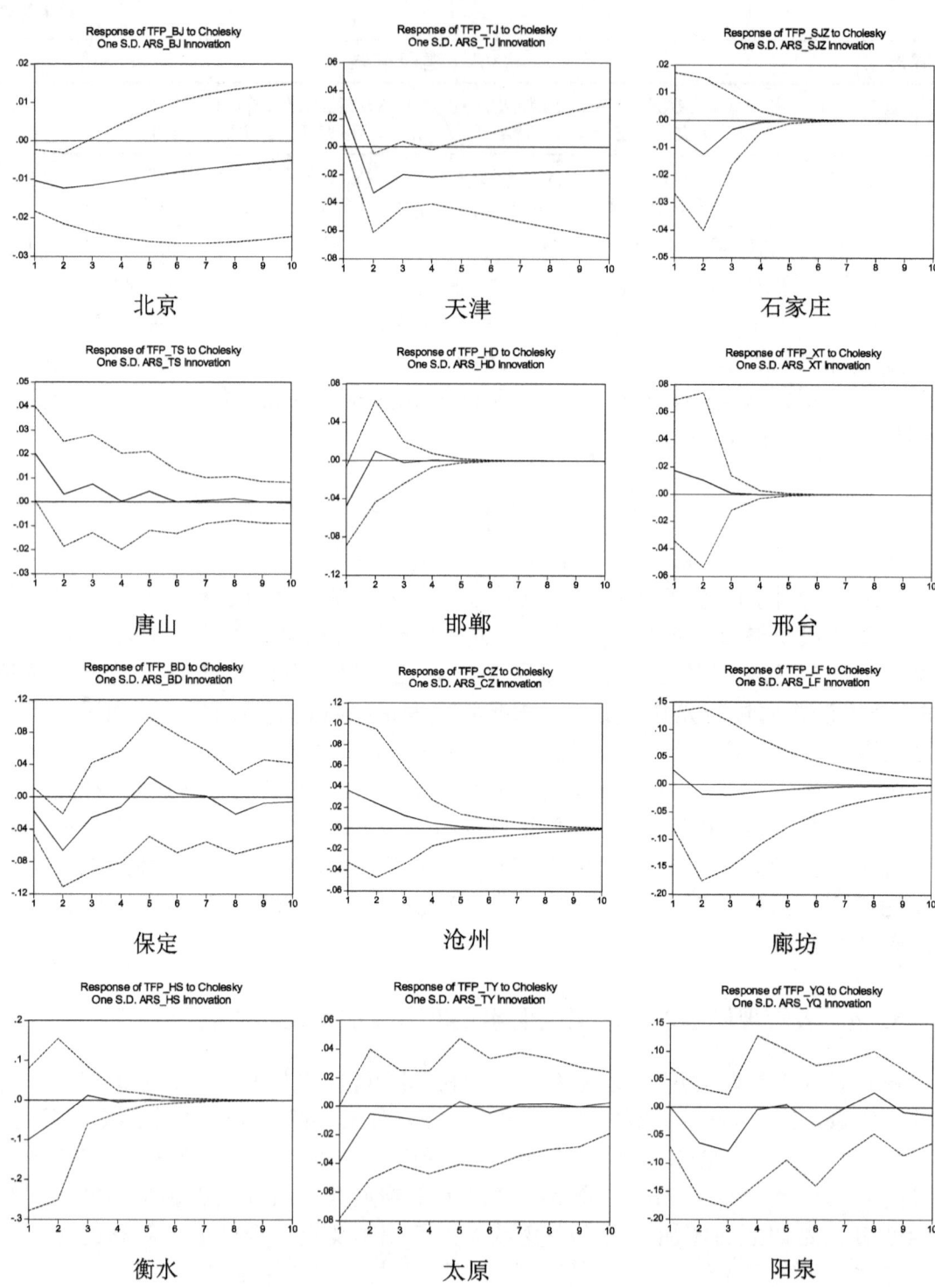

第五章 大气污染控制对区域生产力的影响

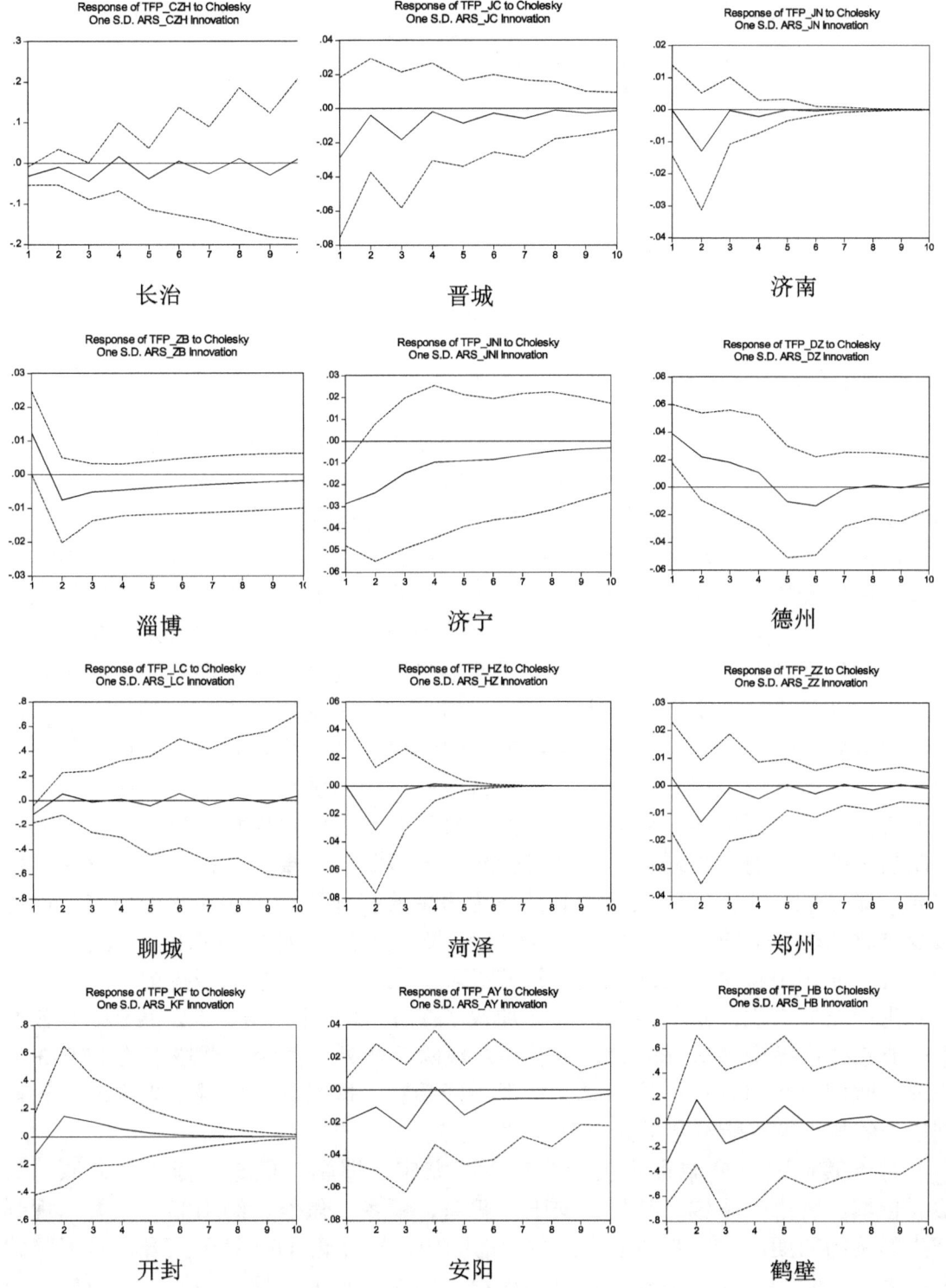

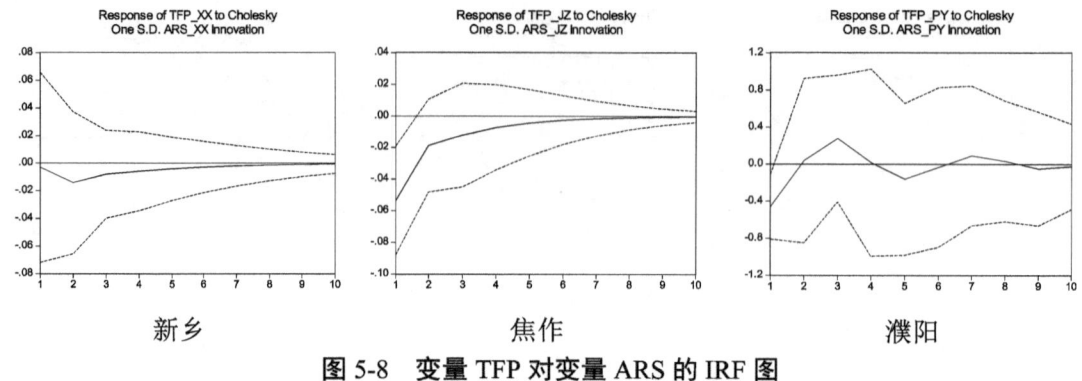

图 5-8 变量 TFP 对变量 ARS 的 IRF 图

5.3.4.1 影响方向

由于所选择的变量 ARS 与大气规制强度之间是正向表征关系，图中函数图像在正向一侧时，表示 TFP 变动对来自大气规制强度的冲击产生正向反应，而函数图像在横轴以下的部分，则代表了 TFP 变动的负向响应。

由图 5-8 可见，天津、唐山、邢台、沧州、廊坊、淄博、德州、郑州的 IRF 曲线在冲击开始时，处于横轴的正向一侧，表明这些城市在大气规制强度加强这一冲击产生时，其全要素生产率的变化会遭受一个正面冲击，也就是说在这些城市中，大气规制的加强会在初期对全要素生产率的变动产生同向效应。如果此时该城市的全要素生产率正处于上升阶段，那么大气规制将促进这一进程；而若该城市的全要素生产率处在下降态势，大气规制也会加快这种趋势。假设大气规制的作用机理是减缓生产和减少排放，那么这种正向的脉冲响应意味着在生产与污染的博弈中，起到主导作用的一方会保持自己的发展态势而相对较少地受到大气规制的影响，反而稍显弱势的一方将受到大气规制的主要冲击；当生产发展占据主导，促使 TFP 上升时，大气规制的作用将主要在环境污染领域显示出来，通过减少排放推动 TFP 的上升进程；而当环境污染占据主导地位，将 TFP 逐渐拉低时，大气规制的作用将主要在产业生产领域显现，在尚未达到预期减排效果之前，将先对生产发展产生一定的阻碍，反而加快了 TFP 的下降。结合 5.2 小节中对各城市全要素生产率变动情况的量化分析，发现除德州外，其余 7 个城市的 TFP 在所研究的时间范围内都在平均意义上呈现下降趋势，即对这 7 座城市来说，大气规制压力的加强很可能不利于其全要素生产率的发展。

对于其他大部分城市，包括北京、石家庄、邯郸、保定、衡水、太原、长治、晋城、济宁、聊城、开封、安阳、鹤壁、新乡、焦作、濮阳等，在大气规制产生影响的初期，TFP 变动会产生负向的响应，即无论 TFP 处于上升还是下降状态，大气规制的加强都将阻碍当前的进程。如果对于大气规制的作用机理假设成立，则在这些城市中，大气规制可能会主要作用于生产和污染二者之间起主导作用的一方。当生产发展起到主导作用，使得 TFP 上升时，大气规制将主要影响到生产水平，阻碍 TFP 的发展；当污染起到主要作用，导致 TFP 下降时，大气规制主要作用于污染，以降低污染水平减缓 TFP 的减小。而通过 5.2 小节的分析可知，大部分城市 TFP 的平均变动率低于 1，处于下降趋势，也就是说，大气规制压力的增大可能会有利于减缓这些城市的全要素生产率下降趋势。在实际操作过程中，应联系各城市的经济、环境状况决定是否加强大气规制，最好参考各城市的全要素生产率测算结果，以对大气规制的强度进行较为合理的调控。

5.3.4.2 影响强度和持续时间

研究范围内大部分城市的 IRF 图呈现出波动的态势，且有天津、邯郸、保定、廊坊、衡水、太原、阳泉、长治、淄博、德州、聊城、菏泽、郑州、开封、安阳、鹤壁共 16 座城市的曲线并不仅处于坐标轴的一侧，说明在这些城市中，大气规制产生的影响大小变化较大，不能仅通过冲击初期的表现进行判断，而应着重关注其极值和临界出现的时间。可以发现，以上城市均在 5 期内至少达到一次临界，其中有天津、邯郸、廊坊、淄博、聊城、郑州、开封、鹤壁 8 座城市的临界状态出现在 1~2 期，衡水 1 座城市出现在 2~3 期，长治、菏泽、安阳 3 座城市出现在 3~4 期，保定、太原、阳泉、德州 4 座城市出现在 4~5 期。也就是说，在大气规制强度变化后的 5 年内，上述城市所受到的初期影响效应将经历从大到小直至消失，甚至出现反向效应的情况。联系实际分析，有关部门有必要在某项大气规制政策出台后的 5 年以内，便对该政策进行评估，以避免该政策产生与预期相反的效应。其余 11 座城市的 IRF 曲线则始终处于坐标轴的一侧，且影响大小变化幅度更小，更多呈现较为平滑的曲线，且除沧州、邢台、唐山外，均保持在负向效应区域，在这类城市中则无需花费大量的人力物力对大气规制进行频繁的评估，只需关注其失效的时间节点，及时对规制进行调整以维持其影响效应即可。从整体的反应期数来看，所研究各城市的 IRF 都表现出趋向"0"轴的态势，这表示在 10 年左右的时间内，大气规制对产业生产力变动的影响将逐步减弱，甚至消失，全要素生产率的发展将回归到其原有的趋势之中，这也与现实的政策影响情况相符。值得关注的是，部分城市如北京、石家庄、保定、阳泉、济南、菏泽、新乡的 IRF 曲线在反应初期的效应呈现递增的趋势。也就是说，这些城市大气规制的影响是随着时间的推移逐渐显现出来的，并没有在初期就出现很大的影响效应。阳泉、济南、菏泽的 IRF 曲线更是在反应初期接近于"0"值，之后的影响才逐渐加大，这体现了大气规制强度对全要素生产率影响的滞后特征。联系实际分析，在这些滞后特征较为明显的城市，对大气规制效果的评估不应局限在规制出台的最初阶段，而应在更长的时间尺度内分析大气规制的影响大小，从而找到规制调整的正确方向。除此之外，石家庄、邯郸、邢台、沧州、衡水、济南、聊城、菏泽等城市的脉冲响应，没到 5 年的期数，便已趋向于"0"，且根据置信带所显示的趋势来看，这些城市的响应在趋于"0"值以后，便逐步稳定下来。这表明大气规制强度对这些城市的 TFP 变动影响持续时间更短一些，也就是说，这些城市的决策者应适当缩短大气规制评估和调整的周期，以确保有关规制能够持续地发挥作用。因此，差异化的政策调整机制在实际操作中具有一定的必要性，"一刀切"的政策模式应尽快进行调整并着力避免，"一城一策"模式则较为符合不同实际情况对不同规制强度、不同规制调整时间的适应和要求。

5.3.5 大气规制强度对产业技术进步贡献率的影响

将变量 ARS 作为产生新息影响的变量，以变量 TECH 作为受到影响的变量，输出的脉冲响应函数 IRF 图，分析大气规制强度对产业技术进步贡献率的影响效应，输出结果如图 5-9 所示。

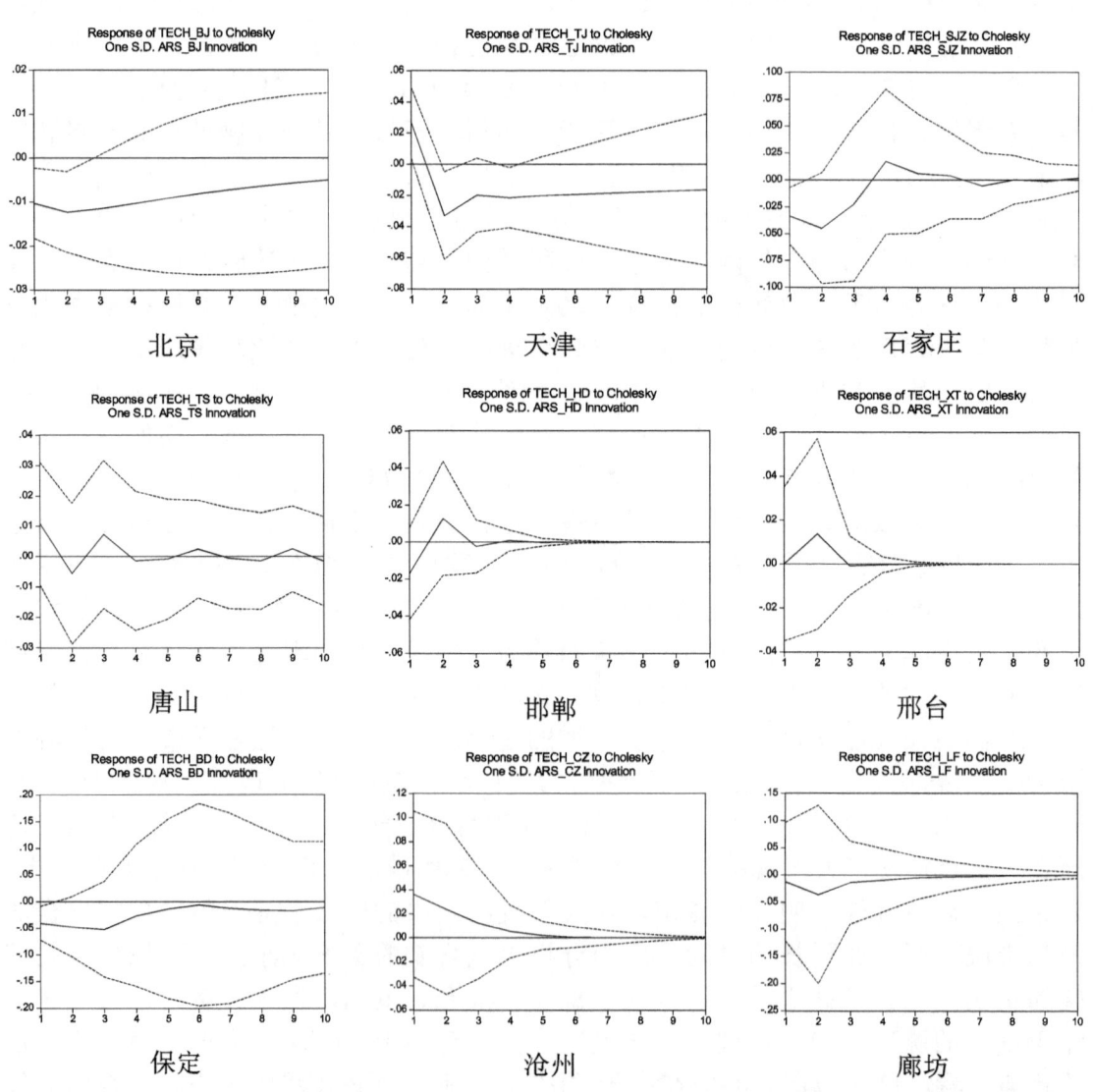

第五章 大气污染控制对区域生产力的影响

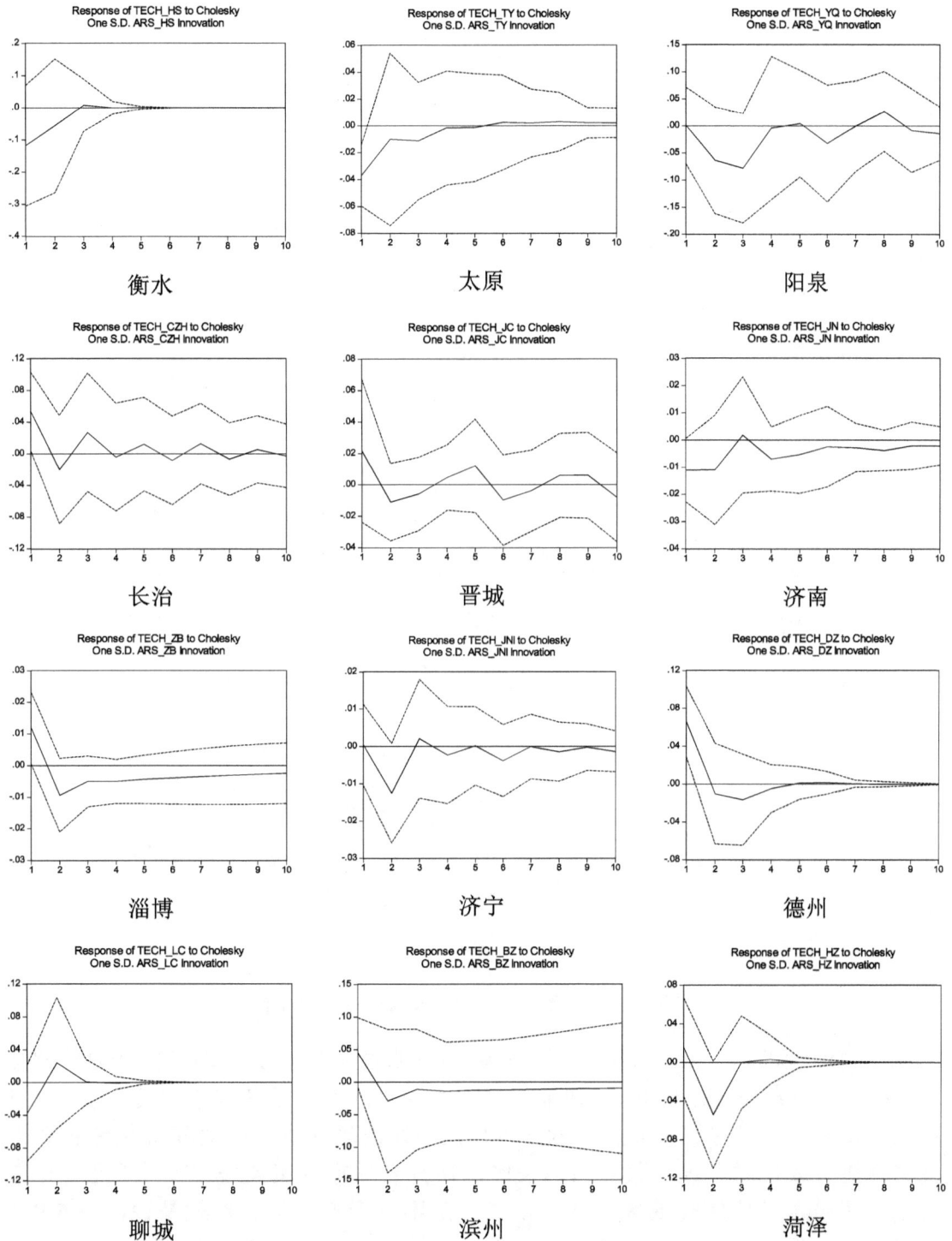

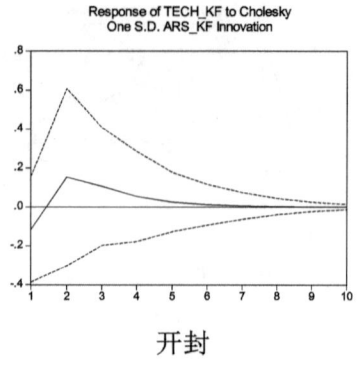
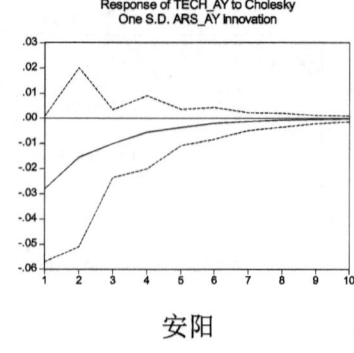

郑州　　　开封　　　安阳

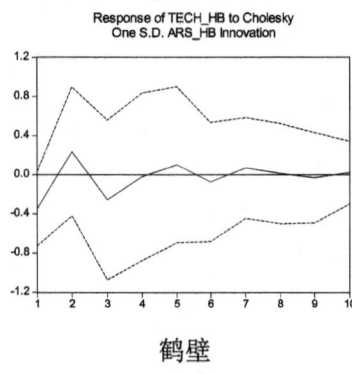
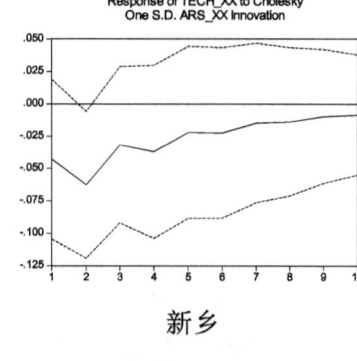
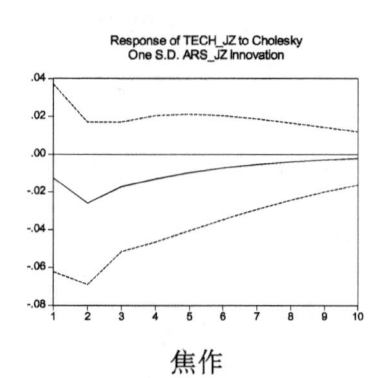

鹤壁　　　新乡　　　焦作

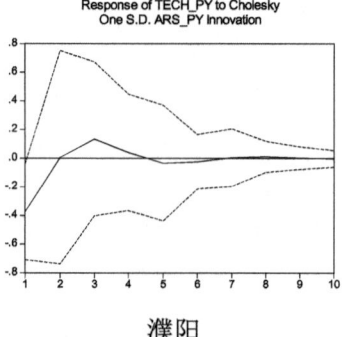

濮阳

图 5-9　变量 *TECH* 对变量 *ARS* 的 IRF 图

需要注意的是，Malmquist 指数分解得出的技术进步贡献率反映的是生产前沿的外推（Fare et al., 1994），即最优技术的变化，而不是各城市的真实技术水平变化，事实上，只有假设先进技术产生后，系统内的各决策单位可以迅速无成本、无时滞进行使用时，该指数才可以反映所研究各城市的真实技术变化，而这一假设忽略了技术推广所需的大量成本，显然是不符合实际的。也就是说，图 5-9 展示的 IRF 图反映的是大气规制强度对各市最优技术水平变动的影响。而非对各市真实技术水平变动的影响，以下分析也仅适合于理论层面。

5.3.5.1 影响方向

从变量 ARS 新息变动产生初期各市 IRF 显示出的响应来看，北京、石家庄、邯郸、保定、廊坊、衡水、太原、济南、聊城、开封、安阳、鹤壁、新乡、焦作、濮阳共 15 座城市的初始响应点在横轴下方，即受到的冲击是负向的；天津、唐山、沧州、长治、晋城、淄博、德州、滨州、菏泽、郑州的最初响应点在横轴上方，即受到的冲击是正向的；邢台、阳泉、济宁 3 座城市的最初响应接近"0"，即在规制强度变化之初没有受到明显冲击。这说明，当大气规制增加一个标准差强度时，天津、唐山、沧州等 10 座城市的前沿技术发展进程将加快。从理论上讲，若此时各市的先进技术正处于进步时期，则大气规制的加强将促进这种进步；反之，若各市的最优技术正在倒退，大气规制的加强也会造成这种倒退趋势的加快。联系实际情况，京津冀及周边地区的先进技术一直处于进步状态，这也是整个国家乃至世界的产业技术发展趋势，所以本部分研究的分析均基于"产业技术正处于进步历程中"这一假设背景展开。因此，天津等 10 座城市的前沿技术发展进程，将在大气规制出台的初期受到一个正向的推动，说明这些城市面对大气规制的压力，更倾向于加快前沿技术的研发以抵消因遵守大气规制而产生的成本。而另外 15 座城市，在大气规制强度加大时，前沿技术的研发会受到一定的阻滞，相比较于技术的研发，在大气规制的压力忽然增大的情况下，这些城市更倾向于采用其他方式抵消大气规制的遵守成本。

5.3.5.2 影响强度和持续时间

从各市的峰值上看，大部分城市的 IRF 图显示出波动的态势，且大部分在反应初期响应强烈，后该响应逐渐减弱，直至与横轴出现交点，达到临界，甚至改变影响效应的方向机制。但也有部分城市展示出了较为明显的滞后特征，如北京、石家庄、保定、廊坊、新乡、焦作等城市，在大气规制的影响开始的时候，前沿技术进步的反应并不是最强烈的，而是随着时间的推移逐步增加，达到一个极值后再逐渐回落。再如邢台、阳泉、济宁等城市，在大气规制强度产生新息变动的初期，技术进步变动几乎没有反应，在之后的 1~3 期内，响应才开始慢慢明显、达到极值。说明在这些城市中，大气规制产生影响的滞后期较长，无法根据初期的响应表现来进行判断，决策者需要在更长阶段的视角下进行规制效果的评测和预估。

从各市的临界点来看，除北京、保定、沧州、廊坊、安阳、新乡、焦作这 7 座城市外，其余城市均在响应开始一段时间后达到其临界点，并改变影响的机制。其中太原市达到临界点的期数最长，在 5~6 期内才出现，其次是阳泉，在 4~5 期内达到临界，而其他大部分城市的临界点在 1~2 期内便已经出现，在响应初期便出现了转向。这说明在所研究的范围内，大气规制强度的初始影响效应持续时间在不同城市之间存在差异，一般会持续 2 个期数左右，但不具备普遍的参考意义。在实际操作中，应联系各城市的具体情况进行大气规制影响持续时间长短的分析，从而为决策者提供评估、调整有关规制的合适周期。对于大气规制的影响效应持续时间较长的城市，只要现行规制的效果方向正确，便没有必要进行过于频繁的政策调整。而对于那些影响效应持续时间较短的城市，则应在有关环境规制出台后及时关注其产生的影响。

从图4-4与图4-5的走势比较来看，许多城市如北京、天津、沧州、衡水、阳泉、淄博、开封等，其IRF图的响应方向、强度和持续时间呈现及其相似的状态，联系5.2小节中对"2+26"城市平均TFP变动的时间演变分析，本章的IRF图比较进一步证实了这些城市的TFP变动与技术进步的密切关系。当来自大气规制强度的冲击产生时，这些城市的技术进步贡献率受到的影响机制几乎全部传递到了TFP变动中，使得这些城市的TFP变动响应与技术进步贡献率响应几乎同步涨落。也就是说，大气规制很可能是通过影响前沿技术的研发而进一步影响到TFP变动的。

另外，可以注意到天津、沧州、淄博等三市的IRF曲线在响应初期均处于正向效应一侧，说明大气规制更偏重于加速这些城市的技术研发进程，并很可能通过这一途径，加速产业生产力的发展，这在一定程度上与波特假说的思想符合。但这种分析仅是基于变量响应情况所进行的推测，并没有严格的定量证明。

除上述城市外，其他各市TFP变动、技术进步贡献变动对大气规制强度的响应均呈现出不同的态势，甚至这种响应的方向、大小、持续时间均有所差异，说明在这些城市中，大气规制对技术研发产生的影响与对TFP变动产生的影响效应、机制并不相同，这与上一节从平均意义上分析得到的结果不同，也就是说，在这些城市中，大气规制对技术进步贡献的作用，与其对TFP作用之间的关系并不明朗，在这些座城市中并未找到支持波特假说的证据。

5.4 小 结

本章聚焦环境规制与区域经济发展之间关系，以京津冀及周边地区为案例区域，通过构建大气规制强度综合指数，以全要素生产率表征经济发展质量，探究大气环境规制对于区域经济的影响。

研究发现，在工业废气排放等作为非期望产出纳入模型后，"2+26"城市的全要素生产率总体上呈现下降态势。其中，产业技术进步的贡献率与表征全要素生产率变动的Malmquist指数几乎同步涨落，对全要素生产率的变动起到决定性的作用。而产业技术效率这一分解因素已发展到围绕"1"上下波动的稳定阶段，对Malmquist指数主要起到提升作用。

运用脉冲响应函数方法，分析大气规制对于经济影响，结果显示，案例城市全要素生产率面对大气规制压力的反应是不同的，甚至不同城市之间存在着响应方向、响应强度、响应持续时间的多重差异。从影响强度来看，天津、唐山、邯郸、邢台、保定、沧州、廊坊、衡水、太原、长治、晋城、淄博、济宁、德州、聊城、开封、安阳、鹤壁、焦作、濮阳等城市在大气规制强度变动的初期便受到较大的冲击,而阳泉、济南、菏泽等城市的响应具有明显的滞后效应。从影响的方向来看,北京、石家庄、唐山、邢台、沧州、晋城、济南、淄博、济宁、新乡、焦作等城市的影响效应保持在同一方向,而天津、邯郸、保定、廊坊、衡水、太原、阳泉、长治、淄博、德州、聊城、菏泽、郑州、开封、安阳、鹤壁等城市受到的影响会在1~5年左右的时间改变方向。从影响的持续时间来看,所研究的城市在近十年内的影响效应将趋于"0"值,其中石家庄、邯郸、邢台、沧州、衡水、济南、聊城、菏泽等城市受到的影响将在更短的时间内消失。

第六章 结论与展望

6.1 结论与建议

本书聚焦大气污染控制的有效性这一问题,在参阅国内外已有研究成果和实践经验的基础上,基于区域视角,运用经济学的基本理论与方法,以京津冀及周边地区为典型案例区域,探究区域经济发展与大气污染之间交互关系,识别区域大气污染的经济根源,解析区域间经济贸易活动对于大气污染的影响,评估大气污染控制对于区域经济社会发展的影响,识别影响的路径与方向。结合研究成果,可得到如下几点主要结论与建议:

① 京津冀及周边地区工业化对大气环境质量的影响具有显著的门槛效应,研究区域整体存在双门槛,其中超大城市、特大城市、Ⅱ型大城市存在双门槛,Ⅰ型大城市存在单门槛。现阶段工业化进程对大气环境具有促进作用,并随时间推移效应呈增强态势。基于此,建议京津冀及周边地区建立产业准入负面清单,杜绝高污染、高耗能产业进入区域;同时逐步淘汰区域内钢铁、焦炭、水泥等过剩产能;因地制宜,基于各地大气环境承载力,合理布局产业、促进产业绿色转型升级。

② 京津冀及周边地区城镇化水平对大气环境质量的影响具有门槛效应,研究区域整体存在单门槛,城镇化进程对大气环境具有促进作用,并随时间推移、污染物排放量减少而降低。除Ⅰ型大城市不存在门槛效应外,区域内其他类型城市均存在显著的门槛效应,其中超大城市、特大城市存在双门槛,Ⅱ型大城市存在单门槛。因此,京津冀及周边地区应进一步推进以"节约集约、生态宜居"等为特征的新型城镇化,强化大气污染治理基础设施建设,实施基于大气环境容量和承载力的大气环境分区管控,提到城市大气自净能力,提升城市大气环境容量,进一步发挥城镇化对于大气环境的促进作用。

③ 就区域经济与污染的溢出效应来看,北京市是经济与污染的净输出地,而天津市和河北省通过计算结果显示为净接收了其他两省市的经济转移和空气污染转移。天津市所接收的经济效应要高于其所承担的污染转移;而河北省则呈现其所接受的污染溢出效应要高于其获得的外部经济溢出效应。因此,建议"按照客观经济规律调整完善区域政策体系,发挥各地区比较优势,促进各类要素合理流

动和高效集聚，增强创新发展动力，加快构建高质量发展的动力系统，增强中心城市和城市群等经济发展优势区域的经济和人口承载能力，增强其他地区在保障粮食安全、生态安全、边疆安全等方面的功能，形成优势互补、高质量发展的区域经济布局"的区域协调发展新思路，统筹考虑区域经济活动，改变目前失衡的地区产业分工格局，逐步引导河北省在充分发挥吱声特色与优势的基础上，优化提升自身产业结构，从而形成绿色、集约、高效、互补的地区分工结构，以区域产业的绿色化提升区域大气环境质量。同时，探索建立区域大气污染控制生态补偿机制、设立京津冀及周边地区绿色产业发展基金，激励产业绿色升级转型、提升大气污染治理效果。

④ 从区域经济与污染溢出效应的部门特征来看，河北省所接收的污染转移主要是由于向北京市、天津市输出污染密集型产品所带来的，而在区域内，大气污染溢出效应最明显的部门是"电力、热力的生产供应业"，同时该部门也是净污染效率最低的部门。因此，建议加强对重点行业、企业的监管，依据部门在经济发展与大气污染方面的绩效，实施差异化管理，从而提升区域大气污染控制的精准性。

⑤ 京津冀及周边地区呈现显著的大气污染和能源消费空间聚集特征。高污染聚焦状态主要集中于唐山和天津地区，从时间尺度来看时间尺度上看，2006~2010年的空间大气污染分布没有明显改善，2010年以后，京津冀及周边地区城市的空间关系发生了改变，在一定程度上表征区域大气污染控制举措产生较明显效果。京津唐以及滨州、济南、淄博市呈现高能耗聚集状态。为此，建议根据城市的大气污染与能源消费在区域内的空间集聚特征，采取有差别的管控手段，促进区域大气环境质量提升。

⑥ "2+26"城市的经济发展受周边城市经济发展的显著影响，周边城市经济产出的提高会带来经济辐射，促进本市经济的发展，表征京津冀及周边地区城市间的经济发展具有正向的相互影响，证明了经济发展的协同性。促进区域经济发展的主要驱动因素为能源、劳动力和资本投入，大气污染会阻碍区域经济发展，环境污染的红利已经消失，实现区域可持续发展需要加大大气污染控制。在能源管理上，北京、天津应重点发挥科技优势，加强技术输出和经济产出辐射，提升能源使用效率；河北、河南、山西、山东等应发挥资源优势，加强可再生能源和清洁能源的开发。

⑦ 大气污染对于区域全要素生产率提升呈现阻碍作用。大气环境规制对于区域经济发展的影响机制并不一致，在响应方向、响应强度、响应持续时间等方面存在着显著差异。相比较于区域内其他城市，阳泉、济南、菏泽等城市的响应具有明显的滞后效应；天津、邯郸、保定、廊坊、衡水、太原、阳泉、长治、淄博、德州、聊城、菏泽、郑州、开封、安阳、鹤壁等城市在一定时间内会呈现规制影响方向发生转变的现象；一些相对大气环境质量较差的城市（例如石家庄、邯郸、邢台、济南），大气规制产生效应的持续时间更短。为此，本研究建议将绿色全要

素生产率作为评估城市发展能力的新标准，将污染物排放纳入考虑范围，避免由于对环境成本的忽略而产生的决策偏差。同时，在区域联防联控的前提下，探索实施"一城一策"的管理举措、体现差异性、提高大气污染控制效率，并且建立大气环境规制动态调整机制，确保规制适时适当。同时，促进高新技术的研发引用，特别是适用大气污染控制技术的推广引用，发挥技术在促进区域经济发展、提升大气环境量领域的重要作用。

6.2 研究展望

本书基于区域视角，运用经济学方法剖析了大气污染的经济发展根源，探寻区域经济发展的环境红利和驱动力，并对大气污染控制对于区域生产力的影响进行分析，从而提出改进大气污染控制的政策建议。尽管本书将理论研究与案例研究相结合，耦合多种经济模型，研究颗粒度细化到城市层面，从根源到影响系统分析大气污染控制，但受限于学科方法、数据可得、研究期限等，诸多方面尚存不足，还有很多内容以待进一步加以探讨研究。

第一，本书从区域视角研究大气污染控制，并且选取了我国大气污染与防控最典型地区——京津冀及周边"2+26"城市为案例深入研究，系统分析了京津冀及周边地区的工业化、城镇化及贸易带来的大气污染排放情况，分析其能源消耗和大气污染的经济贡献，以及大气污染控制的影响。但是，研究区域的单一性和局限性使得本书未能开展横向比较。我国大气污染成片集聚区比较典型的还有长三角地区、珠三角地区、汾渭平原等，一些新兴城市群的区域大气污染状况也值得关注，如粤港澳大湾区。虽然京津冀地区大气污染控制模式和成效值得推广，但其他重点区域的经济结构、人口、能源结构、排放结构、气象条件等具有其特殊性，有待进一步开展深入研究，并进行横向比较，探寻和分析不同区域大气污染控制的根源、模式、成效差异。

第二，本书研究区域大气控制选取了2000~2016年京津冀及周边"2+26"城市数据进行案例分析。虽然研究尽可能选取和整理较长的时间尺度数据，但是，一方面，由于研究精细到城市层面，不同城市的数据统计口径和公开范围存在差异，在兼顾数据可得性、有效性、可比性的情况下适当根据变量指标和研究需要选取合适的时间尺度。另一方面，由于不同经济模型方法所需数据格式差异，模型数据尺度不一，有的模型运用面板数据进行分析，有的模型运用截面数据分析，有的模型运用时序数列进行分析。近两年国家不断加强大气污染防控，治理手段和强度力度远超以往。2017年是《大气污染防治行动计划》收官之年，环保部联合10部委以及京津冀晋鲁豫六省市出台包括《京津冀及周边地区2017-2018年秋冬季大气污染综合治理攻坚行动方案》等"1+6"强力治霾方案，成立了大气污染防治领导小组，这些政策和举措对区域经济的影响和效益有待于进一步分析和评价。

第三，研究中的模型方法有待根据区域大气污染控制的进展调整体现研究的时效性，根据研究地区进一步细化模型精度。本研究中运用京津冀多区域投入产出模型分析贸易对大气污染的影响，但本研究开展时各省市级别的投入产出表仅更新至2012年，不能及时反映最新的污染溢出状况。在后续研究中，如果2017年的各省市投入产出表公开可查，可以编制2017年多区域投入产出表；如果2017年各省市投入产出表未及时公开或存在缺失，则可以利用GDP核算文件中的数据，利用RAS法对投入产出表数据进行更新。此外，可以进一步编制京津冀地区城市级别的投入产出表，结合可获取的城市大气污染排放数据，可以更清晰地反映京津冀地区城市之间的关系。

第四，本书分析中大气污染与区域经济存在双向影响关系，但是在模型研究中由于数据可得性，本书选取的大气污染物指标聚焦于二氧化硫、氮氧化物、烟尘等常规污染物，尚未将$PM_{2.5}$相关指标纳入到模型分析中。京津冀地区雾霾问题严重，但是$PM_{2.5}$不仅包括一次排放颗粒物，还有二氧化硫、当氧化物等常规污染物、挥发性有机物（VOCs）在大气中通过光化学反应生成的二次颗粒物，还需考虑近地层空气气压、潮湿程度、温度、风速等情况，形成机理复杂，因此有待结合环境科学专业技术进行模拟仿真。

第五，本书着眼于区域大气污染控制的经济根源和经济影响，运用经济学方法模型展开分析。现实中，造成大气污染排放和传输的原因不仅有经济发展，还有诸多自然地理因素、社会因素等。例如，地形地貌和气象条件形成了大气传输通道，也是本书选取京津冀及周边"2+26"城市的主要依据，但是为对其气象自然因素进行仿真模拟。再如大气污染控制不仅对区域全要素生产率带来影响，对区域工业、交通的发展情况、用能情况、排放情况和居民生产生活都会产生影响，对区域的大气环境质量的改善也有巨大效益。大气污染控制对于经济、社会、生态环境等既有连续深入的影响，又有复合协同的影响，对其影响机理、影响程度和持续时间进行深入剖析和综合评估是环境经济管理和环境政策分析的重要内容。

参考文献

英文文献

1. Abildtrup J, Garcia S, Stenger A. The effect of forest land use on the cost of drinking water supply: A spatial econometric analysis[J]. Ecological Economics, 2013, 92:126-136.

2. Andersen P, Petersen N C. A procedure for ranking efficient units in data envelopment analysis[J]. Management Science, 1993, 39 (10) :1261-1264.

3. Anselin L, Syabri I, Kho Y. GeoDa: An Introduction to Spatial Data Analysis [J]. Geographical Analysis, 2006, 38(1):5-22.

4. Anselin L. Spatial Econometrics: methods and models[M]. Springer Netherlands, 1988.

5. Baltagi B H, Egger P, Pfaffermayr M. A Generalized Spatial Panel Data Model with Random

6. Effects[J]. Center for Policy Research Working Papers, 2013, 32(5-6):650-685.

7. Baltagi B H, Li Q. A transformation that will circumvent the problem of autocorrelation in an error-component model[J]. Journal of Econometrics, 2004, 48(3):385-393.

8. Baltagi B H, Song S H, Jung B C, Won K. Testing for serial correlation, spatial autocorrelation and random effects using panel data[J]. Journal of Econometrics, 2007, 140(1):5-51.

9. Bitat A. Environmental regulation and eco-innovation: The Porter hypothesis refined[J]. Eurasian Business Review,2018,8(3): 299-321.

10. Burridge P. On the Cliff-Ord Test for Spatial Correlation[J]. Journal of the Royal Statistical Society, 1980, 42(1):107-108.

11. Chambers R G, Chung Y, Fare R. Benefit and Distance Functions[J]. Journal of Economic Theory, 1996, 70(2):407-419.

12. Chen C, Sun Y L, Xu W Q, Du W, Zhou L B, Han T T Characteristics and sources of submicron aerosols above the urban canopy (260 m) in Beijing, China, during the 2014

APEC summit.Atmospheric Chemistry and Physics, 2015, 15(22): 12879-12895.

13. Zong C L, Wang L. Study on the relationship between per capita tourism expenditure and disposable income of urban residents – Empirical analysis based on VAR model[J]. Journal of Interdisciplinary Mathematics, 2018, 21(5): 1333-1338.

14. Christopher A. Sims. Macroeconomics and Reality [J]. Econometrica, 1980, 48(1): 1-48.

15. Cole M A, Elliott R J R. Determining the trade-environment composition effect: the role of capital, labor and environmental regulations[J]. Journal of Environmental Economics & Management, 2003, 46(3):363-383.

16. Desrochers P, Haight C E. Squandered profit opportunities? Some historical perspective on industrial waste and the Porter Hypothesis[J]. Resources Conservation & Recycling, 2014, 92:179-189.

17. Ederington J, Minier J. Is Environmental Policy a Secondary Trade Barrier? An Empirical Analysis[J]. Canadian Journal of Economics, 2003, ,36(1):137-154.

18. Elhorst J P. Specification and Estimation of Spatial Panel Data Models[J]. International Regional Science Review, 2003, 26(3):244-268.

19. Elhorst J P. Unconditional Maximum Likelihood Estimation of Linear and Log - Linear Dynamic Models for Spatial Panels[J]. Geographical Analysis, 2005, 37(1):85-106.

20. Fare R, Grosskopf S, Norris M, Zhang Z. Productivity Growth, Technical Progress, and Efficiency Change in Industrialized Countries [J]. American Economic Review, 1994, 87(5):1033-1039.

21. Gao J, Yuan Z, Liu X, Xia X, Huang X, Dong Z. Improving air pollution control policy in China-A perspective based on cost-benefit analysis[J]. The Science of the Total Environment, 2016, 543:307-314.

22. Geary R.C. The Contiguity Ratio and Statistical Mapping[J]. The Icorporporated Statistician, 1954, 5: 115-145.

23. Golany B, Roll Y. An application procedure for DEA[J]. Omega, 1989, 17(3): 237 -250.

24. Goldsmith R W. A Perpetual Inventory of National Wealth[J]. Nber Chapters, 1951, 12:5-74.

25. Greaney T M, Karacaovali B. Editorial: Trade, growth and economic inequality in the

Asia-Pacific region[J]. Journal of Asian Economics, 2017, 48:1-5.

26. Halkos G, Petrou K N. Treating undesirable outputs in DEA: A critical review[J]. Economic Analysis and Policy, 2019, 62: 97-104.

27. Hansen B E. Threshold effects in non-dynamic panels: Estimation, testing, and inference[J]. Journal of Econometrics, 1999, 93(2):345-368.

28. Hasanov F J, Mikayilov J I, Mukhtarov S, Suleymanov E. Correction to: Does CO2 emissions-economic growth relationship reveal EKC in developing countries? Evidence from Kazakhstan[J]. Environmental science and pollution research internatio nal,2019,26(34):35282.

29. Hausman J A. Specification Tests in Econometrics[J]. Econometrica, 1978, 46(6):1251-1271.

30. Heyes A. Is environmental regulation bad for competition? A survey[J].Journal of Regulatory Economics, 2009, 36: 1-28.

31. Holtz-Eakin D, Newey W, Rosen H S. Estimating Vector Autoregressions with Panel Data[J]. Econometrica, 1988, 56(6):1371-1395.

32. Hossein M, Rahbar F. Spatial Environmental Kuznets Curve for Asian Countries: Study of CO2 and PM2.5[J]. Journal of Environmental Studies, 2011, 37:1-3

33. Hsiao C. Analysis of Panel Data. Cambridge University Press, 2003.

34. Hsiao C. Analysis of Panel Data[J]. Cambridge Books, 1986, 87(2):221-222.

35. Hu Y L, Wang S G, Yang X, Kang Y Z, Ning G C, Du H. Impact of winter droughts on air pollution over Southwest China[J]. Science of The Total Environment, 2019, 664: 724-736.

36. Huang J, Chen X, Huang B, Yang X. Economic and environmental impacts of foreign direct investment in China: A spatial spillover analysis [J]. China Economic Review, 2017, 45: 289-309.

37. Huang L, Rao C, Kuijp T J V D, Bi J, Liu, Y. A comparison of individual exposure, perception, and acceptable levels of pm2.5 with air pollution policy objectives in china. Environmental research, 2017,157: 78-86.

38. Jalil A, Feridun M. The impact of growth, energy and financial development on the environment in China: A cointegration analysis[J]. Energy economics, 2011, 33(2):

284-291.

39. Kapoor M. Panel data models with spatial correlation: Estimation theory and an empirical investigation of the United States wholesale gasoline industry[J]. Arzneimittel-Forschung, 2003, 53(12):850-856.

40. Komlos J, Hearn A B. Hidden negative aspects of industrialization at the onset of modern economic growth in the US[J]. Structural Change and Economic Dynamics, 2017, 41:43-52.

41. Leontief S, Strout A, Barna T. Structural interdependence and economic development, in Multi-Regional Input–Output Analysis [M]. St. Martin's Press,1963.

42. Levin A, Lin C F, Chu C S J. Unit root tests in panel data: asymptotic and finite-sample properties[J]. Journal of Econometrics, 2002, 108(1):1-24.

43. Li L, Liu X M, Ge J J, Chu X H, Wang J. Regional differences in spatial spillover and hysteresis effects: A theoretical and empirical study of environmental regulations on haze pollution in China[J]. Journal of Cleaner Production, 2019, 230: 1096-1110.

44. Li L, Wu A H, Cheng I, Chen J C, Wu J. Spatiotemporal estimation of historical PM 2.5 concentrations using PM 10, meteorological variables, and spatial effect[J]. Atmospheric Environment, 2017, 166: 182-191.

45. Li M, Li C, Zhang M. Exploring the spatial spillover effects of industrialization and urbanization factors on pollutants emissions in China's Huang-Huai-Hai region [J]. Journal of Cleaner Production, 2018, 195:154-162.

46. Liang L W, Wang Z B, Li J X. The effect of urbanization on environmental pollution in rapidly developing urban agglomerations[J]. Journal of Cleaner Production, 2019, 237: 1-15.

47. Liu P, Zhang C, Mu Y, Liu C, Xue C, Ye C. The possible contribution of the periodic emissions from farmers' activities in the North China Plain to atmospheric water-soluble ions in Beijing[J]. 2016, 16(15):10097-10109.

48. Luzzati T, Orsini M. Investigating The Energy-environmental Kuznets Curve[J]. Energy, 2009, 34(3): 291-300.

49. Maddison D J. Environmental Kuznets Curves: A Spatial Econometric Approach[J]. Journal of Environmental Economics and Management, 2006, 51:218-230.

50. Malmquist S. Index numbers and indifference surfaces[J]. Trabajos de Estadistica y de Investigacion Operativa, 1953, 4(2): 209-242.

51. Mardani A, Zavadskas E K, Streimikiene D, Jusoh A, Khoshnoudi M. A comprehensive review of data envelopment analysis (DEA) approach in energy efficiency[J]. Renewable and Sustainable Energy Reviews, 2017, 70: 1298-1322.

52. Mckibbin W J, Ross M T, Shackleton R. Emissions Trading, Capital Flows and the Kyoto Protocol [J]. Energy Journal, 1999, 20(3): 287-333.

53. Mi Z, Meng J, Guan D, Shan Y, Song, M, Wei, Y M, Liu Z, Hubacek K. Chinese CO2 emission flows have reversed since the global financial crisis[J].Nature Communications, 2017, 8(1):1712.

54. Miao Z, Baležentis T, Shao S A, Chang D F. Energy use, industrial soot and vehicle exhaust pollution—China's regional air pollution recognition, performance decomposition and governance[J]. Energy Economics, 2019, 83: 501-514.

55. Miller R E. Comments on the "General Equilibrium" Model of Professor Moses[J]. Metroeconomica, 1963, 40: 82-88.

56. Moran P A P. Notes on continuous stochastic phenomena[J]. Biometrika, 1950, 37(1-2):17-23.

57. Nerlove M, Balestra P. Formulation and Estimation of Econometric Models for Panel Data[J]. Working Papers, 1995, 33:3-22.

58. Nerlove M. Estimation and Identification of Cobb-Douglas Production Functions[M]. Rand McNally & Co, 1965.

59. Peng J Y, Zhang Y G, Xie R, Liu Y. Analysis of driving factors on China's air pollution emissions from the view of critical supply chains[J]. Journal of Cleaner Production,2018, 203: 197-209.

60. Porter M E and Linde C. Toward a new conception of the environment-competitiveness relationship [J]. Journal of Economic Perspectives, 1995, 9(4): 97-118.

61. Prinz D, Singh A K. Water Resources in Arid Regions and Their Sustainable Management[J]. Annals of arid zone, 2000, 39(3): 251-252.

62. Pyatt F G, Round J I. Accounting and Fixed Price Multipliers in a Social Accounting Matrix Framework[J]. Economic Journal, 1979, 89(356):850-873.

63. Rappaport J. A productivity model of city crowdedness[J]. Journal of Urban Economics, 2008, 63(2): 715-722.
64. Reinsdorf, Cover. Measurement of Capital Stocks, Consumption of Fixed Capital, and Capital Services[R]. Santo Domingo: The Central American Ad Hoc Group on National Accounts, 2005:1-6.
65. Riti J S, Song D, Shu Y, Kamah M. Decoupling CO2 emission and economic growth in China: Is there consistency in estimation results in analyzing environmental Kuznets curve?[J]. Journal of Cleaner Production, 2017, 166:1448-1461.
66. Rüttenauer T. Neighbours matter: A nation-wide small-area assessment of environmental inequality in Germany[J]. Social Science Research, 2018, 70:198-211.
67. Song C, Liu Q, Gu S, Wang Q. The impact of China's urbanization on economic growth and pollutant emissions: An empirical study based on input-output analysis[J]. Journal of Cleaner Production, 2018, 198:1289-1301.
68. Stefan G, Hanspeter W, Stephan L, Nina E, Heinz S, Anne O. The impacts of data deviations between MRIO models on material footprints: A comparison of EXIOBASE, Eora, and ICIO. [J]. Journal of Industrial Ecology, 2019, 23(4): 946-958.
69. Su S, Zhang F. Modeling the role of environmental regulations in regional green economy efficiency of China: Empirical evidence from super efficiency [J]. Journal of Environmental Management, 2020, 261: 1-8.
70. Taylor A L S. Unmasking the Pollution Haven Effect[J]. International Economic Review, 2008, 49(1):223-254.
71. Tilt B. China's air pollution crisis: Science and policy perspectives [J]. Environmental Science & Policy, 2019,92: 275-280.
72. Walter I. Environmental policy and development[J]. Intereconomics, 1974, 9(2):43-47.
73. Wang H, Ang B W. Assessing the role of international trade in global CO2 emissions: An index decomposition analysis approach[J]. Applied Energy, 2018, 218: 146-158.
74. Wang Y, Li J. Spatial spillover effect of non-fossil fuel power generation on carbon dioxide emissions across China's provinces[J]. Renewable Energy, 2019, 136:317-330.
75. Wang Y, Sun X H, Guo X. Environmental regulation and green productivity growth: Empirical evidence on the Porter Hypothesis from OECD industrial sectors[J]. Energy

Policy,2019,132: 611-619.

76. Weilenmann B, Seidl I, Schulz T. The socio-economic determinants of urban sprawl between 1980 and 2010 in Switzerland[J]. Landscape and Urban Planning, 2017, 157:468-482.

77. Westermann G. Data Envelopment Analysis in the Service Sector[M]. Deutscher Universitätsverlag, 1999.

78. Wiebe K S, Bjelle E L, Többen, J, Wood R. Implementing exogenous scenarios in a global MRIO model for the estimation of future environmental footprints[J]. Journal of Economic Structures, 2018, 7(1): 1-18.

79. Wooldridge J M. Econometric Analysis of Cross-Section and Panel Data[J]. MIT Press Books, 2001, 1(2):206-209.

80. Xepapadeas A, Zeeuw D A. Environmental Policy and Competitiveness: The Porter Hypothesis and the Composition of Capital[J]. Journal of Environmental Economics and Management, 1998,37(2): 165-182.

81. Ying L G. Measuring the spillover effects: Some Chinese evidence[J]. Papers in Regional Science, 2000, 79(1): 75-89.

82. Ying L G. Understanding China's recent growth experience: A spatial econometric perspective[J]. Annals of Regional Science, 2003, 37(4):613-628.

83. Zeng Y, Cao Y, Qiao X, Seyler BC, Tang Y. Air pollution reduction in China: Recent success but great challenge for the future[J].Science of The Total Environment, 2019, 663:329-337.

84. Zhang Q, Felmingham B. The Role of FDI, Exports and Spillover Effects in the Regional Development of China[J]. Journal of Development Studies, 2002, 38(4):157-178.

85. Zhang Y. Interregional carbon emission spillover–feedback effects in China[J]. Energy Policy, 2017, 100:138-148.

86. Zhao L S, Sun C Z, Liu F C. Interprovincial two-stage water resource utilization efficiency under environmental constraint and spatial spillover effects in China[J]. Journal of Cleaner Production, 2017, 164: 715-725.

87. Zheng B H, Wu T, Guo X X. Interprovincial trade, economic development and the

impact on air quality in China[J]. Resources, Conservation and Recycling, 2019, 142: 204-214.

88. Zheng W, Walsh P P. Economic growth, urbanization and energy consumption - A provincial level analysis of China[J]. Energy economics, 2019, 80:153-162.

89. He X H, Chiu Y H, Chang T H, Lin T Y, Wang Z B. The Energy Efficiency and the Impact of Air Pollution on Health in China [J]. Healthcare, 2020, 8(1): 1-35.

中文文献

1. J•保罗•埃尔霍斯特著，肖光恩译.空间计量经济学：从横截面数据到空间面板 [M].中国人民大学出版社，2015.

2. 别同，韩立建，田淑芳，周伟奇，李伟峰，钱雨果.城市化对空气污染人群暴露贡献的定量方法研究 [J].生态学报，2018，38(13)：4570-4583.

3. 别小娟，孙涛，孙然好，王继斌，张廷斌，陈利顶.京津冀城市群空间扩张及其经济溢出效应 [J].生态学报，2018，38(12)：4276-4285.

4. 蔡冰冰，赵威，李政旸，杨慧.长江经济带外向型经济空间溢出效应 [J].资源科学，2019，41(10)：1871-1885.

5. 曾刚，尚勇敏，司月芳.中国区域经济发展模式的趋同演化——以中国 16 种典型模式为例 [J].地理研究，2015，34(11)：2005-2020.

6. 陈晓玲，李国平.我国地区经济收敛的空间面板数据模型分析 [J].经济科学，2006，28(5):5-17.

7. 大气环境质量标准（GB 3095-1982）[S].技术标准出版社，1982.

8. 单豪杰.中国资本存量 K 的再估算:1952～2006 年 [J].数量经济技术经济研究，2008(10):17-31.

9. 第一次全国污染源普查资料纂委员会.污染源普查技术报告 [M].中国环境科学出版

社，2011.

10. 丁志伟，张改素，王发曾，康珈瑜，高岭.中国工业化、城镇化、农业现代化、信息化、绿色化"五化"协调定量评价的进展与反思[J].地理科学进展，2016，35(1)：4-13.

11. 杜江，刘渝.城镇化与环境污染：中国省际面板数据的实证研究[J].长江流域资源与环境，2008，17(6)：825-830.

12. 杜丽群.改革开放40年的经济成就与"中国名片"[J].人民论坛，2019(13):22-23.

13. 方创琳.中国新型城镇化高质量发展的规律性与重点方向[J].地理研究，2019，38(1):13-22.

14. 方叠，钱跃东，王勤耕，段宁.区域复合型大气污染调控模型研究[J].中国环境科学，2013，33(7)：1215-1222.

15. 傅京燕，李丽莎.环境规制、要素禀赋与产业国际竞争力的实证研究——基于中国制造业的面板数据[J].管理世界，2010(10)：87-98+187.

16. 甘家武，龚旻，冯坤媛.中国环境规制对经济发展方式的影响研究——基于"双重红利"视角[J].生态经济，2017，33(01):14-20+27.

17. 郭源园，李莉.西部内陆省区区域经济差异影响因素——以重庆为例[J].地理研究，2017，36(05)：926-944.

18. 国家统计局.波澜壮阔四十载民族复兴展新篇[J].中国统计，2018(8):7-12.

19. 国家统计局.中国统计年鉴（2019）[M].中国统计出版社，2019.

20. 国家统计局城市社会经济调查司.中国城市统计年鉴(2006-2016)[M].中国统计出版社，2017.

21. 国家统计局国民经济核算司.中国地区投入产出表-2012[M].中国统计出版社，2016.

22. 国家统计局能源司.中国能源统计年鉴2013[M].中国统计出版社，2013.

23. 郝吉明，李欢欢，沈海滨.中国大气污染防治进程与展望[J].世界环境，2014(1):58-61.

24. 胡启洲，吴鹏，邓卫，诸云.车辆排放对大气污染的综合测度模型[J].东南大学学报(自然科学版)，2016，46(4)：884-887.

25. 胡秋阳.投入产出分析：理论、应用和操作[M].清华大学出版社，2019.

26. 胡洋，陈闻君.新疆城镇化对经济发展的作用机制研究[J].经济论坛，2014(4)：52-

55.

27. 黄棣芳.基于面板数据对工业化与城镇化影响下经济增长与环境质量的实证分析[J].中国人口·资源与环境，2011(s2):17-20.

28. 黄苹.中国省域R&D溢出与地区经济增长空间面板数据模型分析[J].科学学研究，2008，26(4):749-753.

29. 黄清子，张立，李敏.元治理视域下大气污染防治的政策框架及工具优化[J].中国人口·资源与环境，2019，29(1)：126-134.

30. 霍利斯·钱纳里，谢尔曼·鲁宾逊著.吴奇，王松宝等译.工业化和经济增长的比较研究[M].格致出版社，上海三联书店，上海人民出版社，2015.

31. 季民河，武占云，姜磊.空间面板数据模型设定问题分析[J].统计与信息论坛，2011，26(6):3-9.

32. 季民河，武占云，姜磊.空间面板数据模型设定问题分析[J].统计与信息论坛，2011，26(6):3-9.

33. 贾若祥.中国城镇化发展40年：从高速度到高质量[J].中国发展观察，2018(24):17-21.

34. 姜珂，昌忠泽.人口结构变动对经常账户的影响——基于面板VAR模型的实证分析[J].中央财经大学学报，2020(2):117-128.

35. 姜照华，马娇.绿色创新与环境污染、能源消耗的相互关系研究[J].生态经济，2019，35(4)：160-166.

36. 蒋姝睿，谭雪，石磊，马中.京津冀大气污染传输通道城市的工业大气污染排放效率分析-基于三阶段DEA方法[J].干旱区资源与环境，2019，33(6)：141-149.

37. 蒋姝睿，谭雪，石磊，马中.京津冀大气污染传输通道城市的工业大气污染排放效率分析-基于三阶段DEA方法[J].干旱区资源与环境，2019，33(6)：141-149.

38. 经济合作与发展组织.生产率测算手册[M].科学技术文献出版社，2008.

39. 康娜，高庆先，周锁铨，雷霆，陈东升，李金环，孟伟，任阵海.区域大气污染

40. 数值模拟方法研究[J].环境科学研究，2006(6)：20-26.

41. 柯善咨，向娟.1996—2009年中国城市固定资本存量估算[J].统计研究，2012，29(7):19-24.

42. 李晨，丛睿，邵桂兰.基于MRIO模型与LMDI方法的中国水产品贸易隐含碳排放转移研究[J].资源科学，2018，40(5)：1063-1072.

43. 李富有，王博峰.能源消费与环境污染对经济增长的影响分析——基于空间面板模型的实证研究[J].华东经济管理,2014,28(10):5-11.

44. 李红,彭良,毕方,李陵,鲍捷萌,李俊玲,张浩,柴发合.我国PM2.5与臭氧污染协同控制策略研究[J]环境科学研究,2019,32(10):1763-1778.

45. 李婧,谭清美,白俊红.中国区域创新生产的空间计量分析——基于静态与动态空间面板模型的实证研究[J].管理世界,2010(7):43-55.

46. 李敬,陈澍,万广华,付陈梅.中国区域经济增长的空间关联及其解释——基于网络分析方法[J].经济研究,2014,49(11):4-16.

47. 李静萍,周景博.工业化与城市化对中国城市空气质量影响路径差异的研究[J].统计研究,2017,34(4):50-58.

48. 李睿.区域城市化-经济发展-生态环境耦合关系研究[D].华北理工大学,2019.
    李雪松,孙博文.大气污染治理的经济属性及政策演进：一个分析框架[J].改革,2014(4):17-25.

49. 李正梅,张应良.对外贸易与区域经济增长——以成渝经济区为例[J].管理学刊,2015,28(6):39-45.

50. 李子奈,叶阿忠.高级应用计量经济学[M].清华大学出版社,2012.

51. 林光平,龙志和,吴梅.我国地区经济收敛的空间计量实证分析:1978—2002年[J].经济学:季刊,2005,4(S1):71-86.

52. 刘传江,赵晓梦.强"波特假说"存在产业异质性吗？——基于产业碳密集程度细分的视角[J].中国人口·资源与环境,2017,27(6):1-9.

53. 刘鹤.没有画上句号的增长奇迹[N].文摘报 2019,07,13：08版．

54. 刘佳骏,史丹,汪川.中国碳排放空间相关与空间溢出效应研究[J].自然资源学报,2015,30(8):1289-1303.

55. 刘宁宁,孙玉环,汤佳慧,杜俊涛.空间溢出视角下中国污染密集型产业集聚的环境效应[J].环境科学学报,2019,39(7):2442-2454.

56. 刘帅,张建清.空间距离、溢出效应与环境污染[J].经济问题探索,2019(1):149-158.

57. 刘晓红,江可申.基于静态与动态空间面板模型分析城镇化对雾霾的影响[J].农业工程学报,2017,33(20):218-225.

58. 刘晓君,姜伟,胡劲松.基于TVP-VAR模型的信心、货币政策与中国经济波动研

究 [J].中国管理科学,2019,27(8):37-46.

59. 刘晓玲,熊曦.外商直接投资、进出口贸易与区域经济增长——以湖南省为例[J].管理世界,2016(2):184-185.

60. 刘晓咏,王自发,王大玮,向伟玲,潘小乐,刘航,田雨,张瑜,王刘铭,李杰,
61. 苏方成,贺泓.京津冀典型工业城市沙河市大气污染特征及来源分析[J].大气科学,2019,43(4):861-874.

62. 刘彦随,严镔,周扬.中国城镇化水平、经济增长和二氧化碳排放的面板协整和因果分析（英文）[J]Journal of Geographical Sciences,2016,26(2):131-152.

63. 龙小宁,万威.环境规制、企业利润率与合规成本规模异质性[J].中国工业经济,2017(6):155-174.

64. 陆旸.中国的绿色政策与就业:存在双重红利吗?[J].经济研究,2011,46(7):42-54.

65. 骆永民.财政分权对地方政府效率影响的空间面板数据分析[J].商业经济与管理,2008,1(10):75-80.

66. 吕连宏,罗宏,张型芳.近期中国大气污染状况、防治政策及对能源消费的影响[J].中国能源,2015,37(8):9-15.

67. 买亚宗,肖婉婷,石磊,马中.我国城镇污水处理厂运行效率评价[J].环境科学研究,2015,28(11):1789-1796.

68. 孟凡鑫,苏美蓉,胡元超,夏昕鸣,杨志峰.中国及"一带一路"沿线典型国家贸易隐含碳转移研究[J].中国人口·资源与环境,2019,29(4):18-26.

69. 潘慧峰,王鑫,张书宇.雾霾污染的持续性及空间溢出效应分析——来自京津冀地区的证据[J].中国软科学,2015(12):134-143.

70. 潘文卿,李子奈.中国沿海与内陆间经济影响的反馈与溢出效应[J].经济研究,2007,42(5):68-77.

71. 潘文卿.中国的区域关联与经济增长的空间溢出效应[J].经济研究,2012,47(1):54-65.

72. 潘雄锋,杨越,张维维.我国区域能源效率的空间溢出效应研究[J].管理工程学报,2014,28(4):132-136.

73. 庞军,石媛昌,李梓瑄,等.基于MRIO模型的京津冀地区贸易隐含污染转移[J].中国环境科学,2017,37(8):3190-3200.

74. 彭迪云，刘畅，周依仿.长江经济带城镇化发展对雾霾污染影响的门槛效应研究——基于居民消费水平的视角[J].金融与经济，2015(8):36-42.

75. 石磊，王玥，程荣，边杨子.京津冀产业结构调整对大气污染物排放的影响效应——基于向量自回归(VAR)模型的脉冲响应函数分析[J].科技导报，2018，36(15):24-31.

76. 史秀霞.环境污染对中国农业经济的影响研究[J].环境科学与管理，2019，44(1): 31-34.

77. 宋锋华.经济增长、大气污染与环境库兹涅茨曲线[J].宏观经济研究，2017(2):89-98.

78. 宋马林，王舒鸿.环境规制、技术进步与经济增长[J].经济研究，2013，48(3):122-134.

79. 苏丹妮，盛斌，邵朝对.国内价值链、市场化程度与经济增长的溢出效应[J].世界经济，2019，42(10):143-168.

80. 孙才志，刘淑彬.基于MRIO模型的中国省(市)区水足迹测度及空间转移格局[J].自然资源学报，2019，34(5)：945-956.

81. 孙才志，赵良仕，邹玮，郑德凤.中国水资源利用效率与空间溢出效应测度(英文)[J]Journal of Geographical Sciences，2014，24(5):771-788.

82. 孙昊，胥莉.相互溢出效应对区域经济协同发展的贡献——基于我国东部沿海地区面板数据的实证分析[J].数理统计与管理，2019，38(6)：965-976.

83. 孙秀艳，刘毅，寇江泽，赵贝佳.重霾从哪里来？（绿色焦点）[N].人每日报，2016-01-09（第九版）.

84. 唐德才，李智江.DEA方法在可持续发展评价中的应用综述[J].生态经济，2019，35(7)：56-62.

85. 陶静，胡雪萍.环境规制对中国经济增长质量的影响研究[J].中国人口·资源与环境，2019，29(06)：85-96.

86. 陶雄华，谢寿琼.金融开放、空间溢出与经济增长——基于中国31省份数据的实证研究[J].宏观经济研究，2017(5)：10-20.

87. 陶长琪，陈伟，郭毅.新中国成立70年中国工业化进程与经济发展[J].数量经济技术经济研究，2019，36(8)：3-26.

88. 田贵良，李娇娇，李乐乐.基于多区域投入产出模型的长江经济带虚拟水流动格局

研究 [J].中国人口·资源与环境，2019，29(3)：81-88.

89. 田秋莉，杨玉莲，杨昆.长江中游 PM2.5 时空演化及与能源消费总量关系研究 [J].云南师范大学学报(自然科学版)，2019，39(6)：39-45.

90. 田章琪，杨斌，椋埏渝.论生态环境治理体系与治理能力现代化之建构 [J].环境保护，2018，46(12):47-49.

91. 佟家栋，谢丹阳，包群，黄群慧，李向阳，刘志彪，金碚，余淼杰，王孝松."逆全球化"与实体经济转型升级笔谈 [J].中国工业经济，2017(6)：5-59.

92. 佟金萍，陈洁，赵路路.长江经济带绿色全要素用水效率对经济增长的空间溢出效应研究 [J].生态经济，2019，35(05):159-164+176.

93. 王迪，向欣，聂锐.改革开放四十年大气污染防控的国际经验及其对中国的启示 [J].中国矿业大学学报(社会科学版)，2018，20(6):57-69.

94. 王火根，沈利生.中国经济增长与能源消费空间面板分析 [J].数量经济技术经济研究，2007，24(12):98-107.

95. 王家庭，王璇.我国城镇化与环境污染的关系研究——基于 28 个省市面板数据的实证分析 [J].城市问题，2010(11):9-15.

96. 王庆喜，钱遂，庞尧.环境约束下中国工业化与城镇化的关系演变——效率分析视角 [J].地理科学，2017，37(1)：92-101.

97. 王少剑，苏泳娴，赵亚博.中国城市能源消费碳排放的区域差异、空间溢出效应及影响因素 [J].地理学报，2018，73(3)：414-428.

98. 王文普.环境规制、空间溢出与地区产业竞争力 [J].中国人口·资源与环境，2013，23(08)：123-130.

99. 王文兴，柴发合，任阵海，王新锋，王淑兰，李红，高锐，薛丽坤，彭良，张鑫，张庆竹.新中国成立 70 年来我国大气污染防治历程、成就与经验 [J].环境科学研究，2019，32(10)：1621-1635.

100. 文扬，马中，吴语晗，周楷，石磊，王萌.京津冀及周边地区工业大气污染排放因素分解——基于 LMDI 模型分析 [J].中国环境科学，2018，38(12):4730-4736.

101. 吴继贵，叶阿忠.环境、能源、R&D 与经济增长互动关系的研究 [J].科研管理，2016，37(1):58-67

102. 吴舜泽，郭红燕，李晓.完善环境治理体系助力污染防治攻坚战 [J].环境与可持续发展，2019，44(1):8-12.

103. 吴玉鸣，李建霞.中国省域能源消费的空间计量经济分析[J].中国人口·资源与环境，2008，18(3):93-98.

104. 吴玉鸣.中国区域能源消费的决定因素及空间溢出效应——基于空间面板数据计量经济模型的实证[J].南京农业大学学报(社会科学版)，2012，12(4):124-132.
   吴玉鸣.中国区域研发、知识溢出与创新的空间计量经济研究[M].人民出版社2007.

105. 习近平.决胜全面建成小康社会夺取新时代中国特色社会主义伟大胜利：在中国共产党第十九次全国代表大会上的报告[M].人民出版社，2017.

106. 习近平.在庆祝改革开放40周年大会上的讲话[M].人民出版社，2018.

107. 习近平.在省部级主要领导干部学习贯彻党的十八届五中全会精神专题研讨班上的讲话[M].人民出版社，2016.

108. 习近平.对深入推进新型城镇化建设作出重要指示强调：坚持以创新、协调、绿色、开放、共享的发展理念为引领促进中国特色新型城镇化持续健康发展http://www.gov.cn/xinwen/2016-02/23/content_5045328.htm.，2016-02-23.

109. 夏帆.基于中国FDI的空间计量分析[J].商业经济与管理，2007，1(9):75-79.

110. 肖悦，田永中，许文轩，刘瑾，万祖毅，张雪倩，刘旭东.中国城市大气污染特征及社会经济影响分析[J].生态环境学报，2018，27(3):518-526.

111. 谢宝剑，陈瑞莲.国家治理视野下的大气污染区域联动防治体系研究——以京津冀为例[J].中国行政管理，2014(9):6-10.

112. 谢晗进，刘满凤，江雯.我国工业化和城镇化协调的空间偏效应与污染集聚治理研究——基于SLXM模型[J].南京财经大学学报，2019(3):90-98.

113. 徐娟，祁毓.经济增长、环境管制和雾霾污染关系的实证[J].统计与决策，2019，35(19):140-144.

114. 薛文博，付飞，王金南，贺克斌，雷宇，杨金田，王书肖，韩宝平.基于全国城市PM(2.5)达标约束的大气环境容量模拟[J].中国环境科学，2014，34(10):2490-2496.

115. 闫庆友，焦彦华.节能减排和经济增长导向下北京产业结构优化研究[J].区域金融研究，2019(1)：86-91.

116. 闫云凤，赵忠秀，王苒.基于MRIO模型的中国对外贸易隐含碳及排放责任研究[J].世界经济研究，2013(6):54-58+86+88-89.

117. 杨丹丹，王体健，李树，马超群，刘冲，杨帆.基于走航观测的长江三角洲地区大气污染特征及来源追踪[J].中国环境科学，2019，39(9)：3595-3603.

118. 杨晓叶，许东海.空气污染程度对中国城镇化率的影响研究——基于VAR模型的分析[J].生态经济，2018，34(10)：162-166.

119. 余东华，张明志."异质性难题"化解与碳排放EKC再检验——基于门限回归的国别分组研究[J].中国工业经济，2016(7):57-73.

120. 余丽丽，彭水军.贸易自由化对中国碳排放影响的评估和预测——基于GTAP-MRIO模型和GTAP-E模型的实证研究[J].国际贸易问题，2017(8)：121-130.

121. 余长林，高宏建.环境管制对中国环境污染的影响——基于隐性经济的视角[J].中国工业经济，2015(7)：21-35.

122. 原毅军，谢荣辉.环境规制与工业绿色生产率增长——对"强波特假说"的再检验[J].中国软科学，2016(7)：144-154.

123. 张华，王玲，魏晓平.能源的"波特假说"效应存在吗?[J].中国人口·资源与环境，2014，24(11)：33-41.

124. 张竟成，张竟轶.基于VAR模型的物流产业与区域经济长期关系研究[J].管理世界，2017(8):180-181.

125. 张军，吴桂英，张吉鹏.中国省际物质资本存量估算:1952—2000[J].经济研究，2004(10):35-44.

126. 张巧云，崔伯豪，张宝雷，张淑敏.山东半岛城市群产业结构演变对环境质量的影响分析[J].山东师范大学学报(自然科学版)，2017，32(4)：90-95.

127. 张世秋，万薇，何平.区域大气环境质量管理的合作机制与政策讨论[J].中国环境管理，2015，7(2)：44-50.

128. 张同斌，李金凯，程立燕.经济结构、增长方式与环境污染的内在关联研究——基于时变参数向量自回归模型的实证分析[J].中国环境科学，2016，36(7)：2230-2240.

139. 张小波，王建州.中国区域能源效率对霾污染的空间效应——基于空间杜宾模型的实证分析[J].中国环境科学，2019，39(4)：1371-1379.

140. 张小宇，刘永富，周锦岚.70年中国对外贸易与经济增长的动态关系研究[J].世界经济研究，2019(10)：3-14+66+134.

141. 张永安，邬龙.基于政策计量分析的我国大气污染治理现状研究[J].生产力研究，

2015(1): 122-126+161.

142. 张玉环，毛慧琴，厉青，王中挺，张丽娟，马鹏飞，周春艳，陈辉，陈翠红.基于静止卫星 GOCI 传感器的大气污染过程 AOD 监测 [J].中国环境科学，2018，38(10): 3647-3653.

143. 张煜，孙慧.基于 DEA-Malmquist 指数法的省域全要素生产率比较研究 [J].干旱区地理，2016，39(2): 435-442.

144. 中共中央文献研究室.八大以来重要文献选编（中）[M].中央文献出版社，2016.

145. 中共中央文献研究室.习近平关于社会主义生态文明建设论述摘编 [M].中央文献出版社，2017.

146. 中国财政科学研究院资源环境研究中心课题组，陈少强，程瑜，樊轶侠，赵世萍，向燕晶.京津冀区域大气治理财税政策研究 [J].财政科学，2017(7): 46-66+124.

147. 中华人民共和国国家统计局工业统计司.中国工业统计年鉴 2013[M].中国统计出版社，2013.

148. 中华人民共和国生态环境部.2018 中国生态环境状况公报 [R].http://www.mee.gov.cn/hjzl/zghjzkgb/lnzghjzkgb/201905/P020190619587632630618.pdf.

149. 周侃，刘汉初，王强.空间溢出视角下经济集聚对水污染物排放的影响——基于中国 339 个地级及以上城市数据的实证分析（英文）[J]Journal of Geographical Sciences，2019，29(12): 2015-2030.

150. 朱利安·林肯·西蒙.没有极限的增长 [M].四川人民出版社，1985.

151. 朱乔.数据包络分析（DEA）方法综述与展望 [J].系统工程理论方法应用，1994，3(4):1-9.

152. 邹艳芬，陆宇海.基于空间自回归模型的中国能源利用效率区域特征分析 [J].统计研究，2005，22(10):67-71.

153. 左振华，李坤道，曹会烽，刘晶，宋述坤.山东工业转型升级对节能减排影响研究 [J].山东经济战略研究，2014(4): 6-10.